希利尔讲世界史

【美】希利尔 著

柯艾略 译

中国出版集团

现代出版社

图书在版编目（CIP）数据

希利尔讲世界史 / （美）希利尔著；柯艾略译 .
— 北京：现代出版社，2017.5（2023.7重印）
ISBN 978-7-5143-5974-9

Ⅰ.①希… Ⅱ.①希… ②柯… Ⅲ.①世界史－青少年读物 Ⅳ.① K109

中国版本图书馆 CIP 数据核字 (2017) 第 057118 号

希利尔讲世界史

著　　者	【美】希利尔
译　　者	柯艾略
责任编辑	杨学庆
出版发行	现代出版社
通讯地址	北京市安定门外安华里 504 号
邮政编码	100011
电　　话	010-64267325　64245264（传真）
网　　址	www.1980xd.com
电子邮箱	xiandai@cnpitc.com.cn
印　　刷	大厂回族自治县德诚印务有限公司
开　　本	710mm×1000mm 1/16
印　　张	22.75
版　　次	2017 年 8 月第 1 版 2023 年 7 月第 3 次印刷
书　　号	ISBN 978-7-5143-5974-9
定　　价	59.80 元

前　言

　　我知道，你看见我给一个 9 岁大的孩子讲世界史时，一定会瞪大眼睛，并且质疑："孩子才 9 岁，学这些会不会太早？"请转身看看身边摆满各类科普读物的书架，我们的孩子正在那里流连。9 岁正是孩子的好奇心慢慢培养的时候，就像我们小时候一样，好奇心引领我们发现无数珍贵的事情。我相信，直到现在，你的记忆里总有些珍贵难忘的东西，正是在 9 岁，或者更小一些时候发现的。

　　所以，如果这时仅对孩子讲些关于地区或国家的历史，无疑将错过他们认识世界的最好时光。我想起自己小时候的美国历史课本，时间始于哥伦布刚刚到达美洲的那一刻，所以，对当时的我而言，1492 年就是一切的开始。你看，这显得多么狭隘，就跟一个住在得克萨斯州的孩子只知道得克萨斯州，而不知道美国的广袤一样。

　　但是，你先前的担心也并非毫无道理，一个 9 岁大，或者更小一些的孩子根本无法理解许多抽象的日期和地理位置。曾经我也有很长一段时间陷入这样的苦恼：为什么孩子总是记不住第一届奥林匹克运动会于哪一年举办；为什么孩子会说出"公元 653000 年"这样奇怪的词；为什么孩子会认为意大利是佛罗伦萨的省会……我努力用自认再简单不过的语言一遍遍讲解，又一次次重复，但孩子

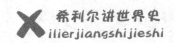

的思维仍然像一座巨大的迷宫，我迷失在他们奇妙的想象中。我自问，这一切是不是真的无法改变？

但回头一想，在我们同孩子一样大时，对于那些古怪的名字、复杂的日期、繁杂的世界地图，我们一样充满迷惑。这些东西就像围拢在我们身边的许多陌生人一样，没等一一认识，就呼啦一下，全都不见了。

所以，是时候用一种不同的方式来为孩子讲讲历史了。

这时我想到了古希腊的吟游诗人，他们讲述历史的方式总是让人惊叹。在一个又一个生动有趣的故事中，仿佛有一根丝线将散落一地的历史珍珠串起。所以，我并不希望一个9岁大的孩子对政治、经济、文化概念本身做出多么深刻的理解。我倒更愿意只给他们一幅历史全景的白描图样，里面的内容不会太多太复杂。当然，我会在故事里加入一些启示性的描述，给历史增加血肉，以避免阅读的枯燥。这样做，是让孩子在时间的框架里将历史看作一个整体，至于里面的细节与色彩，我希望他们在今后的日子里自己慢慢填充。

当然，无论以什么样的方式讲历史，将这些知识吸收进大脑的

前　言

决定性因素还在于孩子，所以，请记得随时向孩子提问，无论是人名、地名还是时间。这种重复非常必要，就像你在介绍刚搬来邻居的小姐姐给孩子认识一样，你必须在他们面前不断重复小姐姐的名字，否则他们可能转身便忘了。因此，让孩子的脑子动起来，让这些知识围绕在他们身边，变成伴随他们成长的伙伴。

目　录

目 录

目 录

世界的起源

在我还很小的时候，每天不到 7 点我就会醒来。那时外面仍然很安静，爸爸妈妈还没有醒来，邻居也没有出门跑步，就连我的宠物——一只好动的黄金猎犬也没有起床。世界如此安静，静得好像就只有我一个人。如果这个世界真的只剩我一个人……冰激凌车再也不来了；我不能和约翰一起玩滑板；爸爸妈妈也不见了……天哪，这真是太可怕了。想到这里，我飞快地从床上跳起来，跑到父母的房间。此刻他们正躺在床上。刚才那个可怕的想法困扰着我，所以，顾不得那么多，我一下钻进妈妈的被子，在她身边躺下。

妈妈亲亲我的额头，把我温柔地拥在怀里。这一下，那种可怕的想法好像中了魔法一样，倏地一下从我的脑子里飞走了。我躺在妈妈身边，不再害怕。可是，我的脑子还是不停转着，我不再担心世界上只剩我一个人，却开始想起其他的事来。

我在想，如果世界上只有图画本上的那些动物，乳齿象、恐龙、蛇、海龟……那世界又会变成什么样？真可怕，我不敢再往下想了。你看，我的脑子产生过各种奇怪的想法。尽管它们听起来很奇特，我却不得不告诉你们，我所想的那个世界真的存在过。

很久很久以前，世界不像现在这样，可以看到许多动物，别说我家的黄金猎犬，就连普通的小狗也没有。那时，真的只有乳齿象、恐龙、鸟、蝴蝶、青蛙、蛇、海龟和鱼。

不要觉得这样很无趣，还有更无趣的。比很久很久以前还要早的时候，世界上甚至连动物也没有。如果你不幸生活在那时，那你只能看见一些低等的植物。它们长得很奇怪，一点儿也不好看。当然，这还不是最糟的时候。再早些时候，世界上没有动物，也没有植物，只有石头——还是光秃秃的石头。不仅如此，那时到处是洪水。

万物起源

我们听说过耶稣创世纪的故事，也听过女娲抟土造人的故事，如今这个世界，真的是神造的吗？

要真的寻求世界的起源，得从整个宇宙140亿年的演化历史，从大爆炸开始，科学的方法及与生俱来的怀疑态度是我们理解诸如暗物质、恒星结构以及地球生命起源等宇宙奥秘的唯一途径。

世界的起源

在地球还没有的时候，只有星辰。每一颗星都是燃烧着的巨大火球。如果把它们比作变形金刚，那么后来的地球与它们相比也不过就是普通人类大小，甚至还要小。

这些大火球一直在燃烧，其中有一颗燃烧的同时还不停地旋转。一边燃烧，一边旋转。它转啊转，溅起许多火星。在这些火星中，有一个要比其他的冷却得快一些。在它冷却之后，我们便能看清它的样子了——一个巨大的石球。

这个石球真是太普通了，灰色的外貌一点儿也不吸引人。而外表那些因冷却而产生的水蒸气慢慢聚集，越聚越厚，最终像一块巨大的厚棉布将整个石球包裹起来以后，我们会发现一切都不一样了。

下雨了。雨水落在石球表面，落进地面的凹洞中。

雨一直下，凹洞中的水越来越多，渐渐形成了巨大的水塘。

雨仍然在下，水塘的面积变得越来越大，最后它实在是太大了，大到几乎覆盖整个石球的表面。这时，我们已经不能再叫它水塘了。它的样子也十分漂亮，蓝色的水面就像最美丽的宝石，它应该有一个气派的名字。我们称呼它——海洋。

现在你应该知道，这个石球便是地球。地球就是这样形成的。

这时的地球，除海洋覆盖的地方外，都是岩石。那些岩石看起来冷冷清清，无趣枯燥，海洋则不同。海洋中正在进行一场生命大派对。这场派对里率先出场的是小到只有透过显微镜才能看清的植物，慢慢地，一些微小生命体登场了，它们一点点长大，变成水母、

蛤蚌、马蹄蟹等大一些的动物。

水里的生物不断地生长，甚至将派对开到了岩石上。先是微小的植物从水里长到岸边，最后扎根在岩石上。后来，土壤覆盖岩石。当岩石穿上土壤的外衣，就变成了陆地。于是，植物开始在陆地上大量生长。接下来，这场生命派对的规模越来越大，登场的生物越来越多。

昆虫紧接着加入，它们有的生活在水中，有的生活在陆地，其中一些甚至把舞台扩展到了空中。再之后，鱼上场了。和它一起登场的还有两栖动物——它们既能在水里生活，也能在陆地上生活。在两栖动物之后，便是蛇、海龟、蜥蜴、大恐龙等爬行动物，对了，还有产卵的鸟儿、喂奶的哺乳动物等。

参加这场生命派对的成员已然很多，但是，最重要的主角还没有出现。不过，主角总在压轴登场。这便是人类。

说到这里，你是不是感觉有些混乱？那么请允许我梳理一下上面讲到的内容。我们可以这样表示不同物质或生物出场的顺序：

星球——太阳——火——地球——水蒸气——雨——海洋——植物——动物——海洋微生物——昆虫——鱼——两栖动物——爬行动物——哺乳动物——人。

地球就像一座生命的舞台，不同的生物先后登场，一场盛大派对就这样隆重地开始了。直到人类出现，进入最精彩的阶段。那么，人类的出现又会给这场生命派对带来哪些不一样的精彩呢？

达尔文

说到生命的起源，我们不得不提到英国生物学家达尔文。正是他提出了著名的进化论。恩格斯曾将"进化论"列为19世纪自然科学的三大发现之一。

达尔文的祖父和父亲都是医生。16岁时，父亲送他去爱丁堡大学学医。父亲在达尔文身上寄予了美好的期望，希望他也能成为一名优秀的医生。但是，达尔文的想法却跟父亲不一样。他一点也不喜欢医学，反而对自然历史产生了浓厚的兴趣。

达尔文的父亲生气了。他觉得达尔文的爱好对家庭而言是一个巨大的耻辱。于是，他在1828年把达尔文送进剑桥大学学习神学。可是，热爱自然历史的达尔文在剑桥大学不但没有学到一点儿神学，反而在那里结识了著名植物学家J.亨斯洛和著名地质学家席基威克。从此，达尔文开始系统地学习植物学和地质学。

1831—1836年，达尔文乘坐"小猎犬"号（"贝格尔"号）进行了环球航行。他到了许多地方，观察了很多动、植物，还对世界各地的地质结构等进行了大量的观察和采集。最后，他出版了《物种起源》一书。在书中，达尔文告诉人们：现在我们看到的所有的动、植物，最初并不是现在这样。它们曾在漫长的历史过程中进化，而且在继续变化。人类同样是由某种原始动物进化而成的。

穴居时代

万物生长都有规律，人类也留下了许多关于他们的记录。这些规律与记录就像一部"时光机"，可以把我们带回远古时期。借助这些记录，我们通过科学的推断来了解未曾经历的时代。

为了了解过去，人类通常喜欢将深埋在地下的东西挖掘出来。因为人们相信，过去遗留下来的东西会告诉我们那时的秘密。比如，当我们从地下挖出一些用石头做成的弓箭、矛和斧头时，你应该一下就想到，只有人类才能制作这样的东西，而且制作他们的人，肯定不是你的邻居。因为这些武器可都是用石头做成的，而现在我们是用钢铁制造这类东西。这下我们便能断定，早在钢铁出现以前就有了人的存在，而且那时的人是用石头来制造工具的。

除了石头工具告诉我们人类出现的时间很早以外，埋在地下的人类骨骼也会向我们传达同样的信息。

在东非，考古学家在极深的地下，挖出了一些人类的骸骨。别怕，他们其实并不像电影中的那么可怕。对考古学家而言，这些人类骸骨是帮助他们了解远古人类的好帮手。

经过仔细研究，考古学家最后了解到，如果骨头的主人还活着，那他一定有几百万岁了。因此，这些骨头可以称得上最老的人类骸骨。

穴居时代

如果回到骨头主人生活的年代，你会发现他和我们一样，吃饭、劳动、玩耍、休息。此外，还有一件事情他经常做。这件事情让他看上去与我们很不一样，那便是打猎。

白天，他会邀上自己的同伴一起挖陷阱，并在上面盖一层厚厚的树枝和草。这样一来，凶猛的野兽就会被这层伪装欺骗。如果野兽不小心踩到陷阱上的树枝，那它们就会掉进去。除了用陷阱外，骨头的主人还会和同伴们一起追逐野兽。有天，他们发现一只鹿，于是，他们兵分几路，悄悄地靠近鹿。突然，骨头的主人大声叫了起来，受惊的鹿慌忙逃窜，一不小心一头跌进人们设下的陷阱。可怜的鹿便成了人们的晚餐。

在当时，打到的猎物显得异常珍贵。那时的人们生活艰苦，打猎可不像现在是人们闲暇时的游戏。要知道，那时的人们通常要冒着生命危险才能打到一只猎物。

没有猎物的日子，人们一日三餐只能吃些干果、草籽。直到又有勇敢的人外出打猎，人们才能重新吃上肉，所以，野果便成了另一种重要的食物。那时的人们有了分工：父亲外出打猎，母亲便带着孩子采集野果和植物的种子。人们还会掏鸟窝。因为在当时，鸟蛋也是人们的重要食物之一。

当人们结束一天的工作，带着收获的食材归来时，他们会制作哪些精美的食物呢？墨西哥烤肉？美味的苹果派？都不是。那时的人还不会用火，因此，所有的东西都只能生吃。没有叉子和汤匙，

也没有壶和锅，因此，他们用手抓着夹杂着野兽毛的生肉放进嘴里嚼，喝着还算温热的兽血……

那是一个异常艰苦的时代。他们在大部分时间里，都需要与野兽斗智斗勇，如果有谁被野兽抓住，那么他就会成为野兽的美餐。而且，当时的人们还没有学会怎样建造房屋，他们只能像野兽一样住在山洞里。住在山洞里的人有一个很贴切的名字，叫穴居人。这就是骨头主人的名字。

穴居人住的山洞没有装潢。因为穴居人没有锯木板的锯子，更没有能把木板加工成房屋和家具的工具。没有装潢的山洞又阴又冷。动物有厚厚的皮毛外套抵挡严寒，可是穴居人什么也没有。他们没有动物那样厚实的皮肤和御寒的体毛，又不懂得怎样织布给自己做身温暖的衣服，更不知道如何生火取暖。因此，他们只能裸露身体，睡在光秃秃的地面或草堆上，依偎在一起，用体温互相取暖。

幸好，后来人们发现兽皮可以御寒，于是大家收集许多兽皮，并把它们裹在身上。或许那便是最早的衣服，它们可都是天然皮草。

当时人们在睡觉时，头顶也许正有蝙蝠盘旋，身边可能还有一两只讨厌的蜘蛛。最可怕的是，洞穴外面此刻正有野兽伺机而动，随时准备冲进洞来。吃不饱、睡不暖的穴居人面对猛兽，只有死路一条……

在这样恶劣的条件下，穴居人的健康状况一点儿也不好。他们没有社区卫生保障，没有牙医，没有消炎药，一旦生病，就很难康复。因此，穴居人的寿命都很短，如果一个人能活到像我们父亲那样大的年纪，那一定是个奇迹。

我们把这样的时代称作石器时代，那时的人们仅会用石头做一些简单工具，你看不到美丽的银制餐具，也看不到威武的铠甲，就连爸爸用的剃须刀也看不到。因此，那时的爸爸从不理发，也不刮胡子。当然，这也是因为那时的人们根本想不到要这样做。

石器时代的人们能用石头来制造矛、箭，而其他动物，就连聪明的大猩猩也无法想到制造这样的工具。而能够制造工具，正是人类与动物的区别之一。

各种石器

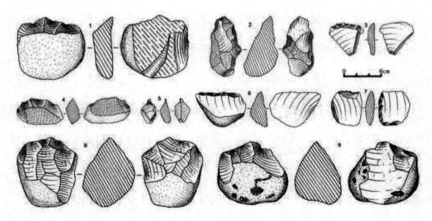

在石器时代，人们用不同的石头制作不同的石器。例如，人们要制作一件用来切东西的石器，那么他们会选择燧石和角岩，把它们削尖；而要制作磨具的话，那么玄武和砂岩会是不错的选择。

有火了

火是一种神奇的事物，它美得惊人，但又很可怕。在魔法世界，火是最奔放热烈的自然元素，当魔法棒喷出火焰，便能照亮一切，又能将一切化作焦黑。假使你用手指去触摸，我想那一定是在自讨苦吃。

火看上去就像精灵一样神秘。最开始，人们摸不清它的脾气，因此不知道它能做些什么。所以那时人们不会生火，更不懂得用火做饭，也不懂得用火照明和取暖。所以，那时的人们总是吃没有煮熟的食物，直接将打来的野兽生吞活剥，连毛带血地吃。

因为缺乏了解，所以那时人们误会了这个美丽的精灵，他们认为火是从天而降的灾祸，是万物之神的惩罚，可以把一切化为灰烬。

幸运的是，人们渐渐了解火精灵，摸清了它的脾气，知道它可以煮熟食物，可以取暖。因此，人们对它亲近起来。每当雷电落到树顶上带来火时，人们便会小心翼翼地将火种保留起来。火精灵帮了人们大忙，但是总等着雷电把火精灵请出来太不可靠了。因为雷电脾气也不好，它指不定什么时候才有兴趣让火精灵出来。所以，人们开始自己想办法邀请火精灵。但是，有什么办法呢？

时间是人类智慧的导师，它总是能在意想不到的时候带给人们

有火了

启发。某一天，人们突然想到，既然快速搓双手可以使手发热、发烫，那么快速摩擦两根棍子一定也可以使棍子变热甚至变烫，也许火精灵便会出来了。

人们将这样的想法付诸实践。于是，先找来一些木头，在另一块硬木头上使劲地钻，但是总也没有火。问题出在哪里呢？难道这样的方式不行吗？

不用着急，时间能解决一切问题。经过长时间的实践，最终发现了邀请火精灵的方法。

人们发现要想用木头请出火精灵，找到合适的木材很重要。于是，在不断的尝试中，人们发现干燥的白杨、柳树都是不错的帮手。因为它们质地较软，再找到一些相对较硬的树枝做钻头就行。首先，人们在白杨或柳树板上钻出一个倒"V"形的小槽，并在下面放一些容易点着的火绒或者枯树叶，接着，双手夹着树枝钻头用力转动。

你猜，结果怎么着？火精灵出现了。它先是羞涩地溅出一些小火星，当这些小火星跳到火绒或者枯树叶上时，火精灵高兴起来。火星变成火苗，跳起了欢快的舞蹈。

人们随着火跳起欢快的舞蹈。要知道，火对人们意义重大。如果没有火，我们今天还在吃着冰冷的食物，也就无法见到麦当劳叔叔的微笑了。

有了火，人们便开始生火做饭。一天，一个住在山洞的原始人正在生火做饭。他在火的四周摆放一堆石头，将火牢牢地圈在其中。没有想到，他的这个举动，竟能成为世界上最伟大的发现之一。

围火的石头安静地躺着。渐渐地，原始人发现，石头附近的地上竟有了亮闪闪的小珠子。他惊讶地捡起珠子，仔细端详。真是漂亮，就好像落在地上的星星。于是他高兴地将这些闪亮的珠子做成了装饰品。

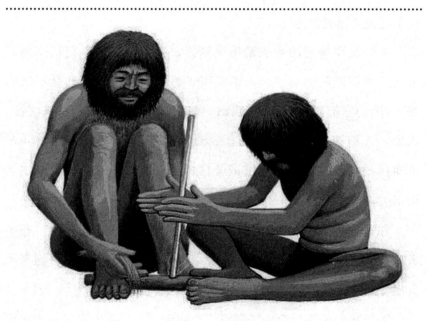

钻木取火

钻木取火是根据摩擦生热的原理产生的。木原料的本身较为粗糙，在摩擦时，摩擦力较大会产生热量，加之木材本身就是易燃物，所以就会生出火来。钻木取火的发明来源于我国古时候的神话传说。燧人氏是传说中发明钻木取火的人。

有火了

这些珠子究竟是什么呢？其实，原始人当时用来围火的石头不是普通的岩石，而是我们今天所说的"铜矿石"。

这些铜矿石就好像储藏铜矿的小仓库，里面藏满了铜。当它们躺在火堆旁边时，热情的火融化了仓库里的铜，于是，铜便从小仓库里跑出来，变成了亮晶晶的小珠子。

一开始，铜只被用作饰物，后来人们发现将铜进行锻造打磨后，能制成锋利的刀刃和箭头。用这样的工具打猎比用石头工具容易很多。于是，铜变成了人们制造工具的主要材料。但是，单纯的铜太软，用久之后很容易变形。所以，原始人为铜找了一个伙伴——锡。有了锡的加入，铜变得坚强起来，不再像原来那样容易变形。

铜和锡加在一起，变成了一种新的物质，称作"青铜"。当时人们用青铜制造了许多工具，除了打猎的刀和箭外，还有许多日常生活用品。一时间，青铜器物统治了人们生活的大部分领域，于是，人们便把它称作"青铜时代"。

可是铜和锡并不容易获得，它们实在是太稀少了。于是，新的"国王"出现了，那便是铁。铁亲和力十足，不但到处都能找到，而且比青铜更好锤炼。此外，铁比青铜更有力量，用铁制成的器物比青铜器物更加有效。最后，铁逐渐取代青铜。人们把铁统治的时代称作"铁器时代"。

历史的开端

  远古时期没有网络，没有电视，没有广播；而且，那时几乎没有可供长途旅行的交通工具，因此距离成为人们相互了解的巨大障碍。所以，那时的人并不知道远方的人如何生活，他们不知道山那边的人长得是不是跟自己一样，海那边的人平时都吃些什么……

  由于条件所限，起初人们并不喜欢长途迁徙。但是后来，为改善生活，人们便放弃贫瘠的土地，到更加富饶的地方去。就像动物大迁徙一样，人类也向往水草丰美的地方。于是渐渐地，迁徙便成了早期人类生活中经常发生的事情。

  有时，一个地区新来的人会与原本的主人发生争斗。人们为了生存，划定自己的区域。当新来的人与原本的主人成为邻居或是渐渐成为一家人的时候，人们便互相学习对方的长处，比如，如何更好地耕种庄稼，或者怎样让我的牲口长得跟你的一样好。那时，人们也会相互交换物品，比如，当一个人需要一袋粮食，而他现在没有时，他会用一个手工制的陶罐到邻居那里换回一袋谷子。当人们在新的地区生活相对惬意，邻居大多数时间都不会找麻烦时，他们便会在那里定居。

  远古时期可供人们长期定居的地方很少。那时，有河流、有海湾的地方成了人们定居的首选区域。

历史的开端

在亚洲西部，我们可以找到"一弯新月"。它并不是天上的月亮，而是一片富饶的土地，弯弯的就像一弯新月。仔细看的话，我们会发现在这片沃地东部，有两条河流——幼发拉底河和底格里斯河。这两条河肩并肩向前奔流，在经过一片名为"美索不达米亚平原"的地区后，一起流进波斯湾。

或许你从未听说过这两条河，但是，它们却是世界最古老文明的发源地。在这两条河的沿岸，曾经先后居住过苏美尔人、阿卡德人、希伯来人、腓尼基人等。这些古老的民族在这里先后建立了三个古老的国家——巴比伦、亚述帝国和叙利亚。幼发拉底河和底格里斯河像母亲一样哺育了这里的文明，因此，人们把这片区域文明称作"两河文明"。

现在，让我们顺着亚洲西部的群山，将目光转向非洲。在那里，我们可以找到另一片神秘的土地。这片土地位于非洲东北角，有条河叫尼罗河。尼罗河是非洲最大的河流之一。

尼罗河在非洲哺育了另一块文明发祥地——埃及文明。现在你眼前是不是浮现出巨大的狮身人面像、神秘的金字塔？是的，古老的尼罗河流经埃及，它为那里带来了人类最古老灿烂的文化之一。

尼罗河沿岸除了埃及人外，还有另外一个部落，因为他们居住的地方离撒哈拉沙漠很近，所以他们也被称作尼罗—撒哈拉族。来自埃及南部的努比亚人就属于这一族。努比亚人曾经沿着尼罗河峡谷向北迁移，来到埃及人生活的地区，而埃及人也会向南迁移，进入努比亚人生活的地区。

也许大自然特别钟爱埃及，不但给了它尼罗河，还送来一片海。埃及旁边有一片被大陆包围的海，这片"陆地中的海洋"便是"地中海"。

早在石器时代，地中海还是一片山谷。那时这里没有西西里岛的美丽风光，没有爱琴海的神秘传说，人们居住在这里，与自然斗智斗勇。

底格里斯河、幼发拉底河以及尼罗河的美丽与富饶曾让许多部落在此定居。但是，为了拥有更好的土地，人们进行了一场又一场的战争。赢得战争的人成为家园的主人，而失败者只能被迫离开土地，去寻找开辟新的家园。

那么，究竟是什么部落曾经在这里生活呢？我们前面提到，苏美尔人、阿卡德人、希伯来人、腓尼基人曾经居住在两河流域，而

新沃月地

新月沃地是指两河流域及附近一连串肥沃的土地。两河流域的定期泛滥，使两河沿岸因河水泛滥而积淀成适于农耕的肥沃土壤。包括今日的巴勒斯坦、约旦河、叙利亚、两河流域，由于在地图上好像一弯新月，所以美国芝加哥大学的考古学家詹姆斯·布雷斯特德（James Henry Breasted）把这一大片的土地称为"新月沃地"。新月沃地上有三条主要河流，约旦河、底格里斯河和幼发拉底河，共约40万～50万平方公里。

历史的开端

在今天的中东，也就是地中海附近，居住着闪米特人。如果你身边有阿拉伯人或者犹太人的话，那么你或许能听到一些与当年闪米特人的语言类似的话。闪米特人就是阿拉伯人和犹太人的祖先。阿拉伯人和犹太人的语言发音与他们的祖先十分相近。

和人一样，语言也有自己的"家族"，不同的语言属于不同的"家族"，相同或者相似的语言则属于同一个语言家族。因此，我

....

苏美尔人

苏美尔人是历史上两河流域（幼发拉底河和底格里斯河中下游）早期的定居民族。他们所建立的苏美尔文明是整个美索不达米亚文明中最早，同时也是全世界已知最早产生的文明。苏美尔文明主要位于美索不达米亚的南部，通过放射性 C-14 的断代测试，表明苏美尔文明的开端可以追溯至公元前 4000 年，约结束在公元前 2000 年，被阿摩利人建立的巴比伦所代替。苏美尔人发明了人类最早的象形文字——楔形文字，将图形符号固定下来形成文字，用三角形尖头的芦苇秆刻写在泥板上，为目前公认的最早的文字记录。

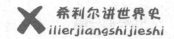
们把阿拉伯人和犹太人的语言称为"闪米特语系"，它们都是"闪米特语系"家族的成员。

　　有一个不得不说的部族叫雅利安人。雅利安人来自今天的伊朗地区，一开始，他们不叫"雅利安"。在占领印度河流域的城邦后，他们才将自己的族名改为"雅利安"，意思是"高贵"或"纯洁"。雅利安人非常好战，他们曾四处占领土地，今天的欧洲人、伊朗人和印度人的血统里都流着当年雅利安人的血。

富饶的巴比伦

很久很久以前，在底格里斯河和幼发拉底河附近有一个美丽的地方叫伊甸园。传说在这个地方，任何你想吃的、想玩的东西，只要伸手就可以在树上摘到。当然，这个地方只是传说。不过，在两河流域确实有这样一个富饶的平原，名为美索不达米亚。"美索不达米亚"意思是"在河流之间"。那里曾经建立许多国家，其中一个富裕的国度叫巴比伦。

巴比伦的富饶要归功于底格里斯河和幼发拉底河带来的大量泥沙。这些泥沙可不像我们小时候玩的泥巴，相反它们就像能量棒一样，让巴比伦的土壤变得肥沃。就在这片肥沃的土地，巴比伦人种上了小麦和大枣。小麦是我们今天的主食之一。在巴比伦，大枣的地位和小麦同等重要，有时甚至比小麦作用更大，而且，巴比伦人也一度将大枣作为主食。两河流域还盛产鱼类，但捕鱼对于巴比伦人来说只是消遣娱乐而已，因为在他们的日常生活中，食物已经足够丰富。

当时，金、银类的货币还没有出现，因此人们衡量家庭财富的标准十分有趣。古巴比伦人若要评价一个家庭是否富有，往往要看他家蓄养了多少家畜。一个人蓄养的家畜越多，就代表他越富有。

如果缺少某样日常用品，比如，做工精美的毛毯，他会带一件东西——也许是一只小羊羔——来到市场。如果看到路边有人正拿着毛毯准备交换，他就会牵着自己的羊羔来到路人身边。拿着毛毯的人看看他的羊，很幸运，那正是自己需要的。于是双方便高兴地交换物品，各自回家。

如果我们去埃及便会发现，那里的建筑大多用石头砌成，但在巴比伦附近却没有可供开采的石头。不用担心，巴比伦的泥土此时发挥了另一项重要的作用：巴比伦人将泥土晒干，制作成砖，建造塔和房子。只可惜，泥土砖头不如石头坚固，它们很容易破裂风化。一旦遇到洪水，巴比伦的许多建筑物都会被冲毁；而一旦遇到干旱，在太阳的炙烤下，脆弱的泥砖头便会破碎，房屋就慢慢倒塌。所以，如今我们走在巴比伦，会看见一处处荒芜的土堆。或许哪一处不起眼的土堆，曾经就是一座宫殿呢。

当时，巴比伦人建造了许多高塔。据说，巴比伦人中有一部分来自北方。北方有纵横的山脉，连绵不绝，那是离天空最近的地方，所以北方人总是把他们的祭坛建在山顶上，希望能更接近天堂。后来，这些北方人来到巴比伦地区。这里是一片开阔平坦的平原，看起来，仿佛离天堂很远，于是这些北方来的人便建造了许多高塔，希望借着高塔更接近天空。

泥土制成的砖，除了可以用来建造房屋与高塔外，还可以用来写字。巴比伦人用树枝当笔，在还没有完全晒干的砖上刻写符号。巴比

富饶的巴比伦

伦人写出的文字，看上去就像一个个楔子，人们称之为"楔形文字"。

与喜欢艺术的雅典人不同，巴比伦人对天文学情有独钟。他们很早便开始将目光投向广袤的宇宙。经过长时间的观察，巴比伦人渐渐了解了太阳、月亮和星星的变化规律。早在公元前 2300 年，巴比伦人就已经预言了日食的发生。

古代的人们把日食视作灾难。人们往往认为，日食意味着将有巨大的灾难降临。实际上，日食是一种再正常不过的自然现象，没有任何危害。之所以会发生"日食"，是月亮恰好绕到太阳前面，挡住了太阳光。这时，我们在白天便看到太阳上出现了月亮的影子。在月亮

楔形文字

楔形文字由最初的象形文字系统，字形结构逐渐简化和抽象化，文字数目由青铜时代早期的约 1000 个，减至青铜时代后期约 400 个。已被发现的楔形文字多写于泥板上，少数写于石头、金属或蜡板上。书吏使用削尖的芦苇秆或木棒在软泥板上刻写，软泥板经过晒或烤后变得坚硬，不易变形。

影子笼罩的地方，就好像有个调皮的孩子把太阳咬出一个缺口一样。

日食每隔几年就会发生一次。如果你想观察这种现象，那么早晨 10 点钟左右是个不错的时间。就在阳光灿烂的时候，月亮突然挡住太阳光，白天刹那间变成黑夜。不过，太阳可没有消失，只要一会儿工夫，月亮渐渐离开，太阳从月亮的影子下出来，阳光又会再一次照亮天空。不过你或许还没有见过日食，但总有一天你会看到。今天我们将那些研究星象和天体的人称为天文学家，巴比伦人中有不少都是著名的天文学家。

巴比伦人除了在建筑与天文学方面拥有突出的成就外，他们创造的文明还有另外一项辉煌成就，那就是《汉穆拉比法典》。《汉穆拉比法典》是能够发现的世界上最早的成文法典。据说，公元前 1770 年，当时的巴比伦王汉穆拉比为了向众神显示自己的功绩，编纂了这部法典。整部法典刻在一根高 2.25 米、底部周长 1.90 米的黑色玄武岩柱上，共 3500 行。尽管经过岁月的打磨，它至今依然保存完整，上面闪耀着巴比伦人的智慧光芒。

卷发的国王

罗马一直是世界史中最重要的一员。在罗马登上历史舞台之前，世界上诞生了一座伟大的城市，与罗马比毫不逊色，那就是尼尼微。

尼尼微位于底格里斯河附近，亚述国的国王就住在这座城市里。对亚述国的邻居而言，亚述人总是在找他们麻烦。亚述人是个好战的民族，为了扩大自己的版图和权力，他们不断地与邻国交战。

好战的亚述国国王留着长长的螺旋卷发，他们的凶残与卷发一样成为了标志。亚述国国王对待俘虏的手段异常残忍。我下面说到的这些残酷的刑罚，你甚至连听也不敢听，比如，他们会剥掉俘虏的皮甚至割掉耳朵、拔掉舌头、扎瞎他的眼睛。亚述国国王对这些俘虏没有一点儿仁慈怜悯，而且这些残忍的手段竟然成了他们借以炫耀的资本。

长着螺旋卷发的国王常常令人闻风丧胆。那些被俘虏的人在他们的强迫之下不但要上缴大量钱财，而且要保证在战事来临时帮他们一起打仗。在亚述国国王的威慑下，世界上很多地方都变成他们的属国。两河流域的美索不达米亚和东边、北边、南边的土地，还有腓尼基，甚至埃及都被战火蹂躏。侵占而来的别国的土地，使亚述变得越来越强大。

　　有了强大的国土做支撑，亚述国国王的生活也变得越来越奢侈。他们为自己建造庄严宏伟的宫殿，通往宫殿道路的两旁摆放着巨大的雕像——一些长着翅膀与人头的公牛和狮子。

　　亚述国国王不只对人类开战，其战争对象也包括动物。亚述国国王很喜欢狩猎。当地的许多图画，都在描绘亚述国国王骑在马背上，与狮子或是其他动物作战。有时，亚述国国王也会活捉一些野兽，把它们关在笼子里，供人参观。

　　亚述国国王不仅留着独特的螺旋卷发，他们的名字也是古怪至极。其中最有名的一位是辛那赫里布。这个名字古怪的国王，是亚述国王萨尔贡二世的长子。辛那赫里布拥有高超的政治和军事才华，在继承父亲的王位后，他便与先辈一样，四处征战。辛那赫里布战果辉煌，为亚述攻下了许多城镇，同时，他巩固了亚述对巴比伦和以色列的统治。这一切，让辛那赫里布成为新亚述黄金时期最有作为的国王之一。

　　后来，有一个叫巴尼拔的人做了亚述的国王。亚述人好战的血液令他骁勇善战。不过这位国王除了能打仗之外，还对书籍怀有浓厚的兴趣。出于对书籍的热爱，他专门建设了图书馆。可别小看这座图书馆，它可是世界上最古老的图书馆之一。

　　这座图书馆里的书十分特别，它们并不是用纸张制成。还记得我们前面讲过的巴比伦人写字用的泥砖吗？是的，这里的书都是一块块泥砖，上面的文字同样是楔形文字。

　　书是一块泥砖，当然不能摆放在书架上，否则书架一定被压垮

卷发的国王

了不可。这里的书都被成堆地摞放在地上，你或许会问，这样读者进去找书不会麻烦吗？一点儿也不会，聪明的亚述人给书编了号，按照这些编号，人们将泥砖书排列得井然有序。那时的读者到图书馆里借阅书籍的程序跟我们现在没有太大区别。他们只要报出书的序号，就能很快找到自己需要的书。

辛那赫里布和巴尼拔将亚述带到了发展的巅峰。这时期的亚述国，在其历史上就像黄金一样耀眼，而这一时期也被称为亚述的黄金时代。尼尼微人对自己的国家十分满意，他们生活在巨大的荣耀里，但其他惨遭亚述铁蹄践踏的国家和人民，却对亚述恨之入骨。亚述就像一个巨大的阴影笼罩在这些国家上空，但是，人们又对此无能为力，只能默默承受着亚述国给他们带来的一切灾难。

黄金时期的亚述国国王在尼尼微为自己修建豪华的王宫，然而浮华的外表掩盖不了它曾被血腥笼罩的事实。当亚述帝国衰落时，新巴比伦的迦勒底人和东边的米底人开始了反抗。他们联合起来进攻亚述，并于公元前612年攻进亚述国的尼尼微城，将那里洗劫一空。也许，只有这样，亚述人才能切身体会到当时曾败在亚述利剑下的人民心中的痛。

亚述国被击垮了，随着一把大火冲天而起，一代名城尼尼微和庞大的亚述帝国一起烟消云散。直到两千多年后，英国考古学家莱亚德才根据《圣经·约拿书》的描述，找到那场大火之后的尼尼微城废墟。然而，就是这座废墟也没有幸存。19世纪，英国人为了得到亚述国王陵墓中的浮雕和泥版，对这里进行没有规划的发掘。他们采用毁灭性的发掘方式，使得一代名城尼尼微遗迹彻底消失。

亚述王的图书馆

考古学家找到了世界上最早的图书馆，这就是我们提到的亚述的巴尼拔图书馆。考古学家发现的时候，它依然保存得十分完整，而它宏大的规模与丰富的藏书更是令人惊叹。要知道，很多古代的图书馆都因年代久远而消失了，里面的藏书也大多遗失。但是，巴尼拔图书馆里的藏书大多保存了下来。聪明的读者，你知道是为什么吗？你可以在我们上面的故事中找到答案。因为当时的图书都是用泥砖制成的，所以它们能保存很久，就像许多古老的建筑一样。

考古学家在巴尼拔图书馆为我们找到了一样有趣的东西，那是一块泥版，上面有亚述巴尼拔的自述。他说："我，亚述巴尼拔，受到纳布智慧神的启发，觉得有博览群书的必要。我可以从书中学到射、御以及治国平天下的本领……读书不但可以扩充知识和技艺，而且可以养成一种高贵的气度。"

国王尼布甲尼撒

在我们刚刚提到击败亚述的人中就有迦勒底人。当时，带领迦勒底的首领名叫那波帕拉萨尔。在亚述灭亡之后，那波帕拉萨尔重新建立了巴比伦王国，而他也成了新巴比伦的第一任国王。

这位新巴比伦国王并没有放下手中的武器，他希望新巴比伦能与鼎盛时期的尼尼微那样辉煌与荣耀。于是他开始不断向邻国发起进攻，直到巴比伦成为第二个尼尼微。

其实，在那场灭亡亚述的战役里，另一个名字更值得我们记住。只是这个名字或许有点儿难记，那就是那波帕拉萨尔的儿子，后来著名的新巴比伦国王尼布甲尼撒。

当亚述人在尼尼微城过着奢华生活的时候，尼布甲尼撒还只是个孩子。后来，权力的膨胀和财富的增长使亚述人开始腐败，亚述国内乱与外患同存。这时，迦勒底人与米底人一起，联合发动了那场攻陷亚述帝国的战争，一把火烧了尼尼微。

在与亚述人战斗时，少年尼布甲尼撒就表现出惊人的军事才干。那时，尼布甲尼撒的父亲那波帕拉萨尔已经老了，他不能再指挥庞大的军队四处征战，因此，年轻的尼布甲尼撒独自一人指挥军队，凭借勇敢与智慧，打了许多胜战。

　　随着扩张脚步的迈进，新巴比伦王国不可避免地与其他国家发生了冲突。比如，公元前607—前605年，新巴比伦王国就在幼发拉底河的上游同埃及发生了许多冲突。可是，在这场冲突中，新巴比伦军队吃了很多败仗。老国王那波帕拉萨尔认为，必须尽快改变战争局势。于是，他再一次将重任交给了自己的儿子尼布甲尼撒，让他带领巴比伦军队与埃及军队进行一场决战。

　　这场决战发生在公元前605年春天的卡尔赫米什。那里地处幼发拉底河西岸。被父亲委任为统帅的尼布甲尼撒率军在下游先行渡河，与埃及军队展开了激烈的战斗。尼布甲尼撒的士兵倒下一波，下一波紧接着便拥上来。埃及军队被吓倒了。他们不敢再进攻，转身后退。战争结果显而易见，埃及人惨败。

　　后来，尼布甲尼撒继承了新巴比伦的王位。他对叙利亚、巴勒斯坦地区的一些小国发动了征服战争。大马士革、西顿、推罗以及犹太的国王都纷纷承认尼布甲尼撒是他们的领导者。可是，没过多久，曾经吃了败仗的埃及军队又来骚扰西亚地区。这一次犹太王国犯了一个错误，他们竟然脱离巴比伦，站在了埃及人这边。尼布甲尼撒听到这个消息之后，大发雷霆，并发誓要踏平耶路撒冷。

　　公元前598年，尼布甲尼撒血洗耶路撒冷，犹太王国不得不臣服在尼布甲尼撒的统治之下。但是，埃及人却总是找麻烦。10年之后，埃及向巴勒斯坦地区发动进攻。犹太人见此情景，就好像见到旧日的伙伴又回来一样，立刻起来响应埃及人。

国王尼布甲尼撒

　　这一次，犹太人彻底激怒了尼布甲尼撒。尼布甲尼撒带领军队攻入耶路撒冷，进行洗劫和焚烧。然后，尼布甲尼撒将耶路撒冷城中所有活着的居民都掳到巴比伦，并将他们关进监狱。从此，在整整50年的漫长岁月中，这些来自耶路撒冷的俘虏都过着被囚禁的生活。他们就是历史上著名的"巴比伦之囚"。

尼布甲尼撒

　　在威廉·布莱克(1757—1827年)1795年所画的《尼布甲尼撒》则更为突出地表现了精神与物质世界，与肉体的分离状态。

　　尼布甲尼撒在一生干尽暴虐行径、享尽荣华富贵之后而完全丧失了理性变得疯狂。尽管他的肉体还那么健壮，而他的精神却已经死亡。他变得神志不清，赤身裸体在旷野中奔跑，像牲畜一样在地上爬着。他虽有强壮的体魄，但他的神却早已散了，他的眼睛瞪得很大，闪着惊恐的光芒，这可怕的疯狂和兽性的形象是追逐物质和肉体享受而精神死亡的典型形象。

在尼布甲尼撒的统治下，新巴比伦进入了稳定繁荣期。因为尼布甲尼撒爱好奢华的生活，在他的驱使下，人们开始重建巴比伦城。

重建之后的巴比伦城，有两层外城墙，厚实而宏伟：城墙上战垛、箭楼高低起伏，极为壮观。由于尼布甲尼撒同巴比伦的神庙祭司团关系密切，所以他修建了大量宗教建筑。

国家强大之后，巴比伦人开始崇尚无节制的享乐，没有人为明天考虑。越是堕落至极的生活，他们越开心。而此时，国王尼布甲尼撒疯了。他成天幻想着自己是头公牛，并且总用四肢着地，啃食青草。或许在他看来，自己原本就是一头野兽。

尼布甲尼撒用发疯的方式结束了自己的一生。耀眼的新巴比伦尽管拥有坚固的城墙和黄铜的大门，却依然没能逃脱灭亡的命运。巴比伦怎么会被占领，是谁，什么时候，关于这些，你可能很难猜得到。

沦陷巴比伦

　　米底人和波斯人是印欧语系中的两个民族，他们居住在巴比伦附近。米底人和波斯人都用法律来治理国家。这些法律相当严格，而且绝不允许变更。

　　米底人和波斯人的宗教信仰比较独特，与犹太人、巴比伦人都不同。米底人和波斯人的宗教创始人是一个波斯人，名叫琐罗亚斯德。琐罗亚斯德是一个智者，曾在各地向人们传播赞美诗和箴言。他常说，这世上只有两种最伟大的神灵——善和恶。善的神灵是光明的象征，叫作马兹达，亦是光明之神，而恶的神灵预示着黑暗。

　　波斯人看来，火中就蕴含着善神。因此，波斯人的祭坛总是燃着火。这蕴含善神的火绝对不能熄灭，因此波斯人会派专人来守护它。这些守护火的人被称作麦琪，也就是祭司。传说，这些祭司就如同魔法师一样能使用魔法。当然，这只是传说。

　　现在，让我们来讲讲波斯帝国中另一个值得记住的人，一个伟大的国王，居鲁士。在讲居鲁士的故事之前，请你耐心一些，先听我讲一个小国——吕底亚的故事。

　　吕底亚离特洛伊不远，国王名叫克罗伊斯。千万别因为克罗伊斯的国家小就小看他，克罗伊斯可是当时世界上最富有的人，因为吕底亚王国藏着许多金矿。现在，当我们说一个人很富有时还会说："他富得像是克罗伊斯。"

讲述这么多历史之后，你一定会发现，有许多国王虽然拥有大量的财富和土地，但他们还是贪心地想拥有更多，克罗伊斯也不例外。贪婪的克罗伊斯尽管拥有世上最多的财富，但他还不满足。为了拥有更多的财富，他想了一个办法：向附近的城市征收税款。但是，这些税款并没有填饱克罗伊斯的贪婪，他还在想办法让这些钱像母鸡生蛋那样，越"生"越多。

克罗伊斯在这方面的确有才华，他所用的方法非常有效——让金子都流通起来。在金子流通的过程中，人们要带着大块的金子在市场上活动，这样既不方便，还很危险。于是克罗伊斯又想出一个妙招：把金子都分成小块。但是这样一来，又有新的问题产生，总不能每次交易的时候，人们都要为金块称重吧。于是，克罗伊斯让人把切成小块的金子都称了一遍，得出金子的具体重量，这样就不用在每次使用时都称一遍了。克罗伊斯还想到另一点，为保证这些金块的重量真实可信，他命人将自己的名字或者名字中的首字母刻在这些金块上，想得真是周到。

在克罗伊斯以前，从来没有人这样使用金子，所以，这些被切割得形状各异的金块应该是世界上最早的真正意义上的货币。

这一系列举措为克罗伊斯带来了巨大的财富，他深深地沉浸在自己的财富梦中，毫未曾料到居鲁士来了。居鲁士怎能不来呢？吕

沦陷巴比伦

底亚的金矿把这个国家变成了一块巨大的磁铁，吸引着无数梦想财富的人，居鲁士就是其中一个。

当克罗伊斯听说居鲁士正带着军队步步逼近时，一时不知如何应付。于是，他在居鲁士的大军赶到之前，派了一个人前往希腊。是去搬救兵吗？当然不是。这个人肩负的重要使命，是去向德尔斐神谕求助。

克罗伊斯派去的人，向女祭司提了这样一个问题：在与居鲁士的战争中，谁会获胜？神谕给他的回答是："一个伟大的王国将会灭亡。"这个答案可真是模糊，但是，乐观的人总能把事情向有利于自己的方面想。克罗伊斯听到这个结果后，非常满意，他理所当然地认为居鲁士的王国将要灭亡。

可事实的结果却与克罗伊斯的想法正好相反，神谕暗示的，似乎是克罗伊斯的国家会被灭亡，因为吕底亚被居鲁士攻陷了。野心勃勃的居鲁士在占领吕底亚后，并没有停止他的战争脚步，这次，他把剑锋指向了新巴比伦。试想，谁不喜欢尼布甲尼撒用毕生精力建设的美好国家呢？

此时的巴比伦人在做些什么呢？他们无休止地享乐，大吃大喝。在他们眼中，巴比伦又高又厚的城墙，黄铜制作的大门是那么坚不可摧，只有傻子才会想要攻打巴比伦。但是，巴比伦人忘记了最重要的一点，幼发拉底河从他们的城市穿过。这条孕育了巴比伦灿烂文明的母亲河，此时却成为他们最大的弱点，因为居鲁士正是利用这一地理因素，让巴比伦彻底沦陷。

一天晚上，巴比伦王子伯沙撒正在举办盛大的宴会，纵情声色的他早把国家安危抛到脑后。就在巴比伦人吃、喝、玩、乐的时候，居鲁士正派人在巴比伦的城墙边筑水坝，将幼发拉底的河水引向一边。然后，居鲁士又派人抽干了幼发拉底河。

居鲁士带着军队沿着干涸的巴比伦河道轻轻松松地攻入巴比伦城，公元前538年，曾经繁华无比的新巴比伦覆灭。

居鲁士在两年后释放了50年前被尼布甲尼撒从耶路撒冷掳来的犹太人，并允许他们回到自己的祖国。"巴比伦之囚"的时代也从此画上了句号。

德尔斐神谕

德尔斐神谕乃是希腊人的精神支柱，大大有助于克服战争所造成的严重困难。

德尔斐（Delphi）在距雅典150公里的帕那索斯深山里，是世界闻名的著名古迹。主要由阿波罗太阳神庙、雅典女神庙、剧场、体育训练场和运动场组成，其中最有名的是古代希腊象征光明和青春并且主管音乐、诗歌及医药、畜牧的太阳神阿波罗的神庙。古希腊人认为，德尔斐是地球的中心，是"地球的肚脐"（宙斯为了确定地球的中心在哪里，从地球的两极放出两只神鹰相对而飞。两只鹰在德尔斐相会，宙斯断定这里是地球的中心，于是将一块圆形石头放在德尔斐，作为标志。如今这块石头就珍藏在德尔斐博物馆里）。

印度河

　　历史上曾经有两个地方的人都被叫作"印度人"。一个是地地道道的印度人，他们的国家位于崛起的波斯帝国东边——那里就是印度；另一个是现在的美洲印第安人，这些人曾经也被称作印度人，但这是个天大的误会。探险家到达美洲时，他们误以为自己到了印度或是东印度群岛，所以他们便把当地的印第安人当成印度人。实际上，美洲原住民印第安人与印度人根本不是一回事。真正的印度是什么样的呢？

　　与巴比伦、埃及一样，印度也由一条河哺育而成，那就是印度河。我们习惯把古老文明用哺育它们的河流命名，或以地区名字命名，所以你很自然便能想到，沿着印度河谷发展起来的早期文明，就叫印度文明。印度同古埃及、古巴比伦一样，拥有悠久的历史与灿烂的文化。

　　印度境内还有一条大河，名为恒河，从远古起便是印度最重要的河流之一。有许多人认为，印度古文明的繁荣之处在恒河流域。事实上，最繁荣的印度文明出现在印度河流域。

　　印度河与恒河一样，发源于喜马拉雅山脉。它流经巨石阻拦的大峡谷，容纳高山上的无数冰川，吞卷着两岸的泥沙，终于通过高大山脉间的深谷，奔流不息地闯入南亚巴基斯坦平缓地区，分成无数支流，开始冲击属于自己的平原。如果站在足够高的地方，可以清晰地辨识泛红土壤中的印度河湍流以及它所冲击的滩涂。远远望去，它与这片土地形成了血肉交融的壮丽景象。

印度河流域记载和保存的最早城市遗址，是公元前2500年前的卡利班甘、哈拉帕、摩亨佐—达罗三处，它们都紧紧地依偎着印度河。

这些古老城市的原貌早已长眠地下，现在你所见的，都是人们在原始城市基础上不断加高重建的结果。因此，这些城市并不是最原始的古典文明。印度河流域文明的开端，也许远远早于5000年。

古摩亨佐—达罗遗址

摩亨佐—达罗（公元前2600—前1800年），又称"死丘"或"死亡之丘"，是印度河流域文明的重要城市，大约于公元前2600年建成，位于今天巴基斯坦的信德省的拉尔卡纳县南部，摩亨佐—达罗是世界上其中一个早期古代城市，有"古代印度河流域文明的大都会"之称，该段时期的其他古文明包括古埃及、美索不达米亚及克里特文明。

写在叶子上的字

　　世界上最早使用文字的国家是埃及。我们前面提到过，巴比伦人把字写在泥巴制成的砖块上。埃及人书写的材料可比巴比伦人轻便多了。古埃及人把字写在一种叫纸草的植物的茎上。

　　纸草是一种水生植物，有着厚厚的茎。埃及人把它采回来，用重物碾压。碾压要一直进行，直到这些茎变得又平又薄，可以让人方便地在上面写字为止。据说，"纸"的英文单词，就来源于"纸草"的古埃及名称。

　　巴比伦人的书，像砖块一样堆在地上，但埃及人能够把字写在纸草上，所以他们的书也是用纸草片粘在一起而制成的。埃及人把这种纸草片制成的书卷成卷轴，要看时就直接把它铺开。

　　那么埃及人用什么写字呢？最早的时候，埃及人也没有笔，他们把芦苇劈开做笔。他们的墨水，则是水和烟灰的混合物。

　　埃及的文字看起来就像一幅幅有趣的画。有的看起来像一支矛，有的则像一只鸟，有的像一条小鱼。如果你去读古埃及人的书，会觉得埃及人似乎是在用图画来为我们讲故事。埃及的人可以根据这些图画猜出其中表达的意思，例如，人们要表示"鸟"，就会画一只小鸟的图案。这种像图画一样的文字，被称作"象形文字"。

　　古埃及人写字时有一个习惯，他们会在国王或者王后的名字外面加一圈线。这是为了告诉人们，这个名字十分重要，与其他人的名字大不一样。

　　古埃及人在纸草上"画"着他们的文字，书写他们的历史。不过古埃及人通常不会把与国王或与战争有关的历史事件记载在纸草片上，而是把它们刻在建筑物的墙上或纪念碑上。这很容易理解，这些事情对一个国家而言十分重要，所以人们想要将这些长久地保存下来。纸草并不结实，时间一久也许就会破损，所以，把这些事情刻在墙上或纪念碑上就安全多了。要知道这些石头很能经受岁月的考验。

古埃及象形文字

　　古埃及象形文字是最古老的文字，最早用在法老王那默尔的铠甲关节板上（公元前3100年）。古埃及人认为他们的文字是月神、计算与学问之神图特（Thoth）造的，和中国人"仓颉造字"的传说很相似。

写在叶子上的字

象形文字的意思其实并不好懂，而那些会写、会读象形文字的古埃及人已渐渐离开人世，所以很长一段时间里，象形文字的读法和解法失传了。直到后来，碰巧有人阅读并理解了这些象形文字，人们才了解古埃及的一些历史。这件"碰巧"的事情是这样的。

尼罗河在汇入地中海之前有很多支流，一个名叫罗塞塔的海港就位于其中一条支流的入海口。有一天，一队士兵在罗塞塔附近挖出一块像墓碑一样的石头。这块"墓碑"上面刻有三种文字：最上面的是像图画一样的象形文字，最下面的是希腊文，中间还刻着一种叫作"世俗体文字"的字体。后来人们明白，古埃及人通常用世俗体文字书写日常文件和合同。

当时，没有人知道那些象形文字所代表的意思，幸好军队里的人大都认识希腊文。于是，一个聪明人便对照希腊文翻译了这些古代的象形文字。

翻译的过程就好像解谜游戏一样，只是，解开谜底花费了将近20年的时间。多亏了这个人，正是因为他的工作，当有人再去读埃及的象形文字时，要理解起来就容易得多。

这块刻写着三种文字的石头，被人们称为罗塞塔碑。通过它，人们也慢慢了解了早先发生在埃及人身上的故事。如果你也想亲眼看看它，可以到伦敦的大英博物馆，它被很好地保存在那里。

就地理位置而言，埃及也是个适合居住的好地方。尼罗河每年总会泛滥几个月——似乎所有河流都有这样的坏脾气。每年，当埃及进入雨季时，这里便会整日整夜地下雨。雨水将尼罗河填满。当河水在河道里再也没有地方可待，便只能溢出堤岸。这时，水和泥就会顺势流向陆地，但又不至于淹没土地。于是，每当大水退去时，尼罗河河谷附近都会留下一层肥沃的黑色泥土。这种黑土是最好的天然肥料，适合枣树、小麦和其他谷物的生长。可见，尼罗河泛滥虽然对人们的家园与生命造成了威胁，但在人们摸清每次河水泛滥的规律后，便可以利用尼罗河的定期泛滥来安排农业生产。这真是一件变害为利的事情。

古埃及的统治者有一个特殊的称号——法老。埃及历史上第一位法老叫美尼斯，他生活在约公元前3100年。美尼斯并不是这片肥沃土地最早的主人。他来自埃及南部，后来才渐渐征服北方。在美尼斯统治整个埃及后，为了让人们服从他、尊敬他，便宣称自己不仅是王，更是神。

在古埃及，人们被划分为不同的等级。等级可以世袭，这意味着你的父母属于某一个等级，那么你出生以后同样属于那个等级。

如果我们把古埃及的等级画成一个金字塔，那么，站在金字塔顶端的人是僧侣。僧侣在古埃及属于最高等级。他们大多数都受过高等教育，精通象形文字，埃及的僧侣同时还承担着医生、律师和工程师的工作。僧侣为古埃及人制定宗教教义和行为规范。这种规范的效力，相当于今天的法律。

现在我们由上往下来看，在埃及等级金字塔的第二层，是士兵。

写在叶子上的字

士兵的等级仅次于僧侣。接下来每一层分别是农民、牧羊人、商人、手工业者。这个大金字塔的最底层，则是养猪的人。

　　古埃及人信奉的神也很多，现在我要告诉你一个专业一些的名词"多神教"。古埃及人信奉的宗教就属于多神教，多神教意味着这个宗教当中的神有成百上千个。古埃及人相信，世间万物都有灵魂，而每一种事物都由一个专门的神来掌管。所以，不同的神就有了不同的职能，他们有的是农场的主管，有的是商户的主管。这些神有善有恶，但都一样被古埃及人奉养。

　　在古埃及的众多神明中，奥西里斯是众神之首，他掌管农业和死亡。奥西里斯的妻子叫伊西斯，古埃及人把伊西斯奉为法老王的圣母，奥西里斯的儿子叫荷鲁斯，他长着人的身体，却有鹰的头。当时，古埃及有许多神的形象都是人身兽头。无论神长得多么可怕，对古埃及人来说，他们都一样神圣。相对应的，一些动物也就变得神圣起来，例如鹰。如果有人杀了神圣的动物，就会被处死，因为他亵渎了神灵，其罪行甚至大过杀死人。

埃及的木乃伊

古埃及人相信，一个人死后，他的灵魂不会立刻离开，而会继续在身体旁边逗留。因此，每当有人死去时，古埃及人就会把死者用过的东西与他的尸体一起放入坟墓，让他的灵魂和肉体合二为一。古埃及人还相信，总有一天，死者的灵魂会回到他的身体里。可是，肉体很容易腐烂，或许等不到灵魂重新回来的那一天，为此古埃及用一种很奇特的方法来保存人的肉体。

古埃及人会用一种叫作泡碱粉的矿物浸泡尸体，然后用亚麻制成的绷带把尸体层层包裹起来。这种包裹的方式非常复杂，通过这种方式包裹的尸体在很长时间内都不会腐烂。

经这样处理的尸体就是众所周知的木乃伊。通过考古学者的挖掘，埋在地下的埃及木乃伊被人们发现。现在，它们大多被摆放在博物馆。在我看来，木乃伊干干瘦瘦，像是个瘦得皮包骨的小老头。

最初，并不是所有人死后都有资格被制成木乃伊。享有这种权利的只有法老和上等阶级的重要人物，当然，那些神圣的动物也拥有同样的权利。后来，各个阶级的人才能在死后被做成木乃伊。

埃及人死后，他的朋友为了防止其他动物，比如，老鹰、鬣狗等，来啃食尸体，会在死者的尸体上垒起一堆石头，将尸体掩盖。

埃及的木乃伊

最初的石头堆看起来很简单。后来，法老和富人为了显示自己的地位与众不同，便给自己弄成大型的石头堆。这些石头堆甚至大到像山一样。

　　几乎所有法老都希望他们的石头堆看上去比其他人的宏伟，于是，仿佛在比赛一样，当法老还活着的时候，他们就着手为自己建造石头堆。看起来，法老对建造坟墓的兴趣要远远大过建造宫殿。这也不难理解，因为这些法老认为，死后住在石头堆里，才可以不朽。而且未来，他们将会在同一个地点再次降生。这些巨大的石头坟墓有一个举世闻名的名字——金字塔。

古埃及生死书

　　关于古埃及传说中有关生死非常神秘，非常有意思。在古埃及，每个人去世之后都将会在代表智慧的托特神和代表真理的玛阿特神面前接受最后的审判。天平的一端是死者的心脏，另一端是玛阿特放上去的真理的羽毛。羽毛一段翘起，说明死者罪孽深重，心脏立即会被一旁的鳄鱼头和马身的怪兽阿密特吃掉。永世不得超生；天平齐平，代表灵魂善良，于是死者得见冥王奥西里斯，被赐予永生。冥王裁断死者能否永生的标准，在于善恶。

金字塔是一种多面三角形建筑。在尼罗河沿岸，金字塔星罗棋布，从高空中俯瞰，仿佛是在尼罗河沿岸撒下许多三角形的积木一样。这些金字塔大多建造于公元前 3000 年以后，其中有一座最大的便是靠近今天埃及首都开罗的胡夫金字塔。

其实，不仅埃及人会为自己建造金字塔。在今天的苏丹，也就是过去尼罗河南边的努比亚，因为与古埃及人在信仰上有许多相同的地方，他们的国王也会为自己建造金字塔。

巨大的金字塔对历史学家而言有着巨大的吸引力，它就像一个装满了谜题的宝匣一样，吸引人们一一解开。在这些谜题中，有一个人们苦思了很久，那就是：古时没有起重机，这些高大无比的金字塔是怎样建成的呢？

历史学家经过大量研究认为，这样巨大的金字塔，必须要靠许多人共同完成。人数多得你也许想象不到。我可以举一个例子让你对这件事情形成直观的印象。

世界上最大的金字塔，也就是胡夫金字塔一共动用了十多万人，花了二十多年的时间建成。那些建造用的石头，要靠很多人一起推拉，一点点往前，要很久才能接近放置的地方。

胡夫金字塔旁是一座名叫斯芬克司的巨大狮身人面像。金字塔由许多巨大的石头堆建而成，但是这座狮身人面像却是用一块完整的石头雕刻而成的。如果你想知道胡夫长什么样，那么你可以看看斯芬克司的头，据说他的头像是按照法老胡夫的样子雕刻的。不过，

埃及的木乃伊

现在的斯芬克司已经和原来大不一样了。长时间以来，它一直在外面，经受着风吹雨打，沙石雕磨。如今，它的爪子和身体的大部分已经埋在沙子下面，剩下的部分也留下了斑驳的痕迹，胡夫的样子已经不完整了。

古埃及人经常用岩石来雕刻人的雕像。这些雕像有的坐着，有的站着，比我们正常人要大上许多。不过古埃及人把这些雕像塑造得很拘谨。他们僵直着双脚，呆呆地站在地上，手指紧贴着身体，就像等待训诫的孩子一样。

埃及人为神灵建造的房子，被称为庙宇。庙宇里的圆柱和大梁都高大无比，一般人站在旁边会显得像侏儒一般。

庙宇、金字塔和木乃伊的棺木上都绘有很多风格各异的图画，但是古埃及人似乎并不想把事物的真实样子画出来，因此他们的画看上去与真实事物的样子有些差距，比如，他们只用一些曲线来代表波浪。古埃及人在画画时，有着奇特的构图方式，比如，他们在画两个前后站立的人时，会把后面站立的人画在前面那个人的头顶上。在画法老的时候，古埃及人会把他画得比画面中的其他人大上许多倍。

在色彩的选择上，古埃及人较喜欢鲜亮的颜色，比如，红色、黄色和棕色，所以他们的图画非常显眼。通过这些图画，我们可以看出，埃及南部的人肤色偏黑，地中海附近的人肤色呈浅棕色。不过，随着埃及人的不断迁移，这种肤色的变化越来越小，想通过肤色来判断一个人来自哪里也变得越来越难。

希腊人的神明

　　如果我说有一个地方叫赫拉斯，你也许会觉得陌生，但当我说出它的另一个名字时，你一定很熟悉——希腊。没错，赫拉斯就是希腊。希腊就像一颗美丽的珍珠镶嵌在地中海。希腊很小，但他的名气却很大，它的历史讲起来，要比世界上其他许多国家精彩得多。

　　在希腊附近居住着一群"赫楞人"。赫楞不是什么神奇的事物，事实上它不过是个男人的名字。由于赫楞养育了很多子孙，为了纪念他，人们管他的子孙叫"赫楞人"。但是，如果你今天还管他们叫"赫楞人"，那么就显得有点老土了。在很久以前，他们就已经不叫这个名字了，而是改称"希腊人"。

　　或许是希腊太小的缘故，希腊和希腊人一直没有引起大家的注意。他们就这样默默无闻地生活了很久，直到公元前 1300 年左右，也就是铁器时代开始的时候，人们才注意到他们的存在。

　　人们发现，希腊人信奉众多神明。他们主要的信仰有六位男神，六位女神。这些神住在希腊最高的山——奥林匹斯山上。有趣的是，在希腊人眼中，这些神明就跟人类一样会发脾气，会吵架，会彼此忌妒，也会互相欺骗，会犯些可怕的错误。他们就像一个时常吵闹的大家庭，与希腊人世代为邻。

希腊人的神明

　　尽管神明也跟我们一样有缺点，但是他们毕竟是神，所以大都长生不老。希腊人认为，这主要是因为神明的食物具有让人永葆青春的功效。关于希腊人的神明，我还有一个小秘密要告诉大家，那就是他们其实也是罗马神话中的神明，只不过，他们在罗马神话里，

．．

奥林匹斯山

　　坐落在希腊北部的山，希腊神话之源。坐落在希腊北部（在火星上甚至有同名之山），是由非洲大陆与欧亚大陆挤压而成。其米蒂卡斯峰，高 2917 米，是希腊全国最高峰。

　　古希腊人尊奉奥林匹斯山为"神山"，他们认为奥林匹斯山位于希腊中心，而希腊又居于地球的中心，于是奥林匹斯山也就是地球的中心。那些统治世界、主宰人类的诸神就居住在这座高山上。

　　为了表达对宙斯的崇敬祈求，希腊人在奥林匹亚地区举行盛大的祭祀。他们进献上牛羊作为祭品，载歌载舞，欢庆宴饮，同时还要进行短跑竞赛活动。后来逐渐增加了摔跤、掷铁饼、投标枪、赛马和赛车等项目。众神之神的宙斯摔跤赢了克洛诺斯（宙斯的父亲）；阿波罗拳击打败了阿里斯，在跑步中超过了赫米斯……每一个竞赛优胜者要戴上桂冠。所以，古希腊人认为，居住在奥林匹斯山上的众神创造了奥运会。

名字完全不一样。知道这一点，下次你再读到那些神明的罗马名字时，你就知道，他们就是希腊神话中的神。

宙斯的妻子是众神女王赫拉，罗马人更愿意叫她朱诺。赫拉喜欢拿着自己的权杖，与她心爱的孔雀待在一起。

宙斯有个兄弟是海神，他叫波塞冬，罗马人叫他尼普顿。波塞冬驾驶着一辆战车，手持三叉长戟。这三根尖头的长戟看起来有点像你家花园里的干草叉。但是，别被它表面的样子欺骗了，其威力非同小可。如果波塞冬挥动这根"干草叉"，平静的海面一下子就变得波涛汹涌。

在奥林匹斯山上住着一个腿有残疾的铁匠，他的日常工作是在山洞里打铁。这个铁匠的力气太大了，只要他一打铁，火山就会喷发，地动山摇。原来，这个铁匠不是别人，正是火神赫淮斯托斯。

或许，只有太阳神阿波罗没有给自己取罗马名字，他在罗马神话中也叫阿波罗。阿波罗是宙斯和暗夜女神勒托的儿子。他降生时天空出现了万丈金光。据说，阿波罗是所有男神中最英俊的，他的眉心嵌着一个耀眼的太阳。阿波罗也掌管着音乐。他每天早晨都驾着他的太阳神车，穿越整个天空，为人类带来灿烂的阳光和动听的音乐。

阿波罗的孪生妹妹叫阿耳忒弥斯，她的罗马名字是狄安娜。据说，阿波罗出生之后，他从母亲体内牵出了阿耳忒弥斯。阿耳忒弥斯出生时，眉心嵌着一个耀眼的月亮，手中举着弓箭，全身散发着圣洁的光芒。你能猜到太阳神的妹妹是什么神吗？没错，她就是月亮神，也是狩猎女神。阿耳忒弥斯身材匀称，长得十分漂亮。据说，她特别热爱大自然，因此拒绝了众多求婚者，只愿意与森林中的仙女们永远生活在一起。

众神之中有一位十分活泼快乐的神，名叫阿瑞斯。他是战神，在罗马神话中，他被叫作玛尔斯。每当战争爆发时，他就会兴奋异常。

奥林匹斯山上的众神经常吵架，幸好，他们有信使赫尔墨斯，也就是墨丘利。赫尔墨斯的形象十分可爱，他的鞋子和帽子上都长有翅膀，就连手中的权杖也长着翅膀。赫尔墨斯是一个相当出色的调解员，这要归功于他的权杖。据说只要把这根权杖放在争吵者之间，他们就会马上和好。有一次，赫尔墨斯将自己的权杖放在两条正在酣战的蛇中间，于是两条蛇立刻停止了战斗，变得友好起来。停战的两条蛇将赫尔墨斯的权杖缠绕起来，自此，这根权杖上就留下了两条蛇形。因此这根权杖被叫作"双蛇杖"，又叫"使节杖"。

有一位女神在希腊为自己建了一座城，她用自己的名字为它命名——雅典娜。雅典娜，或密涅瓦，是智慧女神。她从宙斯的头上诞生。有一天，宙斯忽然头疼得厉害，于是派人找来火神赫淮斯托斯（一说为普罗米修斯），让他用锤子敲击自己的头。虽然赫淮斯托斯觉得这样做对宙斯很不敬，但为了尊崇众神之王宙斯的旨意，他也只能在宙斯头上敲击起来。突然，一个东西从宙斯的头上窜出，宙斯的头疼即刻停止了。从宙斯头上跳出来的便是雅典娜。雅典娜出生的时候身穿战甲，全副武装。她非常聪颖，又富有战斗力，她在希腊建立雅典城之后，一直用心守护着它。

爱神和美神阿佛洛狄忒，也就是维纳斯，是奥林匹斯山上最美丽的女神。传说她诞生于大海的泡沫之中。她有一个可爱的儿子厄洛斯，或许你更熟悉他的罗马名字——丘比特。当丘比特用箭射中人们的心时，世间便会成就一对爱人。

奥林匹斯山上还有掌管家事和炉灶的女神赫斯提亚，或叫维斯塔，以及掌管农业的丰收女神得墨忒尔，或叫克瑞斯。

以上就是奥林匹斯山上的12位主神。其实，众神之王宙斯和海王波塞冬有一位哥哥，他叫哈迪斯。哈迪斯的罗马名字是普路同。

哈迪斯虽然与宙斯和波塞冬是一家人，但他却不住在奥林匹斯山上。他住在阴间，统治着冥界。哈迪斯为什么不跟弟弟们住在一起，而要待在阴冷的冥界呢？这要从遥远的泰坦之战说起。很久以前，宙斯、波塞冬和哈迪斯为了反对父亲克洛诺斯的暴政，便联合起来将父亲打败。之后，哈迪斯和弟弟们用抽签的方式决定各自的领地。结果宙斯抽中了天堂，成为了天上的王，而波塞冬抽到了海洋，哈迪斯的运气有些不好，他抽到了冥界。因此，哈迪斯成为了冥王，统治着地狱。

人们对希腊众神无比崇敬，因此便用众神的名字来命名天上的行星。但是，这些行星的名字，用的都是众神的罗马名字，比如，最大的行星木星，又称"朱庇特"；最红的星火星，又叫"玛尔斯"；美丽的金星又名"维纳斯"；水星是"墨丘利"；海王星叫"尼普

希腊人的神明

"顿"；冥王星叫"普路同"等。

希腊人认为，众神在统治奥林匹斯山的同时，也保护着人类，大地的丰收，生活的安宁都离不开众神的庇佑。因此，希腊人时常会向众神祈祷，希望神灵保佑他们平安，不受伤害。

世界上许多民族都有向神灵祷告的习俗。比如，中国人在祷告时往往闭目跪拜，但希腊人在向神灵祈祷时却用站立姿势，双臂向前伸开。

在祷告仪式开始时，希腊人会准备许多东西，比如，牲畜、水果和酒。人们认为这些东西都是众神喜欢的食物。希腊人还认为，当众神享用了这些祭品时，便会通过一些自然现象来给人们启示。比如，神会让鸟群掠过天空，或者在天空放闪电。这些现象预示着众神对献祭是否满意。如果他们不满意的话，神明便会带来一些不好的预兆，比如，当一个盘子突然被打碎时，希腊人便知道，神明对他们的献祭不满意。直至今天，仍然有很多人相信这种预兆。

雅典附近有很多山和城市毗邻，帕纳塞斯山就和德尔斐城紧密相连。从德尔斐城的裂缝中常常会涌出一股沼气，希腊人认为，这股沼气就是阿波罗的呼吸。

在德尔斐城的裂缝上，常坐着一个女祭司，只要她闻到这股沼气，就会变得迷迷糊糊。这时你要是问她问题，她就会对你说很多。只可惜这个女祭司太糊涂了，以至于你完全无法明白她究竟在说些什么。所以，在女祭司旁边会有另一个祭司来当翻译。后来，人们将这里称为德尔斐神庙，而女祭司那番稀奇古怪的话则被称为德尔斐神谕。

　　每当希腊人不知所措或是对未来感到茫然时，就会去祈求德尔斐神谕的指示。希腊人坚信，神一定会帮助他们。不过，女祭司的话非常含混，因此神谕就有了各种不同的解释。比如，曾经有位国王在战争开始前去问神谕，自己能不能取得胜利。神谕的指示是："一个伟大的王国即将灭亡。"你能猜到战争的结果是什么吗？在现代语言中，人们也常把这种晦涩多义的语言叫作"神谕式的语言"。直至今天，仍然有很多人跋山涉水来到这里，只为得到神谕的指引。

一个金苹果

希腊历史总是与奥林匹斯众神的故事关系密切。偏偏奥林匹斯众神总是犯些与人类一样的错误，所以他们之间总是起争执。这不，众神在一场婚宴上又闹起来，争执中引发了一场战争，希腊历史便在这场战争中开始了。

一天，希腊众神受到邀请，参加人类英雄珀琉斯和海洋女神忒提斯的婚礼。可是，不和女神厄里斯却不在受邀之列。这可气坏了厄里斯。要知道，引起争执可是厄里斯的拿手活，于是，她为了报复，便计划在婚礼上引起不和。

厄里斯准备了一个金苹果来到婚礼上，当她把这个苹果呈献给宾客时，在场的女神都坐不住了。原来金苹果上写着："送给最美的女神"。女神们每个都高贵而骄傲，她们都觉得自己才是最美丽的那一位，其中赫拉、雅典娜、阿佛洛狄忒就为了这个金苹果相执不下。

面对三个女神的争吵，当时在场的其他神却一句话都不敢说，因为他们都害怕得罪三位能力非凡的女神。最后，无奈的宙斯找来一位名叫帕里斯的牧童来当裁判。

为了让牧童把金苹果判给自己，三个女神开始各种引诱牧童：

众神之母赫拉答应让他做国王，智慧女神雅典娜许诺给他智慧，而爱与美的化身阿芙罗狄忒答应许给他世界上最美的女人做妻子。

事实上，帕里斯不是一般的牧童，他正是希腊对面的特洛伊国王普里阿摩斯的儿子。在帕里斯还是婴儿的时候就被人扔到山上，幸好有位牧羊人经过，发现了他。牧羊人把他带回家精心照料，将他抚养成人。

此时，帕里斯面对女神的条件，会选择哪一样呢？做智者与做国王？帕里斯想了想觉得没意思。他认为，得到世界上最美的女人

《金苹果之争》（作者彼得·保罗·鲁本斯）

一个金苹果

成为妻子才最幸福。于是美神阿佛洛狄忒得到了金苹果。

这下到了美神阿佛洛狄忒兑现承诺的时候，可当时世界上最美的女人海伦，已经嫁给斯巴达的国王墨涅拉俄斯。于是，阿佛洛狄忒便帮助帕里斯潜入斯巴达城找到了海伦。然后，帕里斯把海伦带回了故乡特洛伊。

墨涅拉俄斯失去了自己的妻子，既难过又愤怒。于是他便联合希腊人对特洛伊发动战争，希望能从特洛伊人手中夺回自己的妻子。可是特洛伊的城墙太坚固，很难攻陷。于是这场战争一打，便是 10 年之久。墨涅拉俄斯觉得，或许他永远也夺不回海伦了。

最终，希腊人想出一个绝好的计策。他们造了一匹巨大的木马，比城门都高，然后让士兵藏在木马的肚子里。一切准备就绪，希腊人把木马放在特洛伊城墙外，接着驾船离开，做出停战的样子。同时，希腊人通过他们安排的间谍向特洛伊人传达这样一个信息：这木马是神的礼物，因此特洛伊人应该把木马请进城。

这时，特洛伊城中一位名叫拉奥孔的祭司看出了端倪。他认为希腊人一定在木马上做了手脚，因此他劝大家不要接近木马。但那木马是神的礼物，特洛伊人哪里能不要呢？你是不是也曾有过这样的经历，当你特别想要做一件事的时候，无论是父母、老师的规劝还是同伴的劝说，你都不愿意听？现在，特洛伊人也是这样，他们极想得到木马，因此并没有把拉奥孔的话当回事。

偏偏这个时候，拉奥孔和他的两个儿子被海里游出来的几条大蛇缠住，窒息而死。这一下，特洛伊人认为，这一定是神灵在暗示他们不要相信拉奥孔。于是，特洛伊人决定把木马搬进城。为了把巨大的木马请进去，特洛伊人甚至拆掉了一部分城墙。

当晚，木马里的希腊人便钻出来，从城里打开特洛伊城门，与外面没有走远的希腊大军里应外合，一举攻下了特洛伊。这一次，他们几乎夷平了整座城市，而海伦也再次回到了丈夫身边。正是靠着木马计，希腊最终战胜了特洛伊。

特洛伊的故事，被详细记载在两首很长的史诗中。一首叫《伊利亚特》，伊利亚特是特洛伊的另一个名字。在《伊利亚特》里，记录了特洛伊战争的详细过程。另一首诗叫《奥德赛》，这首诗的标题来自一个希腊英雄的名字，那就是奥德修斯，《奥德赛》正是描写他在特洛伊战争结束后，返乡途中的历险过程。当然，如果你听到有人把奥德修斯叫作尤利西斯也不要吃惊，因为这正是奥德修斯的另一个名字。

有人认为，《伊利亚特》和《奥德赛》是世界上最美的两首诗歌。它们的作者名叫荷马，生活在大约公元 700 年前，是希腊的吟游诗人。

吟游诗人到处流浪。如果你遇到他们，他们会停下来为你唱歌，讲史诗。他们的歌声很动听，在里拉竖琴的伴奏下，那些用歌声讲述的故事显得更加美丽动人。如果你想回报吟游诗人，可以给他们提供住所和食物。

一个金苹果

　　荷马的诗歌很动听，人们把这些记在心里。荷马的母亲在荷马死后，继续荷马的工作给孩子们唱歌。后来，人们将这些诗歌用希腊文记下，编成书籍，流传至今。如果你有幸接触希腊文，相信你不会错过荷马史诗，要是没有学习希腊文的机会，荷马史诗的中文译本也是个不错的选择。

吟游诗人荷马

　　荷马为世人讲述了许多传奇的故事。就跟这些传奇故事中的主人公一样，荷马自己也有着神秘的身世。但是，直到现在关于荷马的生平仍然是个未解的谜。

　　首先是荷马的名字。有人说，"荷马"是"人质"的意思，或许荷马曾经是个俘虏；有人说"荷马"两个字代表了"组合"。说不定，他不过是后人虚构的人物。但无论哪种说法，都是人们的猜测。

　　公元前 6 世纪，一位叫克塞诺芬尼的人写了一首诗，里面提到了荷马。这是关于荷马的最早记载。但是，希腊历史学家泰奥彭波斯却说，荷马在公元前 686 年才出生。这个年份比克塞诺芬尼诗中的荷马晚了许多；后来又有传说荷马出生于公元前 12 世纪。不过，这种说法似乎把荷马出生的时间定得太早了一些。

　　就连荷马在哪里出生，也有许多争议。有人说他出生在雅典；有人说希腊才是他的故乡；还有记载说他是希俄斯岛人；不过也有人认为，他实际上是小亚细亚的斯弥尔纳人。你认为呢？

斯巴达的军营学校

你还记得海伦的丈夫墨涅拉俄斯吗？他是斯巴达城的国王。关于斯巴达城，我也有许多故事要讲。

公元前 900 年左右，斯巴达有一个名叫莱克格斯的男人，这个名字是个非常硬朗的希腊名字。当你看完这个故事，就会知道，莱克格斯为人和他的名字一样硬朗。莱克格斯有一个宏大的愿望——让斯巴达成为世界上最强大的城邦。

但是，如何才能实现这个目标呢？为了寻找答案，莱克格斯开始了他的游历。他几乎走遍世界上所有的大城市，学习它们强大的原因。在游历的过程中，他遇到了许多人，许多事。

有些地方的人，只希望过舒服的小日子，每天快快乐乐，日子平平安安。或许你也想过那样的日子，可是在莱克格斯看来，如果一个城市的人只想这样过日子，那么那座城市也一定不够强大；在莱克格斯看来，如果有一座城市，里面的人无论是否快乐，都能任劳任怨地做自己的本职工作，那么这座城市就有强大的可能。

在游历足够多的城市后，莱克格斯回到了家乡斯巴达。根据游历所得的经验，莱克格斯认为应该制定一系列规则，让人民在规则的引导下生活。这样，斯巴达将很快成为最强大的城邦。于是，莱

斯巴达的军营学校

克格斯开始制定规则，这些规则被称为法典。也许你会说，所有的法典都很严酷。是的，法典虽然严酷，但确实能让斯巴达人变得强大。现在我们就来看看，法典是否发挥了神奇的作用，让莱克格斯的理想成为现实。

莱克格斯希望斯巴达城里没有弱者，于是他为斯巴达人规定了详细的训练计划。这些计划对斯巴达人而言，就像一场人生过关游戏，你必须通过重重考验，才能成为强者。

首先，莱克格斯规定斯巴达人要从婴儿时期就开始训练。只是这项规定的确显得有些不近人情，因为斯巴达的婴儿一出生，就会有专人检查他们的身体情况。若是婴儿不太健康，那他就会被扔进山里。这个可怜的小家伙能不能活下去，只能听天由命了。

经过婴儿时期的考验，男孩儿们长到7岁大。这时，另一项考验来了。7岁大的少年要离开母亲的温暖怀抱，到类似于军营的学校生活。如果你参加过军队的夏令营便会对斯巴达的学校有一定了解，但是千万记住，斯巴达的孩子在军营学校里受的训练，可比你们的夏令营要艰苦得多。在那里，变成最优秀的战士才是他们最重要的学习内容。

那里的少年不容许有任何疏忽和懈怠，他们的生活显然不如军营夏令营那样丰富。他们的生活单调而呆板，甚至残酷：即使在冬天，他们也得光着头，打着赤足。他们的穿着十分单薄，有时甚至要赤身裸体站在冰天雪地；他们平常吃的食物很少，为了训练他们的意志，学校的管理者甚至故意不让吃饱。所以他们可不像你在军队夏令营里那样，有机会幸运地偷吃到巧克力派；这些少年睡在野草和芦苇上，没有被褥，有时学校的训导员还特意让他们睡在软泥或沙堆上，这一切也只为磨炼他们的意志。

这里的孩子平日里学习格斗，不但互相格斗，还要与野兽进行搏斗。如果在搏斗中不幸受伤，他们不能流露出丝毫痛苦的表情。因为在这里，痛苦是耻辱，哭不是一个男子汉的所为。如果一个男孩儿流下眼泪，那这种耻辱将会伴随他一生。当斯巴达的男孩儿再长大一点儿时，经常会无理由地被鞭打一顿。这是要告诉他们，在承受苦难的时候要坚强。这一切，都是为了让斯巴达的青年变得身强力壮，意志坚定，机敏坚韧。

这些就是"斯巴达式训练"。如果你在军队夏令营里觉得辛苦，那么想想这些斯巴达孩子的魔鬼训练，或许你便能坚持下来。

男孩儿在学校里经受磨砺，普通的斯巴达人也过着辛苦的生活。斯巴达人的食物、衣服和住所都由国家免费提供。这看起来是很好的国家福利。但是如果我说，你在免费拥有这些东西之后，不能吃香甜可口的饭菜，不能穿柔软舒适的衣服，不能睡软软的大床，而只能用最简单、最简陋，甚至有些破旧的生活用具时，你还会坚持自己的想法吗？莱克格斯为了让人民无比坚强，坚决不允许斯巴达人被舒适的生活所迷惑。他认为，生活过于舒适会让人的意志消沉。因此，对斯巴达人来说，一顿可口的饭菜都成了奢侈。

斯巴达的军营学校

斯巴达人不但在生活物资方面简单,在语言表达方面一样简单。在那里,语言似乎就与粮食一样珍贵,任何人都不能浪费一个字。所有人都要尽可能用最少的语言来表达最准确的意思。

斯巴达人的简洁到什么程度呢?有一次,斯巴达人收到一个国王的恐吓信。这个国王在信里威胁他们说,如果斯巴达人敢不服从他,他就会占领这里,毁掉他们的家园,把他们都变成奴隶。斯巴达人只用一个"敢"字,就做出了强有力的回答。现在,人们把这种简洁明了的回答称作"拉科尼式"回答。之所以叫这个名字,是因为斯巴达所在的地方叫拉科尼亚州。

在莱克格斯的训练下,斯巴达人的确成为了世界上最优秀的战士。他们征服了比他们人数十倍还多的城邦,被征服的人都成为斯巴达的奴隶,为斯巴达人种地干活。看到这里,你是不是也觉得莱克格斯的这种做法不正确?历史也同意你的想法,并在以后给出了公正的判决——莱克格斯的想法是错误的。

斯巴达是希腊的一个重要城邦,希腊还有另一个大城邦——雅典。雅典位于斯巴达北部。如果当时你在雅典的话,就会发现这里与斯巴达简直是两个世界。雅典人的生活和想法与斯巴达人截然不同,他们热爱所有美的事物,精致的雕塑、油画、美妙的音乐以及诗歌都是他们喜爱的。这里的一切与斯巴达的军事化都不一样,唯有一点,雅典人与斯巴达人相同,那就是他们都热衷于各项体育运动。

在斯巴达人眼里，锻炼身体无疑最重要，而雅典人更看重内心修养。

有一次，一位年迈的老人去观看雅典和斯巴达的比赛，但观众席已经坐满了，而且没有人主动给老人让座。斯巴达人看到后，把老人请到自己这边，并给他找了一个最佳的位置。

有趣的是，雅典人看到斯巴达人的做法时，都欢呼表示赞同，但斯巴达人却对雅典人的举动回应说："你们明明知道这样做是对的却不付诸实践，这样并不聪明！"

奥运会

在古希腊的各种比赛中，最重大的一项体育盛会每四年才举办一次，举办地是希腊南部的奥林匹亚。比赛的日子，是希腊最盛大的节日。因为这项活动是以众神之首——宙斯的名义举办的。所以，运动会期间所有事情都要为之让路，就算战争也不例外。若想开战，也只能在运动会结束后开始。

每年的奥林匹亚体育盛会都聚集了希腊高手。希腊各地的人们，从四面八方赶来观看这四年一次的盛会。是不是觉得这样的场景很熟悉，很像我们的奥林匹克运动会？没错，现代奥林匹克运动会，就起源于希腊的奥林匹亚运动会。

可是在当时，并不是所有人都可以参加运动会。古希腊人对参赛选手的资格规定了严格的标准，只有没任何犯罪记录和违法行为的希腊人才被授予参赛资格。这就好像学校在选拔校队时，也通常希望品行优良的学生参加一样。

参赛选手为了能在这场盛大的赛事上好好发挥，往往提前四年就着手准备。运动会开始前的 9 个月，参赛选手还要集中到奥林匹亚附近的露天体育场，在那里进行最后的训练。

运动会开始时，希腊人会在运动场里摆满众神雕像。人们先向希腊众神祈祷、献祭，再进行队伍游行。运动会结束时，也有同样的仪式。事实上，持续五天的体育赛事并不仅仅是一场运动会，还是一场宗教仪式——纪念宙斯和其他众神。

运动会上的比赛项目也有很多。在任何一项比赛中，都不允许作弊。如果谁在比赛时采取了欺骗手段，那么从此以后，他将会被禁止参加奥林匹亚运动会。从那时起，希腊人就有了自己的体育精神，胜不骄，败不馁。当时，也从来不会有失败的选手指责判决不公平。

那在比赛中胜出的运动员会有什么样的待遇呢？在一个项目甚至多个项目夺冠的运动员就是全希腊的英雄，而他所代表的城邦自然也无上光荣和自豪。夺冠的英雄虽然没有奖金，但是人们会把月桂树枝做成的花环戴在他的头上，同时还会有雕刻家为他雕塑雕像，诗人为他写歌。这可比今天的运动员只获得奖金或奖牌有意思得多了。

在希腊，除了四年一次的盛大体育竞赛之外，还会有诗人和音乐家的比赛。他们要在诗歌、作曲和演奏上一决高下。在这些比赛中胜出的人不戴桂冠。他往往被群众抬起来欢呼，这就是对优胜者的最大肯定。在现代比赛中，尤其是足球比赛中，你可能会看见队长或是功臣被队员们抬起抛向空中。这一庆祝方式，可是在古希腊就已经有了。

在希腊历史上，奥林匹亚盛会的意义十分重要。因为在希腊漫长的历史中，我们能肯定的第一个事件就与奥林匹亚有关。

公元前 776 年，希腊人在奥林匹亚举行了一次运动会。这次运

动会的比赛项目只有一个——距离为192.27米的场地跑。正是从这次赛跑后，希腊人开始计算他们的历史日期，并认定这一年为希腊的第一年。

奥林匹亚德，是希腊人对奥林匹亚运动会周期的称呼，即两次奥林匹亚运动会之间相隔的四年。在这之前，还没有年、月、日的日历被他们记录，所以希腊的第一个奥林匹亚德的起始年应从公元前776年算起。如果在这之前希腊的历史都只来源于传说或故事，我们无法考证它们的真实性，那么从公元前776年开始，希腊历史就有根有据了。

古奥林匹亚遗址

奥林匹亚遗址得名于希腊传说中诸神会聚的奥林波斯山。为古希腊宗教圣地和举行奥林匹克运动会之处。

1875～1881年间，德国考古队开始发掘。古奥林匹亚遗址是一个体育运动和宗教仪式的混合体。奥林匹亚遗址东西长约520米，南北宽约400米，中心是阿尔提斯神域，这里有运动员比赛、颁奖的地方，也是人们祈祷、祭祀的场所。神域内的主要建筑是宙斯神庙和赫拉神庙，此外还有圣院、宝物库、宾馆及行政用房等。奥林匹亚是奥林匹克运动的发源地。奥林匹克运动正是一种祭神的庆典活动。

犹太人的王

在犹太王国，有这样一位国王，他就像荷马吟唱的史诗中的英雄一样，为世人所熟悉和称颂。他就是大卫。他用勇敢和智谋为自己在迦南谱写了美妙的诗篇，并为自己赢得了犹太国王的地位。

文艺复兴时期，著名雕刻家米开朗基罗制作的雕像，表现的就是这位王者的英姿，同时还展示了一段关于大卫的故事。

公元前1000年前，犹太人由他们的第一任国王扫罗领导。有一次，扫罗带着军队，在巴勒斯坦的一个山谷中与非利士人对峙。非利士人中有个名叫歌利亚的巨人，挡在扫罗的大军面前。歌利亚高大魁梧，面容凶悍。他对着扫罗的军队大声叫骂。扫罗的士兵都被他的身材吓坏了，没有人敢出来迎战。

这时，大卫站了出来。他对扫罗说，自己能够战胜歌利亚。可是，扫罗看了看大卫，觉得他根本就是在说大话。因为大卫当时只是扫罗军队里的一个牧童，长得眉清目秀，还是个少年。他怎么可能战胜歌利亚呢？不止扫罗，所有犹太人都不会相信他的话。大卫见国王不相信自己，便告诉扫罗："我曾经在狮子的口中救出过羊羔，那一次我打死了狮子，我也打死过熊。显然，歌利亚不会比狮子和熊更可怕。"

听了大卫的话，扫罗还是将信将疑。打死狮子和熊是一回事，

犹太人的王

打败歌利亚是另一回事。不过事到如今，既然没人愿意与歌利亚作战，那就让这个牧童试试吧，或许真的有奇迹也说不定。于是，扫罗最终同意让大卫迎战歌利亚。

为了迎战歌利亚，大卫开始做准备。他不喜欢沉重的盔甲，仍穿着自己的衣服。然后，他到溪中捡了5块鹅卵石，拿着自己的牧羊杖和甩石鞭，就这样来到歌利亚面前。

歌利亚还以为会是个多么强壮的勇士来挑战自己，结果却是这样一个看起来没有什么力气的年轻人。歌利亚完全没有把大卫放在眼里。他一脸不屑地向大卫走过去。大卫面对歌利亚一点儿也不畏惧，他气势昂扬，向着歌利亚冲去。大卫显然没有歌利亚高大强壮，弱小的他，如何能够战胜强大的敌人呢？

大卫自有办法。当他向歌利亚冲去的时候，找准机会用甩石鞭将鹅卵石甩了出去。鹅卵石像流星一样，飞向歌利亚。歌利亚没有防备，一下子便被鹅卵石打中前额。他惨叫一声，便倒在地上一动也不动。大卫趁机拔出歌利亚腰间的刀，轻而易举地割下了他的头。

就这样，大卫用自己的机智战胜了巨人。

没有歌利亚的非利士人溃不成军。扫罗顺势一路杀过去，一鼓作气攻下了非利士人的几座城池，取得了战斗的胜利。

战斗胜利后，扫罗的女儿米甲爱上了勇敢智慧的大卫，大卫也对米甲情有独钟，于是两人便结成夫妇。扫罗去世之后，大卫便接替他的位置，成为了犹太人的国王。

　　原本犹太人没有都城，就连扫罗也住在帐篷里。后来大卫将迦南人统治的一座名为耶布斯的城市征服，并以那里作为犹太人的圣城，改名为耶路撒冷。

　　在大卫死后，他的儿子——赫赫有名的所罗门继位成了国王。传说，上帝曾到所罗门的梦中，询问他想要什么。你认为作为国王，所罗门会向上帝要求些什么呢？权力？财富？都不是，所罗门并没有要求这些。他让上帝赋予他无穷的智慧。上帝答应了他。

　　所罗门的确智慧非凡。有一次，两个女人争吵着找到了所罗门。她们争吵的原因就是手上抱着的一个婴儿——她们都告诉所罗门，

所罗门的判决

　　《所罗门的判决》油画作品，法国画家普桑于1649年创作，作品描绘了大卫王和拔示巴之子所罗门在统治以色列时期，智慧公正地审理两名妇女争夺婴儿的故事。

犹太人的王

自己才是孩子的母亲。那是一个还不会说话的婴儿，他无法告诉所罗门，谁才是他真正的母亲。就在大家一筹莫展时，所罗门轻松地说："这很好办，就把这个婴儿劈成两半，你们一人一半吧。"

听了所罗门的话，其中一个女人痛哭流涕。于是所罗门将孩子交给了哭泣的女人，显然，她才是孩子真正的母亲。因为所罗门知道，真正的母亲绝不愿意看见自己的孩子被劈成两半。

所罗门王的智慧传遍各地。传说，当时在阿拉伯西南方有一个叫示巴的国家。它的女王为了一睹所罗门王的风采，千里迢迢从阿拉伯来到所罗门的宫殿。所罗门与示巴女王一见钟情。后来，示巴女王为所罗门生了一个儿子，取名为曼尼里克，就是埃塞俄比亚的第一任国王。

所罗门曾经建造了一座异常宏伟的庙宇。建造庙宇用的香柏木，专门从邻国运来，十分名贵；庙宇中的大理石洁白纯净；庙宇的墙壁上镶嵌着熠熠生辉的黄金与琳琅满目的珠宝。这座壮观的庙宇吸引了世界各地的人前来参观。现在，尽管宫殿和庙宇早已湮没，但它们依然以独特的魅力吸引着世人。

所罗门是犹太人最伟大的国王之一，只可惜，他竟然也是犹太人最后一位伟大的国王。在他去世以后，犹太人经历了600年的分分合合，最终，犹太王国分裂。犹太人失去了自己的国家，在世界各地流浪。长达两千多年的时间，犹太人没有国王，也没有属于自己的都城。不过后来，他们在过去被称为迦南的那片土地建立了一个新的国家——以色列。

神秘的耶路撒冷

　　作为三个宗教的圣地，耶路撒冷是基督教、犹太教和伊斯兰教教徒都想去朝圣的地方。

　　去耶路撒冷朝圣是一场毅力的考验。来自四面八方的人怀着虔诚踏上这条路。他们一个人，或者结伴同行，靠着自己的双腿，一步一步接近他们心目中最神圣的地方。朝圣的行程通常会花好几个月，有时甚至要用好几年时间。这漫长的旅程被人称为"朝圣之旅"，那些前往圣地朝圣的，就被称为"朝圣者"。

　　耶路撒冷曾经有一段时间由土耳其人统治。土耳其人信仰伊斯兰教。尽管耶路撒冷是基督教，也是伊斯兰教的圣地，但是有些基督徒却无法接受由信仰伊斯兰教的土耳其人来掌管圣地，因此，就有一些基督徒想要把土耳其人赶出圣地。也因此，耶路撒冷成了一个火药味浓烈的城市，战争频繁发生。

　　在反对穆斯林掌管耶路撒冷的基督徒中，有一位修道士名叫彼得。他远离人群，独自生活。他认为，艰辛的生活能够帮助自己完善灵魂。其实，有很多修道士跟彼得一样，过着离群索居的生活。我们把这样的修道士称为"隐修士"。

　　隐修士彼得也曾去过耶路撒冷朝圣。他从圣地回来之后，就不停

神秘的耶路撒冷

地告诉人们，不能把圣地交给土耳其人，不能任由他们糟蹋耶稣墓。可以说，彼得是天生的演讲家，他的语言打动了很多人，许多基督徒纷纷响应他的号召，哭泣着要求和他一起去耶路撒冷把土耳其人赶走。

不久，数不清的人加入收复圣地的队伍。这些人用红布做成十字形状缝在自己的外衣上，以表明他们是为了十字架而战。这些胸前缝着十字架的人，被称为十字军战士。

耶路撒冷

耶路撒冷在英文中称作 Jerusalem，其中 Jeru 表示城市，Salem 为和平之意，因此耶路撒冷是"和平之城"。这座闻名世界的古城位于巴勒斯坦中部。

耶路撒冷城有 4 个区，分别为东部的穆斯林区、西北部的基督教区、南部的犹太教区和西南部的亚美尼亚区。由于这里是犹太教、基督教和伊斯兰教的圣地，城里有许多圣地、神庙、清真寺、圣殿等，如犹太教的西墙和圣殿山、穆斯林的圆顶清真寺和阿克萨清真寺，以及基督徒的圣墓教堂和苦路等。

当时，不管男人还是女人，甚至孩子都加入了十字军。他们中有平民也有贵族。这是一支庞大的队伍，就像混杂着行人与骑马者的洪水一样，涌向耶路撒冷。他们都知道这次朝圣一定会花费很多时间，甚至可能永远都无法回来，所以其中有些人变卖了家产，有些人则将家里的事务托付给妻子。

原本，这些人约定在1096年夏天出发前往耶路撒冷，但是他们对于收复圣城的事情太过心急，恨不得立刻就飞到耶路撒冷。所以，等待约定时间的到来对他们而言变成了一种煎熬，于是，有一批人提前上路了。

去耶路撒冷的路并不好走，而提前上路的人大都不具备地理常识。他们并不知道耶路撒冷有多远，也不知道在这漫长的旅程中要吃些什么，要住在什么地方。对于路程中可能遇到的问题，他们都没有考虑。

这些人只是单纯地相信隐修士彼得，相信主会给他们一切，为他们指明方向。于是，他们推举隐修士彼得和一个被称为"穷光蛋沃尔特"的基督徒为领袖，并且高喊着"前进，基督教的战士们"，开始了他们的旅程。

这段没有准备的漫长旅程无比艰辛。他们中的大部分人死于疾病和饥饿。而剩下的人，每到一个城市都会向当地人询问："这里是不是耶路撒冷？"可谁知道，圣城离他们还很远。

统治耶路撒冷的土耳其人得知十字军到来的消息后，并没有坐以待毙。这里同样是他们的圣城，土耳其人保护耶路撒冷的决心与

神秘的耶路撒冷

十字军一样坚定。于是，土耳其人派出军队去阻截那些先行出发的基督徒。这是一场异常惨烈的战斗。最终，几乎所有跟随隐修士彼得出发的基督徒都死在了土耳其军队手下。

1096年，十字军的大部队按照预定时间出发。将近四年后，他们来到耶路撒冷城外。这时他们只剩下一小队人马。这些人看到耶路撒冷时异常欣喜，因为他们长久的愿望终于要实现了。他们泣不成声，跪倒在地，唱着圣歌，不断地祷告着。

然后，十字军对耶路撒冷展开了疯狂的进攻。最终，他们打败土耳其军队，攻下了耶路撒冷。他们进城之后屠杀了城里的居民，一时间圣城血流成河。这次东征结束之后，十字军战士中一位叫作戈弗雷的领袖被推选出来管理耶路撒冷，其他十字军战士大多回到家乡，但是也有不少人选择留下来，因为在这里，他们可以获得比在家乡更多的土地和财富。

罗马城的传说

传说有一种名为千里靴的神奇靴子,只要你穿上它就可以一步跨出好几公里!我想这个靴子一定很大,但是还有比这更大的靴子,它足足有805公里那么长。如果你坐着飞机飞到地中海上空,往下看就能看到它,这只"靴子"就是意大利。是的,它并不是真正的靴子,而是地中海一个重要的国家,只是它的形状看起来很像靴子。有人说,或许正是因为意大利看起来像只靴子,那里的人才会把足球踢得那样好。

公元前770年,意大利发生了一件大事,也因为这件大事,意大利有了自己的历史,开始了纪年。不过这件大事并不是某个伟人的诞生,而是一座城市的诞生,它就是罗马。

与希腊一样,罗马的历史也源自神话。希腊诗人荷马向我们讲述了奥德修斯的英雄事迹,多年之后,古罗马也诞生了一部伟大的史诗。它的作者,诗人维吉尔向我们讲述了特洛伊人埃涅阿斯在特洛伊灭亡后的流浪生活。

在特洛伊城被焚毁后,埃涅阿斯逃离那里,开始流浪,并不断寻找新的家园。几年之后,他来到意大利中部台伯河的河口处。在那里,他不仅安定下来,更幸运地娶到国王的女儿拉维尼娅。

罗马城的传说

婚后，夫妻二人过着幸福快乐的生活。而且，他们的每一代子孙都是这块土地的统治者。多年之后，罗慕路斯和雷穆斯这两个孪生兄弟诞生了。

到此，故事的第一部分结束，幸福也由此终结。有人在双胞胎出生之时夺走了本应属于他们的王位，而这个篡权者为避免日后两个孩子对他进行报复，就把他们放在竹篮里，丢进了台伯河。他希望水流把孩子带向大海，或者竹篮翻倒在河里也好。篡权者做了这样的事情却认为自己没有罪过，毕竟他没有亲手杀死孩子。

但是罪恶的阴谋并没有得逞，竹篮载着两个孩子，漂到了岸上。这时，一只母狼发现了篮子里的孩子。情况似乎很危急，刚刚逃过一劫的孩子会死在母狼口下吗？

奇迹发生了，母狼不但没有吃掉他们，反而把他们当成自己的孩子来养。不仅母狼，还有只啄木鸟也用浆果喂养这两个孩子。两个孩子由母狼照顾了一段时间后，被一个牧羊人发现了。仁慈的牧羊人把两个孩子带回家。在牧羊人的精心照料下，他们一天天地长大了。

两个孩子是统治者的后裔，他们成年后，都想建立属于自己的国家。可是这个国家只能有一个国王。兄弟二人谁都不肯放弃王位，为此争执不休。争执越来越激烈，悲剧终于发生了。兄弟二人反目成仇，罗慕路斯亲手杀死了自己的兄弟雷穆斯。

之后，罗慕路斯于公元前 753 年来到当年被母狼救过的地方，那是台伯河边的一处山地，有7座小山，罗慕路斯在那里建造了属于自己的城市，并用自己的名字给城市命名为罗马。此后，这座城市的人就被称为罗马人。也因为罗慕路斯的身世，罗马的历代国王总会强调罗马人是特洛伊英雄埃涅阿斯的后裔。

故事还没有讲完，但是我下面要讲的事情就连我自己都不大相信。这个故事流传得太久太久，几乎每个人都听过，尽管它只是个传说。

据说，为了增加罗马的人口，罗慕路斯竟然向小偷和越狱犯许诺，只要他们在罗马定居，他们的人身安全都能得到保证。于是，罗马城里聚集了许许多多小偷和越狱犯。这些罪犯全是男人，整座罗马城里见不到一个女人。没有女人，如何繁衍后代呢？罗马的人口也无法进一步增加。于是罗慕路斯又策划了一个阴谋。

一天，罗慕路斯邀请罗马附近的萨宾人来参加宴会。这是一场豪华的盛宴，萨宾人受到很好的款待。然而，就在萨宾人快乐地享用美食时，罗马人中有人发出一个暗号。这个暗号的意思是：可以开始抢夺宴会上的萨宾女人了！于是，罗马人突然发动，开始抢夺萨宾的女人。罗马人把萨宾女人抢到手后，就迅速逃离，不见踪影。在这次抢夺中，每一个罗马人都抢到了一个女人。

萨宾的男人们怎么可能容忍罗马人将自己的妻子抢走？他们立即召集军队，向罗马人开战，想要夺回他们的妻子。可就在两军交战之时，被抢的萨宾女人说，他们已经爱上了现任丈夫并且愿意在

罗马城的传说

罗马生活。同时，她们要求萨宾人和罗马人停战。

罗马城就这样带着阴谋和罪恶建立了——他们的第一个国王以杀害自己亲兄弟的方式登上国王的宝座，然后他召集了一批不法分子做臣民，这些人大张旗鼓地抢夺邻居的妻子来繁衍后代……这样建立起来的罗马，又会创造出怎样的历史呢？

罗马

罗马也被称为"七丘城"，因为罗马古城建在7座山丘上。这座亚平宁半岛中部的古老城市，总面积为1507.6平方公里，距离第勒尼安海25公里。台伯河从城市里横穿而过。如果你有兴趣数一数，会发现台伯河上架有桥梁24座。

罗马气候温暖，四季鲜明，春季正是一年中最适合出游的季节。如果你4月份在罗马旅游的话，4月21日这一天可千万不要错过。为了庆祝公元前753年罗马城奠基，每年4月21日这一天罗马城所有考古遗址和博物馆都会对你免费开放，因此，这是个增长见识的好机会。其实，罗马城本身就是一座巨大的历史博物馆。你在这里可以看见古罗马帝国的元老院、宏伟的凯旋门、万神殿和大竞技场，以及许多文艺复兴时期的精美建筑。

雅典的王

雅典刚建立不久，城里的人明确地分成两类——富人和穷人，也就是贵族和平民。两派人就像赛场上的选手一样，经常指责对方没有公平办事。当然，他们不是为了比赛，而是为了争取自己的利益。同样的，他们也需要一个裁判员。

最开始雅典也有国王，国王能不能当裁判呢？不行，因为国王并不公正，他代表富人，总是站在富人一边，维护富人的利益。雅典人可不答应，所以他们撵走了他们的最后一个国王，从此以后，雅典就再也没有国王了。

大约公元前 600 年，雅典的社会状况每况愈下。人们认为这种情况不能再继续下去，便找来一个名为德拉古的权威人士来制定一套人人都会遵守的法律。这套出自他手的法典自然以他的名字命名——《德拉古法典》。

德拉古在他的法典里详细规定了人在犯法之后会获得怎样的惩罚。这些惩罚非常严酷，比如，有个人偷东西被发现，那可不是坐一段时间大牢就能了事，按照《德拉古法》的规定，等待小偷的将是死刑。当时，只要有人犯下错，不管多小，他都要被处死。德拉古认为小偷就该被处死，比小偷所犯的刑罚更严重的罪犯要遭到更严厉的处罚，但是，德拉古找不到比处死更严厉的惩罚措施。

《德拉古法》过分严酷，引发了许多纠纷，而且雅典人也实在无法接受如此残酷的法，所以他们希望能有人重新制定一部公正的法典。接过这一重任的人，名为梭伦。

梭伦开始制定法典。在他眼中，法典除了要为出身高贵的人服务外，也要为出身低下的人服务。梭伦要让法典为每个雅典人谋求公正，他没有让人失望。他为雅典人制定了完备且公正的法典。由于他的出色表现，人们把梭伦列为"古希腊七贤"之一。现在我们把参议员和参与立法的人也叫"梭伦"，就是起源于这里。

梭伦改革

梭伦（前638年—前559年），生于雅典没落的贵族。他年轻时一面经商，一面游历，到过许多地方，漫游名胜古迹，考察社会风情。梭伦是古代雅典的政治家，立法者，诗人，是古希腊七贤之一。

梭伦在前594年出任雅典城邦的第一任执政官，制定法律，进行改革，史称"梭伦改革"。

尽管梭伦制定的法律尽可能公平公正，但雅典的上层阶级并不买账。他们认为这部法律偏袒下层人民，而下层人民却认为，这部法律明显袒护富人。尽管如此，梭伦的法典在当时仍然被遵守了相当长的一段时间。

可好景不长，这一相对和谐的局面很快便被打破。公元前560年左右，有个名叫庇西特拉图的人登上了雅典的政治舞台。他就像个没有征得其他人同意，就自己霸占了队长位置的球员一样，没有经过雅典人的选举就自称雅典的王，管理国家的一切事务。雅典人当然不愿意让这样的人来领导，但是庇西特拉图的势力太强大了，强大到没有人能阻止他。

在希腊，人们把自立为王、专横跋扈的人称为"暴君"。所以，在希腊人眼中，庇西特拉图就是个"暴君"。只是这个"暴君"有些不太一样。我们现在所说的暴君，指的是那些残暴不仁的统治者。虽然希腊人说庇西特拉图是暴君，但事实上，他一点都不残暴，而且还很公正。他遵照梭伦的法典，成功解决了雅典贵族和平民的争执。

庇西特拉图很有作为。在统治雅典时，他竭力促成雅典城邦的统一，捍卫雅典的尊严。他不仅执行梭伦制定的法典，还采取一系列措施来改善农民和小手工业者的生存条件，以促进农业和手工业的发展。

庇西特拉图有一项措施很伟大。为方便人们阅读，他让人把《荷马史诗》记录下来。在这以前，人们通过口耳相传的方式记录这部诗歌，父亲传给儿子，儿子再传给孙子。但是如果孙子的记性不好，

雅典的王

那么诗歌就有可能再也无法传下去。因此，庇西特拉图的这项措施让《荷马史诗》这部伟大的作品可以代代相传。显然，用书面形式记录历史，比起口耳相传优势更加明显。

在庇西特拉图统治期间，农民和工商业者的地位得到提高。庇西特拉图虽然独裁，但却并不残暴，他推行的专制是"仁义的专制"。但是庇西特拉图的儿子继位以后，专制的阴暗面开始显露。他奢侈、残暴的统治当然不符合雅典人对君王的要求，于是，公元前510年，所有庇西特拉图家族的人都被雅典人赶出去了。

不久，又出现了一个试图解决贫富两派冲突的人——克利斯提尼。

贫富两派之间的冲突，并不容易解决，但克利斯提尼却认为，穷人和富人可以实现平等。比如，在选举的时候，无论是富人还是穷人，都只能投一票；如果有人触犯法律，不论贫富，他都得为自己的罪行付出相应的代价。

克利斯提尼虽然将选举的权利赋予每个男人，不论贫富，但他却把女人排除在外。在古代社会，女人被排在政治之外十分常见。所以，尽管女人没有公平地享有选举权，当时的雅典人仍然认为克利斯提尼的统治公平公正。

在刑罚制度方面，克里斯提尼还创建"陶片放逐制"。在这种制度下，民众有权放逐一位公民。这跟现在的投票制度有点像，陶片就是选票。不过这些选票不是为了选出统治者，而是选出不被人们喜欢的人，然后将他们流放。

罗马的权力之争

公元前 509 年，罗马发生了一件大事——与雅典一样，分成了穷人和富人两大阵营。富人也被称作贵族，他们和气有礼，家产丰厚；穷人也叫平民，大多是些没有上过学，家里财产不多的人。

起初在罗马，穷人没有选举权。选举是富人独享的权利。慢慢地，穷人也有了一定的选举权，可是，一位名叫塔克文的国王却认为穷人不配享有选举权，因此他剥夺了平民好不容易享有的一点权利。

对于这项命令，穷人并不认同。尤其是在享受一段时期的选举权之后，穷人更加无法忍受塔克文对他们权利的剥夺。俗话说，哪里有压迫，哪里就有反抗。公元前 509 年，罗马城内愤怒的穷人联合起来与塔克文斗争。最终，塔克文被赶出了罗马城。

赶走塔克文国王之后，罗马人并没有选出新的领导者。此时的罗马人认为，如果国家只由一个人来领导，那么他总有一天会想做国王，历史必将重蹈覆辙。罗马人对国王一点好感也没有，因此他们决定采用新的方式来管理国家。就这样，罗马人建立了共和政体。

在这种新的管理方式下，罗马人每年选举出两个人共同管理国家。这两个人就是执政官，任期为一年。执政官不仅掌管罗马国内的事务，还需要指挥军队对外作战。每个执政官拥有一支 12 人卫队，每个卫

罗马的权力之争

队成员肩上都背着一根捆插着斧头的木棒。卫兵们管它叫束棒。

现在你也有机会见到束棒。一些硬币和邮票上面就有束棒的图案，一些大型建筑物或是纪念碑上，也会选用束棒作装饰。

束棒是权力的象征，如果一个人拥有束棒，那便意味着他可以用来惩恶扬善。打人、用斧头砍掉犯人的脑袋都是他权力范围之内的事。

还记得那个被赶走的国王塔克文吗？虽然被罗马人赶走了，但他一直没有死心，总是幻想着再次登上王位。于是，他悄悄潜回罗马，并且说服一些罗马人来帮助他。

幸好，当时罗马的执政官之一布鲁图斯识破了塔克文的阴谋。令人心痛的是，布鲁图斯的两个儿子居然是塔克文的同谋。尽管他们是自己的亲生骨肉，但布鲁图斯还是毫不留情地把两个儿子送上了法庭，将他们作为塔克文的同谋，与其他叛乱者一起处死。布鲁图斯铁面无私、大义灭亲的举动着实令人佩服。

塔克文想要夺回罗马王位的计划就此夭折，但他仍然不甘心。第二年，塔克文卷土重来。这次，他选择正面与罗马人对抗，并他联合邻国军队向罗马发起进攻。

得到消息的罗马元老院陷入恐慌。尽管罗马的军人十分英勇，但塔克文的盟友克鲁修姆可非同一般。克鲁修姆国力强大，而且他的国王波塞那早已名震四方，所以，元老院担心罗马群众会因为对手的强大而变得软弱，最终用奴役来换取一时的和平。

罗马的形势异常危急。在这紧要关头，元老院决定采取一些措施来安抚人心，赢得群众的支持，具体包括免除赋税，向人们提供优惠的食品等。无疑，这一系列措施产生了良好效果，元老院赢得了群众的支持。

当塔克文的军队接近罗马时，罗马人展开严密的防守。但是罗马有一个薄弱环节，那便是台伯河上的一座木桥，敌人正打算从这里进入罗马城。就在罗马生死存亡的关头，一位愿意用自己的生命换取罗马安宁的勇士站了出来，他就是贺雷修斯。

当时，贺雷修斯正在把守木桥，面对如洪水一般涌来的敌人，他建议同伴斩断木桥，以防止敌人的军队攻入罗马。为了给斩桥的同伴争取更多的时间，贺雷修斯自告奋勇，以一人之力抵抗敌军的千军万马。

尽管在木桥毁坏之前，同伴们催促贺雷修斯回来，但是贺雷修斯依然凭借惊人的勇气，站在桥头以一敌众。最终，木桥被斩断了，敌人前进的步伐被打断，罗马保卫战取得了胜利。而贺雷修斯，身着沉重的铠甲，跳入河中，向对岸游去。他在河中躲过敌人射来的箭雨，游回了罗马。作为罗马生死存亡关头的一面盾牌，贺雷修斯被后世的罗马人铭记颂扬。

就在贺雷修斯去世后几年，又有敌人准备攻打罗马。这一次罗马人决定推选一位名叫辛辛纳图斯的人做独裁官，以领导他们与敌人作战。

罗马的权力之争

所谓独裁官，就是罗马人在关系国家存亡的紧要关头，推举出的领袖。全国人民都受独裁官的领导，军队也要听从他的指挥。其实，辛辛纳图斯在当时只是一位普通的农夫，但是他为人善良，并且充满智慧，因此罗马人都十分信任他。

接过重任的辛辛纳图斯马上放下农活，来到城里召集一支军队出城迎击敌人。在骁勇善战的辛辛纳图斯的带领下，罗马军队只用不到一天的时间便将敌人赶出罗马地界。

辛辛纳图斯以极快的速度和赫赫战果为罗马人带来了荣耀，罗马人举国欢呼，希望辛辛纳图斯能做他们的领袖，领导整个国家。虽说在这之前罗马人已经决定不再接受国王的领导，但是他们却愿意让辛辛纳图斯当国王。

辛辛纳图斯面对官爵不受诱惑，他只想和妻子在田地边的小茅屋里过安静平淡的生活。

也许你听过美国俄亥俄州的辛辛那提市。这座城市就是用辛辛纳图斯的名字来命名的，为的是纪念这位不平凡的古罗马人。

大流士的野心

　　我们总说世界就是一个大赛场，各个国家之间总在进行竞赛。不过，这些竞赛并不是我们通常所说的运动会之类的比赛，很多都是关系国家存亡的生死较量。很久以前，就有这样一场竞赛在希腊和波斯之间展开。

　　在前面有关巴比伦的历史中，我讲到了一位名叫居鲁士的国王。居鲁士是波斯国王，正是他征服了昌盛一时的巴比伦。此后，他并没有放下战争宝剑，而是继续向外征战。在他扩张脚步的带领下，波斯人开拓的帝国版图越来越大。

　　公元前500年左右，一位名叫大流士的人成为波斯国王。大流士是一位伟大的君王，他不是世袭上台，而是被人推举为波斯国王。

　　居鲁士死后，他的儿子冈比西斯登上王位。如果居鲁士看到冈比西斯的作为，那他一定会为儿子的统治感到失望。冈比西斯没有继承父亲的军事才能，而且比父亲残暴许多。只不过，他死得很早。没有国王，波斯的大臣们便都投靠当时的巴尔迪亚王子。可是，事情的发展就像戏剧一样，这个巴尔迪亚王子竟然是一个叫高墨达的拜火教僧侣假扮的。真王子呢？并没有人知道。

　　尽管贵族们得知了真相，但他们却没办法直接将假王子赶下台。

大流士的野心

于是他们想到其他办法——将高墨达是假王子的消息散播出去。这样一来，知道真相的人越来越多，高墨达一看自己再也装不下去，便仓皇逃走了。但是，贵族欧塔涅斯和大流士等人没有放过他。他们把高墨达抓住，杀死了他。

高墨达死了之后，波斯又陷入一片混乱。波斯人必须选出一个新的国王，但是贵族们谁也不服谁，为此他们又展开新的斗争。最终，大流士在这场王权争斗中成为最后的赢家。他从贵族中脱颖而出，当上了国王。

大流士当上国王之后，就忙着平息国内的叛乱。他用了一年时间，历经18次战役，终于平定了叛乱。为了彰显功绩，大流士便到处巡游。他来到爱克巴坦那附近，一个名叫贝希斯敦的小村庄旁，在那里的悬崖峭壁下留下了《贝希斯顿铭文》，还刻上了自己的浮雕。浮雕的下半部分用古波斯、埃兰、阿卡德语三种楔形文字写着铭文：

"我，大流士，伟大的王，万邦之王，波斯之王，诸省之王，希斯塔斯帕之子，阿尔沙马之孙，阿黑门尼德……按阿胡拉·马兹达的意旨，我是国王。"

大流士与居鲁士一样，都有扩张领土的野心。有一次无聊之时，大流士随手翻翻地图。正当他为如此多的国家都在自己的统治下而兴奋时，忽然发现，希腊这块弹丸之地，竟然还不属于他。一时间，他由兴奋转为遗憾。

大流士告诉自己："我一定要让希腊也成为我的属国。我要

让我的波斯帝国无限强大。"当然，大流士有意出征希腊不只是因
为这个，还因为不断给他们制造麻烦的希腊人让他痛恨至极。希腊
人曾经不止一次帮助波斯的属国反抗大流士。为此，大流士放言要
让希腊人为这一切付出代价——希腊一定会纳入波斯庞大的版图之
中。于是，大流士召来他的女婿，让他带兵出征希腊。

　　波斯与希腊之间隔着茫茫的大海，要到达希腊，波斯军队必须
先穿过大海。于是，大流士的女婿带着一队士兵，乘着战舰向希腊
进发。你或许玩过战舰的模型，但那时的战舰跟你玩的模型一点儿
也不一样。当时的战舰其实是一艘用帆或桨推动的大木船。船越大，
桨就越多，桨越多就需要更多的划桨手，因此，一艘用很多桨来推
进的大船，就必须要有很多很多的划桨手，至少得有三排人，上面
一排，船两边各一排。这种战船名为三排桨战船。

　　大海的脾气可比尼罗河坏多了，它那难以预测的天气给波斯军队
制造了巨大的麻烦。这支不幸的军队还没有到达希腊，就遇到一场突
如其来的暴风雨。他们的战舰在暴风雨面前脆弱得就像酥脆的饼干，
一下子就瓦解了。没办法，大流士的女婿只好灰溜溜地回到波斯。

　　这样的结果就像一根针刺进大流士的心里。他冲女婿大发雷霆。
他实在是太过生气，最后竟然开始咒骂掌管天气的天神。那时的人
们还无法解释诸多自然现象，他们理所当然地认为，是神灵在掌管
天气的变化。

　　这一次看起来有些可笑的失败让大流士决定亲自带队出兵希

大流士的野心

腊。在这之前，为了显示自己的强大，大流士派信差去希腊的各个城邦，要求希腊各个城邦为自己献上一些泥土和水，表示愿意将土地拱手相让。同时，大流士表示，如果希腊城邦愿意这样做，就可以避免无谓的战争。

迫于大流士的威胁，希腊很多城邦都按照他的意思纷纷送去了泥土和水。但是有两个小城邦却拒绝了大流士的要求，那就是希腊最著名的城邦——雅典和斯巴达。知道他们是怎样回应大流士的信使的吗？

他们把大流士的信使扔进井里，告诉他们在井里可以随便取水，泥土也是，要多少取多少。就这样，两个实力并不强大的城邦联合起来，同时号召邻国，为保护他们共同的家园一起对抗波斯。

公元前 490 年，大流士动员波斯帝国的大量兵力向雅典开进。他决定先占领雅典，再攻取斯巴达。

．．

大流士

大流士一般是指大流士一世，波斯帝国君主（前 558—前 486）。

出身于波斯人阿契美尼德家族支系。大流士随冈比西斯二世远征埃及，被任命为万人不死军的总指挥。大流士不仅是波斯帝国的伟大君主，也是世界历史上的著名政治家之一。

大流士的军队同样乘船去雅典。他到底带了多少人呢？我们来算一算：大流士一共带了600艘船。如果每艘船大约坐200名士兵，那么他带了大约有12万名士兵。

这12万名士兵比上次幸运，他们没有遇到狂风暴雨。士兵们划着船，越过海洋，安全抵达希腊海岸。在一个叫作马拉松平原的地方，波斯军队驻扎下来。这里距雅典大概42公里。我希望你记住这个数字，42公里，它非常重要。至于为什么重要，我会慢慢告诉你。

波斯军队兵临城下，雅典急需斯巴达的帮助。但是你知道，古时候没有电话、电报，也没有火车或飞机，要想向斯巴达求助，只有一个办法，那就是派人去斯巴达送信。

于是，人们想到雅典著名长跑运动员费迪皮迪兹。去斯巴达送信的差事就交给了他。费迪皮迪兹接到任务后，立即起程。如果你在地图上看的话，雅典与斯巴达之间的距离只有短短不到一个指头那么长，但这地图上短短的距离在现实中却有足足241公里，费迪皮迪兹要跑到斯巴达，必须穿过整个马拉松平原。

费迪皮迪兹不分昼夜地奔跑：他顾不上停下来喝一口水，也顾不得坐下来好好吃一顿饭。他就像一台永远不会停下来的跑步机器一样，一直奔跑。短短一天的工夫，他就成功地到达斯巴达，将信交给了斯巴达的国王。

斯巴达人的回信却让雅典人彻底失望了。斯巴达人在当时迷信一种说法，他们认为，如果没到满月就发兵打仗，将会遭逢厄运。

大流士的野心

很不幸，还不到满月，于是斯巴达人拒绝了雅典的求助。

斯巴达人打仗在乎月亮是否圆满，但是大流士可不管这些，雅典人等不起了。雅典人确信，不到月圆之夜，波斯人就会大举进犯。一定不能让波斯军队靠近雅典。因此，所有雅典士兵都从雅典城出发，去往 42 公里以外的马拉松平原迎敌。

雅典的米太亚得将军率领军队准备与波斯决一死战，但所有的士兵加起来也只有 1 万人而已。尽管当时与雅典邻近的一个城邦也派出一千多名士兵来支援，但即便如此，他们的人数还是太少了。一旦交战，相当于一个雅典士兵要跟 10 个波斯士兵战斗。

但是，实力强大的波斯在战争中并没有多少优势可言。尽管波斯军队的人数远远多于希腊，但是波斯人却远远比不上希腊人健壮。还记得我说过，希腊人都爱好户外运动吗？由于长期良好的生活习惯，希腊人大都拥有非常强健的身体。他们的身体素质能和赛场上的运动员相比。而且，希腊人都是训练有素的士兵，英勇善战。在这样的希腊人面前，人数众多的波斯败得一塌糊涂。

希腊人能够以少胜多不仅因为他们的身体好，更重要的是，他们是为了保卫自己的家园而战。

有这样一个寓言，说的是猎犬追野兔的故事。猎犬一直在追逐野兔，但却让野兔跑掉了。因为没有抓住野兔，猎犬受到了嘲笑。对此，猎犬给出的回答是："我不过是为了晚餐而跑，野兔却是为保命而逃！"

如果我们把为了家园而战的希腊军队比作野兔，那么波斯军队就是猎犬。波斯的战士们大多都是雇佣兵和奴隶，他们辛辛苦苦地越洋过海并不是为自己战斗，而是去侵略别人，战争的输赢对他们而言没有太大意义。

取得胜利之后，为了将喜讯带回雅典，前几天刚刚为送信的事情在雅典与斯巴达间跑了一个来回的费迪皮迪兹又出发了。这次，为了尽快地将喜讯传达给他的同胞们，他再一次不吃不喝，一口气跑回了雅典。

终于，他抵达雅典。他累极了，在通报喜讯的时候，只能断断续续、上气不接下气地将胜利的消息告诉人们。说完之后，这位擅长长跑的英雄永远地倒下了。这就是发生在马拉松平原上的故事。

现在奥林匹克运动会上常常看到的马拉松项目，就是为了纪念这次著名的长跑。你们知道在马拉松比赛中，参赛运动员要跑多长距离吗？还记得我说过的那个十分重要的数字吗？是的，42公里，他们要与费迪皮迪兹一样，跑完42公里。

这场发生在公元前490年的马拉松战役，是历史上一次著名的以少胜多的战役。无比强大的波斯军队竟然败在一个小小的城邦手里。战败后的波斯人灰头土脸地返回自己的国家，结束了这次入侵。

也许波斯人也会困惑，一支由伟大国王率领的、由雇佣兵和奴隶组成的庞大军队，为什么会被一个自治国家的少数人打败？这次战役，意义远不是以少胜多那么简单。

战争已经过去，但这并不是希腊人最后一次迎战波斯人。

再战希腊

波斯大败而归，令大流士恼羞成怒，他一想到强大的波斯帝国竟然对一个小小的城邦束手无策，就忍不住怒从心头起。他发誓一定要彻底消灭这群顽固的希腊人。这一次，大流士总结教训，训练士兵，打造了坚不可摧的海陆军，准备从海上和陆地一齐向希腊发动进攻。大流士花了几年的时间储备物资，训练军队，准备实现自己的宏伟抱负。然而，大流士的誓愿最终并没有实现。因为在他的第二次远征开始之前，他就带着遗憾离开了人世。

大流士的死亡并没有给入侵希腊的行动画上句号，他的遗愿被儿子薛西斯继承。薛西斯是个野心勃勃的人，他想要击败希腊人的信念比起父亲有过之而无不及。

当然，希腊人也没有掉以轻心，他们早已料到波斯人会卷土重来，所以他们一直做着战斗的准备。此时的雅典，有两个重要的人物——地米斯托克利和阿里斯蒂德斯。对于即将到来的战争，两人观点相左。

地米斯托克利主张，雅典要建立自己的舰队来对抗拥有大量战舰的波斯人。但是阿里斯蒂德斯并不赞同这个提议，他认为这项举措没有任何意义。平日里，阿里斯蒂德斯一直都是睿智和公正的代表，人们都叫他"公正的阿里斯蒂德斯"。但是在建造战舰这件事情上，雅典人坚定地站在了地米斯托克利这边。同时，雅典人决定，将阿里斯蒂德斯流放。

还记得我们前面说过，雅典人流放一个人需要进行哪一项程序吗？是的，那就是陶片流放制。现在，雅典人等待着陶片流放投票日的到来。他们要通过陶片投票将阿里斯蒂德斯赶出雅典。

到了陶片流放投票的这天，阿里斯蒂德斯遇到一位不认识字也不认识自己的人。这个人请求阿里斯蒂德斯帮他在陶片上写下"阿里斯蒂德斯"。阿里斯蒂德斯听了之后，并没有向他表明自己的身份，只是问他："阿里斯蒂德斯做错了什么，你为什么要把他驱逐出境？"

"哦，不是的，他做得都挺对。"这个人回答说，但是接着他又长叹一声说道："只不过人们总说他公正，我听腻了。"阿里斯蒂德斯听到这样的回答，非常震惊，但又无可奈何。一向公正的阿

三排桨战船

三排桨座战船，是古代地中海文明，尤其是腓尼基人、古希腊人和罗马人所用的战船。战船每边有三排桨，一个人控制一枝桨。早期的三列桨座战船源自一种古老的战舰，每边有一排桨，每排有 25 只桨；和一种有二排桨的战舰．它的原产地可能是腓尼基。在公元前 7—前 4 世纪，快速和敏捷的三排桨座战船，占地中海的军舰的主导地位。在希波战争中，三排桨座战船发挥了至关重要的作用：建立了雅典的海上帝国；在伯罗奔尼撒战争里导致它的衰败。

再战希腊

里斯蒂德斯没办法作弊，所以他按照那人的请求在陶片上写下了自己的名字。

最终，阿里斯蒂德斯被流放了。流放对于阿里斯蒂德斯来说，或许并不公平，但对雅典来说，流放阿里斯蒂德斯却不是什么坏事，因为这样一来，地米斯托克利就可以实现自己的主张，建造战舰了。事实证明，地米斯托克利的主张非常正确。

在地米斯托克利的督促下，一队三排桨战船建成了。上一次波斯人入侵时，希腊只有雅典和斯巴达两个城邦作战，但这一次，雅典联合了希腊所有的城邦。大家达成一致，只要战争爆发，就联合起来抗敌。由于斯巴达是著名的战士之城，战争时的联军领袖就由斯巴达人担任。

距离马拉松战役整整过去 10 年。公元前 480 年，强大的波斯帝国再次发兵，出征希腊。这一次，波斯集结帝国各地的军队，组建了一只号称有 200 万人的强大军队向雅典开进。

上百万人是何等壮观的军队，他们的作战能力一定不会弱，但是，如此规模的队伍又怎样运往希腊呢？就算是最大的三排桨战船也只能装下几百人而已。你可以算一算，要运送这些士兵到希腊，得用多少条战舰？太多了！于是，薛西斯又做出大胆却也是不得已的决定，全军步行到希腊。虽然路途艰辛而漫长，但只有这样才可以避开大海，到达希腊。

浩浩荡荡的波斯大军就这样出发了。在行军途中，波斯军队遇到一条宽阔的海峡。我可以在地图上帮你指出这条海峡，它现在还在那里，就在欧洲加利波利半岛和小亚细亚大陆之间。当时这条海峡名为赫勒斯滂，现在我们管它叫达达尼尔海峡。

达达尼尔海峡有 1600 米宽，当时的人们根本没法建造一座这样长的桥梁沟通海峡两岸，所以要渡过达达尼尔海峡，只能用船。薛西斯的军队过海峡用的也是船，只是他们的用法和别人不太一样。原来，薛西斯下令让士兵把船拴在一起连成排，然后在船上铺上宽阔的木板，这样军队就能穿过海峡了。

然而，就在"船桥"刚刚建起来的时候，阴晴不定的海面吹来一阵狂风，接着大雨滂沱。无论人的创造力多大，在强大的自然灾害面前，也显得弱小。狂风暴雨中，薛西斯的船桥被彻底摧毁。这场风浪使得薛西斯异常愤怒。他气得举起鞭子，对着达达尼尔海峡一下一下用力地抽打，就像抽打一个犯了过错的奴隶一样。鞭打完海面，薛西斯下令再一次造桥。

这一次，海面风平浪静。于是，庞大的波斯帝国军队，分成两列，踏上了船桥。整整用了 7 天 7 夜，这支军队才全部渡过海峡。当地的希腊人看到这样的情景，不禁惊呼："我的宙斯啊，为什么你变为波斯人的样子，并把名字改成薛西斯，率领全人类来灭亡希腊呢？"

薛西斯的舰船也一直紧跟队伍，最后，所有的士兵战舰一起到达了希腊的北部高原。他们从希腊北部向下俯冲，大队人马直插希腊腹地，势不可当。

三个国王

基督徒刚刚夺回耶路撒冷，穆斯林就把耶路撒冷从他们手中再夺了回去。于是，基督教发起第二次十字军东征、第三次十字军东征、第四次……直到第九次，这才熄灭战火。

这里，我要告诉你们的是第三次十字军东征。大概在第一次东征后的 100 年，也就是接近公元 1200 年时，英国的理查、法国的腓力和德国的腓特烈·巴巴罗萨联合发动了第三次十字军东征。但是，这三个人并没有完成他们的目标，而是中途退出了。这究竟是怎么回事呢？

第一个退出的国王是德国的腓特烈·巴巴罗萨。巴巴罗萨是"红胡子"的意思，这个名字并不是国王的本名，而是人们给他起的绰号。当时，人们都喜欢给国王起一个生动有趣的绰号。

腓特烈年轻的时候有一个志向，那就是让自己的国家庞大。这是一个很伟大的抱负，只可惜腓特烈的智慧或许不够，所以他的理想一直没有实现。大约在腓特烈 67 岁时，他与其他两个国王联合起来发动了第三次十字军东征。在前往耶路撒冷的途中，腓特烈经过小亚细亚的萨列法河。这个不幸的老人在过河的时候，竟然失足落水，淹死了。所以，他没能到达圣城。

接下来我们讲讲腓力。腓力是当时的法国卡佩王朝第七任国王，他被人称为"高贵王""奥古斯都"。今天，我们通常把他叫作"腓力二世"。

腓力二世与一起参加东征的英国国王理查原本并不和睦，他们之间总是发生一些纠纷。但是，当他们听说耶路撒冷又被穆斯林统治的时候，决定先把双方的矛盾放一放，一起参加东征，去收复圣城。

后来有一次，腓力二世在达阿卡城与穆斯林军队打了快一年的仗，理查才赶到。于是，腓力二世生气了。他觉得自己实在很难与这样的搭档合作，再加上他本就非常妒忌理查，因为他比自己在十字军中更受欢迎。腓力二世一生气，便带着自己的部队回法国去了。

就这样，由三个国王一同发起的东征，只剩下英国的理查。如果我当时在场，或许会劝理查像腓力二世一样中途回国，因为这样

腓特烈·巴巴罗萨

腓特烈一世（约 1122 年—1190 年 6 月 10 日），是霍亨斯陶芬王朝的罗马人民的国王（1152—1190 年在位）和神圣帝国皇帝（1155 年加冕），意大利国王（1154—1186）。

因为他在指挥围攻克里马城时，用被俘的克里马人（多数是儿童）在军队前面抵挡城中的矢石，意大利人因而送给他"红胡子"这个绰号。意大利人说他的胡子是意大利人的血染红的。

红胡子的意大利语为"巴巴罗萨"。在第二次世界大战中，德国进攻苏联的计划"巴巴罗萨计划"正是由此而来。

三个国王

可能对他更好。然而理查自己觉得，国内各种复杂的政务实在是让他头疼，还不如东征。于是，他留了下来。

理查绰号"狮心王"。他的盾形徽章上，有三只从上到下排列的狮子，这与现在英国军队盾牌上的部分图案一样。从理查的绰号我们就能知道，他是一个勇敢的国王。他赏罚分明，疾恶如仇，所以不但他的人民，有时就连对手都很仰慕他。

当时，耶路撒冷的统治者名叫萨拉丁。他十分钦佩勇敢的狮心王，所以，他并没有打算与理查作战。相反，他还和理查成了朋友。两个新结识的朋友约定，耶路撒冷的穆斯林一定会尊重耶稣墓和前来朝圣的信徒。理查觉得这个安排很不错，于是他便离开耶路撒冷，踏上了回国的道路。

可是，理查回家的路走得并不顺利，一场危险正等着他。一个作战英勇的国王总是会有很多敌人，理查也不例外。回家的路上危

腓力二世

腓力二世，是哈布斯堡王朝的西班牙国王（1556—1598年在位）和葡萄牙国王（1580—1598年在位）。

他的执政时期是西班牙历史上最强盛的时代。在腓力二世治下，西班牙的国力达到巅峰，历史学家常以这段时期为哈布斯堡王朝，称霸欧洲。腓力二世雄心勃勃，试图维持一个天主教大帝国，但最终未能成功。

险重重，他随时都会被人攻击。为了避开无处不在的危险，理查化装成一名商人。但是，他还是被认了出来。一个名叫利奥波尔德的人，抓住理查并把他送给了罗马国王亨利六世。还记得那个掉进萨列法河淹死的国王红胡子腓特烈吗？亨利六世就是他的儿子。

亨利六世把理查关进监狱，拿他当人质向英国索要一大笔赎金。理查的朋友们得知这一消息都急坏了，尽管他们派了很多人打探理查的下落，可什么消息也没有。幸好理查身边有一名叫布隆德尔的乐师。在理查被扣押的这段时间，布隆德尔成了吟游诗人。他走到哪里，就把理查最爱的歌曲唱到哪里，希望理查听见歌曲能尽快与自己联系。

有一天，理查透过监狱高高的窗子，听见了布隆德尔的歌声，他欣喜若狂，接着布隆德尔的歌声把歌唱下去。就这样，朋友们知道了理查的下落，向亨利六世交了赎金后就把他救了出来。

理查回到英国后，也发生了很多有趣的事。他与著名大盗罗宾汉还发生过一段有趣的故事。

理查听说大盗罗宾汉身怀绝技。他经常抢劫旅客，却没有人能制服他。于是理查便想了一个办法。一天，理查把自己打扮成修道士，故意引诱罗宾汉来抢劫。罗宾汉果然上当了，他扣押了理查。接着，理查按当初预想的那样，抓住了罗宾汉。本来理查要严加惩治罗宾汉，但后来他发现罗宾汉并不是可恨的江洋大盗，而是个侠盗，于是便宽恕了他。

三个国王

　　说完三个国王的历险，可十字军的东征还没有结束。在理查之后，十字军又进行了几次东征。最后一次十字军东征由法国国王路易率领。不过，这次十字军东征还是以失败而告终。尽管路易的东征并没有成功，但由于他是一个十分虔诚的基督徒，为基督教做出了许多贡献，在他死后，人们追认他为圣徒，称他为"圣路易"。

　　十字军的东征虽然结束，但是笼罩在耶路撒冷上空的战争阴云并没有散去。长期以来，这座圣城都是炮火的中心。

　　十字军的东征并没有达到原定的目标，但是十字军却有其他的收获。读万卷书，还得行万里路。常年野外跋涉，让十字军学到很多东西。在不断征战的这些年中，他们了解了各地习俗，学会了各种语言，也接触了其他民族的诗歌、文学、艺术和其他地区的历史。出征回来的十字军，像老师一样向家乡的人讲述路上所学到的东西，让他们了解了五光十色的世界。

狮心王理查

　　狮心王理查是英格兰金雀花王朝的第二位国王，他在位期为1189—1199年。他是那个时代理想的国王，全神贯注于十字军东征，保卫祖先的领地。他对政府管理事务并没有兴趣，他是个伟大的战士，战斗中身先士卒，对于自己安全的不关心使他在战斗中受伤而死亡，他是佼佼的国王和英明的统帅。著名的侠盗罗宾汉是他的好朋友。

黄金时代

以前讲过，人类历史上有过石器时代、铁器时代。那时人们使用的工具大多用石头或铁制作，所以被称作石器时代、铁器时代。不过你千万要注意，我们在说到黄金时代时，并不代表在某个时期人们使用的物品都是黄金做成的。如果真是那样，那么世界上就没有穷困的人了。

当我们讲到黄金时代时，是指一个国家或地区处于和平富裕时期。如果你还是不明白，那么听了我下面要讲的故事，或许你能够理解。

希腊战胜强大的波斯帝国之后，雅典人脸上无不洋溢着幸福而又自豪的笑容。他们充满斗志，打算重新建设国家。在波斯人被雅典人打败的 50 年里，也就是公元前 490 年到公元前 440 年，是希腊历史上最兴盛的时代，这甚至也是欧洲中世纪以前的历史中最鼎盛的时期。

雅典城被薛西斯的军队焚毁，这看起来是一件可怕的事，但是很多毁灭却也是重新开始。因此，薛西斯把雅典焚毁，恰恰给了雅典人重建城市的契机。雅典人把波斯人赶出家园后，很快便开始重建工作。勤劳勇敢的雅典人不久就建造出一座比以前更美丽、更繁

黄金时代

华的城市。

此时的雅典领袖是伯利克里——一个智慧的演说家。尽管他不是国王也不是统治者，但他颇受群众爱戴。只要伯利克里认为好的，雅典人都会照做。所以，在他的推动下，雅典的文化繁荣兴盛起来。

伯利克里就像个能力超群的篮球队队长，把自己的团队建设得很好。在伯利克里时期，雅典诞生了许多出色的人。有人成为受人尊敬的艺术家，有人成为备受爱戴的大作家，还有一些成为了哲学家。

艺术家与建筑家一起，建造了美丽的房屋、剧院和神庙。他们还创造了精美的雕像，因此，当时希腊城市四周和大型建筑物上都可以看到男神或女神的塑像。哲学家的工作同样很重要。他们是智者，有渊博的知识，教会人们如何变得善良。

作家则丰富着人们的文化生活，他们创作大量优美的诗歌和戏剧。当时的戏剧与现在不同，那时的戏剧大多都是关于神的故事。当时的剧院也与现在不一样，希腊在小山旁边建造剧院，几乎都是露天的，它们有巨大的看台，正对着舞台。

在这些剧院，你几乎找不到任何布景，演员们借着各种表情的面具来表达情绪。现在的剧院在演出时，往往有乐队伴奏，在当时可没有，所有演出都由一群歌手用和声来烘托气氛。

在这些优秀的人中，有一位是伯利克里的朋友——"历史之父"希罗多德。正是他用希腊文字记下了世界最久远的历史，当然也包括古埃及和国外一些地方的历史，比如，非洲的库施。唯一的不足是，希罗多德所记录的历史，只局限于希腊与波斯之间的战争逸事。

还记得我们曾说过智慧女神雅典娜吗？当时提到有一座城市用她的名字来命名，那就是雅典，现在我们来说说雅典。人们认为，雅典娜一直守护着雅典，于是人们便在阿克罗波利斯山的山顶上，也就是现在的雅典卫城建造了一座专属于雅典娜的神庙——帕提侬神庙。"帕提侬"在希腊语里的意思是"少女"，而人们也常用少女来称呼雅典娜。

人们把帕提侬神庙建造得异常美丽，只是经过这么长时间，它已经严重损毁。如果你到那儿，只能看见一座残破不堪的建筑。但是，幸好这里还保留了一些珍贵的东西。通过它们，我们便能知道古希腊人喜欢把他们的建筑盖成什么样子。这些保存下来的珍贵东西，就是柱子。

希腊人在建筑中经常使用各种各样的圆柱，帕特农神庙里也用到了。那里的圆柱设计采用充满阳刚之气的多利克式风格，这类圆柱的柱头像罗列的几层碟子上加了一个方形的盖子。

希腊人还经常使用爱奥尼亚式圆柱风格，这种圆柱纤细秀美，柱身有24道凹槽，柱头有一对向下的涡卷装饰。相较多利克式圆柱，爱奥尼柱又被称为女性柱。

第三种圆柱的风格是科林斯式，柱头比前两种圆柱都要高，而且它上面有了更多华丽的装饰。

黄金时代

我曾经对几个男孩说起这几种圆柱，并让他们去周围找找看，看谁发现的圆柱最多。结果第二天，一个跟我说他看到了两根爱奥尼亚式圆柱；一个说找到了10根多利克式圆柱；还有一个居然说他看到的科林斯式圆柱有138根那么多。

于是我惊奇地问他："你是在哪里发现那么多圆柱的？"

他说："我上学的路上都是科林斯式圆柱，就是那些路灯啊，我可是费劲地数了一路啊。"

帕提侬神庙正中间曾有一座菲狄亚斯亲手操刀雕刻而成的雅典娜雕像，整座雕像由黄金和象牙制成，是世界上最美的雕像之一。但是，这座雕像成了盗贼的目标，他们把罪恶的黑手伸向这件伟大的艺术品。盗贼把这座雕像拆分成块，从神庙中运走。真不知道这尊雕像现在变成了什么样子。

帕提侬神庙的雅典娜雕像和其他雕刻品精美绝伦，它们的创造者菲狄亚斯也声名远扬。有许多人请他为众神之父宙斯制作雕像。

伯利克里

伯利克里（公元前495—前429年）出身雅典名门，他受到过良好的教育，曾向当代智者哲人达蒙和芝诺学习音乐、政治理论和哲学思想。他是古希腊奴隶主民主政治的杰出的代表者，古代世界著名的政治家之一。

菲狄亚斯果然是一位出色的雕刻家，他做成的宙斯雕像甚至比雅典娜的雕像还要精致，几乎没有任何瑕疵。这尊近于完美的宙斯像被称作世界七大奇迹之一。做成后的宙斯雕像被放在奥林匹亚山上，也就是奥林匹克运动会的举办地。

雕刻出宙斯神像的菲狄亚斯无疑是历史上最伟大的雕刻家之一，但他犯了一个错误，从而改变了他的后半生。究竟是什么巨大的过错呢？原来，菲狄亚斯在雅典娜雕像的盾牌上，刻了自己和朋友的头像。也许他的做法在我们现在看来并不太过分，但古希腊人与我们不同，这件事情在他们眼中无异于亵渎神灵。

在这件事被希腊人发现之后，菲狄亚斯被关进了监狱，一代雕刻大师就这样在监狱里度过了自己的后半生。

在那个时代，许多国家每隔一段时间就会爆发一种可怕的传染病，当时人们把传染病称作瘟疫。受当时医疗条件和医学水平所限，人们没有能力治愈染病病人，因此，瘟疫一旦爆发，就会有成千上万的人死去。当希腊爆发瘟疫时，伯利克里不顾传染，亲自去护理病患，全心全意照顾这些病人，最终他自己也染上瘟疫而死。伯利克里的死为希腊的黄金时代画上了一个并不完美的句号。为了纪念这位伟大的人物，也有人把希腊的这个时期称作伯利克里时代。

同室操戈

伯利克里把雅典带入辉煌的黄金时代，但仅仅维持了50年，一场战争终结了一切。能战胜强大的波斯帝国的雅典，这次是被哪个国家的军队打败的呢？如果我告诉你，打败雅典的不是其他人，正是他们的希腊同胞，你会不会觉得吃惊？如果我再告诉你，与雅典斗争的人曾经是跟他一起并肩战斗的朋友，你可能会觉得更加不可思议。不过你也应该猜到了，打败雅典的正是斯巴达人。

斯巴达战士个个勇猛，雅典的士兵也毫不逊色，他们在萨拉米斯海湾击退了波斯人，从此多了一支海上战队。这支战队实力强大，作为沿海国家，雅典很需要这样一支海上战队。但是，也因此雅典人招来了斯巴达人的嫉妒。

其实，斯巴达深居内陆，并不需要海上舰队。可斯巴达人却觉得，雅典拥有如此强大的舰队后，一定会比自己更加强大。一向强势的斯巴达人，不能容忍这样的事情发生。这就像你的兄弟得到了一块美味的芝士蛋糕，虽然你并不饿，但你心里还是觉得，他拥有了这块蛋糕，显然比你更受宠。所以你生气了，决定要教训他一下。此时，斯巴达人的心态就是这样，因此，生气的斯巴达找了各种各样的借口，联合周围的城邦，鼓动他们对雅典宣战。

斯巴达位于希腊一个叫作伯罗奔尼撒半岛的地方。这个名字并不好记，所以你多读几遍：伯罗奔尼撒，伯罗奔尼撒。这样，它就能牢牢地印在你的脑子里。除了斯巴达以外，伯罗奔尼撒半岛上还有其他几个城邦国家。这些国家和斯巴达一起，与雅典在伯罗奔尼撒半岛上进行战斗。整个伯罗奔尼撒半岛都陷入战争，于是人们将其命名为伯罗奔尼撒战争。

结果，这场战争与这个半岛的名字一样复杂，一打就是整整27年。

有句谚语说，"当希腊人遇到希腊人，定有一场大战"。意思就是，实力相当的两方，很难分出胜负。这就像雅典和斯巴达，他们都是优秀的战士，因此战斗的结果很难预测。就像两支实力相当的足球队，不看到最后，谁也说不准哪一方将获胜。

苏格拉底

苏格拉底（公元前469—公元前399年），古希腊著名的思想家、哲学家、教育家、公民陪审员。

他和他的学生柏拉图，以及柏拉图的学生亚里士多德并称为"古希腊三贤"，被后人广泛地认为是西方哲学的奠基者。

据记载，苏格拉底最后被雅典法庭以侮辱雅典神、引进新神论和腐蚀雅典青年思想之罪名判处死刑。尽管苏格拉底曾获得逃亡的机会，但他仍选择饮下毒堇汁而死，因为他认为逃亡只会进一步破坏雅典法律的权威。

同室操戈

　　在这场漫长的战斗中，伯罗奔尼撒的大地几乎被鲜血染红。雅典和斯巴达的损失都很大，两个城邦被战争拖得疲惫不堪，从此走向衰弱。

　　战争期间，雅典出现了一位智慧、高尚的人——苏格拉底。在雅典城，他向人们讲述自己的人生感悟，告诉人们该做什么，不该做什么。他并不是简单地向人讲述真理，而是向别人提出问题，启迪人们自己去找寻答案。在他的启发下，人们纷纷获得了自己想要的答案。这种通过询问来对他人进行教育的方法，称为"苏格拉底问答法"。

　　苏格拉底很受欢迎。或许你会认为，受欢迎的人长得都不错，但事实并非如此，苏格拉底的声望与他的样子一点儿关系也没有。不信你看，他的鼻子又短又扁，还没有头发，是个长相丑陋的人。要知道，雅典人向来喜欢漂亮的人。这样一位外貌并不出众的哲学家，能够得到人们的赞赏与尊重实在不容易。可见，苏格拉底并不是用外貌美来打动雅典人，而是靠他的智慧与伟大的人格折服众人。

　　苏格拉底的妻子，名为赞西佩。她的脾气很差，还很爱发牢骚。由于苏格拉底在外面向人们传播真理，不去干活挣钱，赞西佩便认为苏格拉底好吃懒做，终日只在外面浪费时间，浪费生命。

　　有一天，赞西佩又对苏格拉底大发牢骚，声音大得就像打雷一样。苏格拉底为了躲避她的骂声，决定出门转转。结果刚出家门，妻子就从楼上泼下一桶水，不偏不倚正浇在苏格拉底身上。此时幽默的苏格拉底自言自语道："响雷之后，必有暴雨。"

希腊人信仰众神，但是苏格拉底并不相信希腊的神灵。可他从没跟人说起自己的这一想法，因为希腊人不允许任何人亵渎神灵，就连苏格拉底也不行。还记得那个伟大的雕刻家菲狄亚斯吗？他就是因为把自己的头像刻在雅典娜女神雕像的盾牌上而被关进监狱。如果苏格拉底告诉年轻人，不要信仰神灵，那他一定会被处死。所以，苏格拉底一直小心谨慎地保守这个秘密。

但是，他所担心的事情终于还是发生了。他对神灵的不敬最终还是惹恼了希腊人，希腊人很难宽恕他的行为，于是便给了他一杯毒堇汁，判他死刑。苏格拉底的门徒不忍心看见自己的老师受到这样的处罚，于是拼命劝说苏格拉底，希望他拒喝毒药。但是，苏格拉底并不想这么做，他严肃而认真地拒绝了门徒的建议。这位一生都在追求真理的伟大哲学家，从容地喝下了毒药。他的门徒围绕着他，看着他安静地告别这个世界。苏格拉底去世的时候70岁，尽管他生活的年代离我们十分遥远，但他所信奉和倡导的事物至今仍激励着一代又一代人。

苏格拉底有一条信念："良知"存在于我们每个人的心里，关于什么是对的，什么是错的，我们不需要从书本或别人那里获得，良知会时刻告诉我们。而对于死亡，苏格拉底坚信：在人死后，还会有另一个世界存在，死亡的是肉体，人的灵魂不会死去。正是因为苏格拉底一直坚持的信念，他才能够不畏惧死亡，平静地离开这个世界。

希腊的新国王

　　小时候可能会有这样的经历：当你和伙伴们玩耍的时候，会遇到一个陌生的小男孩儿独自蹲在角落默默地看着。当你们玩在兴头上时，他突然说要加入，而且他还有一些新游戏要教给你们。尽管你并不想带他一起，但他还是参与进来。最后，这个新加入的人竟成了你们的头儿。

　　同样的事情发生在希腊北部一个名叫菲利普的人身上。菲利普是小国马其顿的国王，他很有野心，并能征善战。虽然菲利普想当整个希腊的国王，但是，除非万不得已，否则他不想和希腊人作战。菲利普想通过和平方式，让希腊人自愿请他当国王。这些年来，他就像那个在游戏里蹲在角落默默看着别人玩的男孩儿一样，在一边看着别人。只不过别人进行的不是游戏，而是战争。

　　机会终于来了，斯巴达和雅典在伯罗奔尼撒战争后开始衰落。菲利普趁机参与进来，想借这个机会成为希腊国王。为了更好地实现自己的目标，菲利普利用希腊人对波斯人的仇恨想出了一个计谋。

　　菲利普对希腊人说："虽然你们英勇的祖先将波斯人赶出了希腊，但很遗憾，你们的祖先并没有征服他们，波斯人并不知道你们的厉害。你们应该为曾经死去的英雄报仇，让波斯人为他们犯过的罪行付出代价，只有鲜血才能洗刷他们的罪行。"然后，他又补充道："如果你们决定要这么做，我会竭尽全力帮助你们。"菲利普的计谋很成功，几乎全希腊的人都相信了他的话，除了狄摩西尼。

就跟我们小时候经常说自己长大了要做医生、飞行员或老师一样，狄摩西尼小时候也有一个愿望，他想成为一名伟大的演说家或者叫雄辩家。

但是狄摩西尼的愿望看起来很难实现，因为他的嗓音又轻又柔，人们根本听不清他在说什么。不仅如此，他还患有严重的口吃，说起话来结结巴巴，别说演讲了，就是读一首短短的诗他都结巴得厉害，所以他经常遭到别人的嘲笑。大家都说："狄摩西尼要成为演说家？那实在是太可笑了。"

可是，狄摩西尼没有放弃。他走到海边，捡起一块鹅卵石放进嘴里，然后想象自己正在对一群愤怒的民众讲演。他把那呼啸的海浪声当作民众的叫嚷声，为了让自己的声音不被淹没，他努力提高音量。狄摩西尼不断地练习，一天又一天，他记不清自己在海边练习了多久。终于，苍天不负有心人，他成功了。

当菲利普实施他当希腊国王的阴谋时，狄摩西尼成为了一名伟大的演说家。为了反对菲利普，他发表了12篇演说，痛斥菲利普。希腊人每次听到狄摩西尼的演讲，都十分激动，他们义愤填膺，高声反对菲利普。

狄摩西尼的演说很有影响力，直到今天我们还把这种激烈痛斥

希腊的新国王

和抨击他人的演说称作"菲利普演说"。只可惜,狄摩西尼的影响实在有限。尽管他做了自己所能做的一切,却仍无法阻止菲利普。菲利普还是得偿所愿,成了希腊的国王。

菲利普曾保证带领希腊人征服波斯,可是他还没着手准备就被人杀死。菲利普死的时候,他的儿子只有 20 岁。这个年轻人很自

···

亚历山大

亚历山大(公元前 356 年 7 月 20 日—前 323 年 6 月 10 日),被称为亚历山大帝国皇帝,是世界古代史上著名的军事家和政治家,也是欧洲历史上最伟大的四大军事统帅之首(亚历山大大帝,汉尼拔,恺撒大帝,拿破仑)。曾师从古希腊著名学者亚里士多德,以其雄才大略,先后统一希腊全境,进而横扫中东地区,不费一兵一卒而占领埃及全境,荡平波斯帝国,大军开到印度河流域。世界四大文明古国占据其三。公元前 323 年的亚历山大帝国成为当时世界上领土面积最大的国家,超过东方七国领土总和。亚历山大大帝在短短的 13 年时间里创下了前无古人的辉煌业绩,他促进了古希腊文化的繁荣发展和东西方文化与经济的交流,融合东西文化,对人类社会文化的进展产生了重大的影响。他的远征使得古希腊文明得到了广泛传播。

然地继承了父亲的王位，成为马其顿和希腊的新国王。

这位年轻的国王名叫亚历山大，小时候他曾主动请求父亲给自己机会去驯服一匹野马。他的父亲觉得，儿子的请求不可思议，因为别说是他，就是很多年长的人都无法驯服那匹暴躁的野马。不过，他还是愿意让亚历山大去试试。

其实，亚历山大敢于挑战那匹野马，是因为他注意到其他人没有发现的细节——那匹马很害怕自己的影子，这和人怕黑是一个道理。既然知道这么重要的事，那么只要解决野马害怕影子的难题就好办。于是亚历山大牵着马迎向太阳，然后骑上它飞跑起来。亚历山大的表现让在场所有人都惊呆了。

亚历山大的父亲为自己的儿子拥有如此过人的智慧感到无比欣慰。为了奖励儿子，他便把这匹马当作礼物送给了亚历山大。亚历山大非常喜爱这匹马，给马取名布西法尔。在马死后，亚历山大特地为它修建了一座纪念碑，还用它的名字为一些城市命名，可见他对这匹马是多么喜欢。

很多人都认为亚历山大是个优秀的人，而他的才智与他的老师亚里士多德的教育有着密切的关系。亚里士多德写过很多书，涉及天文、动物、心理、政治等领域，是名副其实的哲学家、科学家、教育家。如今，你还能读到这位两千多年前的智者所写的书。

亚里士多德大概是最伟大的老师之一，他是希腊的三位智者之一，其他两位分别是苏格拉底和柏拉图。其中柏拉图正是亚里士多

德的老师，而苏格拉底却是柏拉图的老师，可见"名师出高徒"还
是有些道理的。

柏拉图与亚里士多德

　　柏拉图生活在公元前 427 年—前 347 年间。他是古希腊，甚至整个西方最伟大
的哲学家之一。其实，柏拉图原来并不叫这个名字，他本来叫阿里斯托勒斯。但是，
他身体强壮，从小就有着宽阔的肩膀与厚实的胸膛，所以，他的体育老师就一直叫
他"宽阔"。宽阔在希腊语里，就是"柏拉图"。从此，大家就都叫他"柏拉图"。
　　柏拉图曾经开设了一家学园。这家学园位于一座体育馆旁边。体育馆名叫阿卡
德米（Academy）。英语中的"学院"——academy 一词，就源于这里。
　　柏拉图在这里教了 40 年书，这期间，他收了一位优秀的弟子——亚里士多德。
亚里士多德学习很勤奋。他在老师的教导下，成为了一名优秀的学者。逻辑学、物理学、
生物学、教育学、心理学、政治学、经济学、美学、博物学等，都是他所擅长的领域。

亚历山大大帝

你有没有想过自己20岁那年会在哪里，做些什么呢？可能那时你正在上大学，可是20岁的亚历山大已经成了马其顿和希腊的国王。这位杰出的年轻人觉得自己的王国太小，想要统治整个世界。于是，他踏上了征服世界的道路。

亚历山大第一个要征服的就是在150年曾经侵略过希腊和马其顿的波斯。他要让这个昔日的侵略者为当时的行径付出代价。亚历山大率领一支军队出击。在他的领导下，军队势如破竹。很快，他们就穿过达达尼尔海峡到达亚洲，击溃了前来应战的波斯人。

面对胜利，亚历山大并没有骄傲和自满，而是下令乘胜追击。很快，亚历山大和他率领的军队到达一个名叫弗里吉亚的地方。在那里，亚历山大听到一个传说——弗里吉亚的庙宇里有一个神奇的结，名为"戈尔迪之结"。据说，谁能解开绳子上那个奇怪的结，谁就能征服波斯。

亚历山大听完这个传说后，便来到系着绳结的神庙。他拿起那个奇怪的结看了看，发现它根本不可能被解开，于是他果断地举起宝剑。一剑挥下，绳结顿时被截成两段。亚历山大干脆利落的行为，在今天被称为"快刀斩乱麻"，意思是不被细节纠缠，干脆利落地解决问题。斩断戈尔迪之结后，亚历山大继续征战。他的军队有如神助一般所向披靡，很快便征服了庞大的波斯帝国。

亚历山大从他的老师亚里士多德身上，学会了治理国家的方式。征服波斯后，他就在那里普及希腊语，推行绘画和建筑的技巧，以及恩师亚里士多德和其他希腊哲学先贤说过的名言警句，他甚至将希腊全民竞技运动会带入了波斯。

征服波斯并没让亚历山大觉得满足，他很快便将目光投向了埃及。似乎再没有什么能阻挡亚历山大的征伐脚步，他的军队势如破竹，很快就攻占了埃及。为了庆祝这次胜利，亚历山大在尼罗河入口建造了一座城镇，并用自己的名字命名。这就是后来著名的海港城市亚历山大。在亚历山大统治期间，亚历山大城的海港逐渐成为世界上最大、最重要的海港之一。

亚历山大城的港口处，有一座名叫法洛斯的小岛。亚历山大命人在岛上修建了一座高大的法洛斯灯塔，足足有30多层。30多层的高塔在今天看来也许并不算出色，但我们必须考虑当时人们的建造条件并不像我们现在这样发达，建造一座这样的高塔实在是一项宏大的工程。

法洛斯灯塔在当时，就像今天美国的帝国大厦一样，高高耸立。每当塔上的灯亮起的时候，光芒就穿越重重迷雾，几十公里外的人都能看到。人们考虑到法洛斯灯塔的高大在当时的技术条件，把它列入世界七大奇迹之一。

亚历山大对陌生的土地、陌生的民族总有着强烈的征服欲望。他不断向东前进，征服了一个又一个国家。走远一点，再走远一点，亚历山大和他的军队离马其顿和希腊越来越远。

亚历山大从来不在任何一个地方久居，在他看来，整个世界都是自己的故乡。很快，10年过去，亚历山大带着他的军队到达印度。这时，亚历山大已经30岁，但他还想继续前进。可是他突然发现，这世界上已经没有更多的国家可以征服。他觉得有些失落，竟为此痛哭起来。此外，那些跟随亚历山大东征西讨的战士开始思念家乡。他们与把世界当成故乡的亚历山大不同，渴望回到希腊，回到自己家里。他们生怕此时如果还不归乡，大概就再也见不到自己的亲人与朋友了。

于是，亚历山大带着思乡的将士，踏上了回归希腊的旅程。此时，在大多数希腊人看来，他们所知的所有地方都已被亚历山大征服，当然，除了意大利，而那时的意大利也不过是一个无关紧要的小城镇而已。因此，希腊人认为，亚历山大是世界的统治者。于是他们把亚历山大称为"亚历山大大帝"。

踏上归途的亚历山大最终没能回到希腊。公元前323年，他路过巴比伦。在这座曾经荣耀一时的城市，亚历山大举行了一场盛大的宴会来庆祝自己所取得的辉煌业绩。可是，就在他高兴地享受宴会的欢乐气氛时，却突然离世。这一年，他只有33岁。

纵观亚历山大的一生，四处征战使他所领导的希腊和马其顿成

亚历山大大帝

亚历山大图书馆

　　除了著名的海港及灯塔，亚历山大城还拥有当时规模最大的图书馆。在亚历山大的图书馆里，书都是用木棍卷起来的卷轴，卷轴上的每一个字都是由作者或者抄录的人一笔一笔写上的。

　　亚历山大图书馆的建造者是托勒密一世。托勒密生活在公元前367年—前283年，是亚历山大大帝部将。在亚历山大的帝国分裂后，他当上了埃及的法老，把都城定在亚历山大港，并在该地修建图书馆。

　　亚历山大图书馆大约建于公元前259年。埃及的历代国王都以收集全世界的书，实现世界知识总汇为目的。据说，当时每一艘进入亚历山大港口的船只都要被搜查一遍。只要其中发现图书，就一律收入亚历山大图书馆。

　　很快，这座图书馆拥有了大量珍贵的藏书：公元前9世纪古希腊著名诗人荷马的全部诗稿，古希腊数学家欧几里得的许多作品真迹原件，古希腊三大悲剧作家的手稿真迹，古希腊哲学科学家亚里士多德的著作手迹等。据说，图书馆藏书最多的时候，共有各类手稿50万卷。

为当时世界上最强盛的国家。不论是辽阔的疆土，还是所向披靡的军队，亚历山大都足以令历史上许多国王黯然失色。亚历山大不仅是一位开明的帝王，更是一位伟大的探险家和军事家，缔造了前人无法想象的辉煌业绩。

亚历山大曾娶过一位名叫罗克珊娜的波斯女子。她为亚历山大生了一个儿子，可是出生时间却是在亚历山大死后。因此，亚历山大缔造的大帝国没有了继承人。

于是，人们便遵照亚历山大的遗言，在将领中间举行比武，并从中选出最强大的人，作为下一任统治者。

比武最终产生了四个获胜者，但一个帝国不可能由四个国王来领导，于是，他们决定把完整的帝国分为四份，每人统治其中之一。这四人并不如亚历山大大帝那样英明神武，因此，除了当时统治埃及的托勒密一世将国家治理得井井有条外，其他统治者都因不善管理，而令他们的国家土崩瓦解。由亚历山大大帝建造的帝国就好像一块大岩石裂成了几份，然后被风化成细沙，风一吹，呼地一下便消散了。

新的世界霸主

在上面的故事中，我们提到了很多国家，现在让我们来理一理顺序，先从尼尼微开始。

尼尼微曾经是世界霸主，接着由巴比伦接替，然后波斯从巴比伦手中接过世界霸主的位置，再来是希腊。看起来，世界霸主就像一场足球联赛的冠军一样，某个球队获得了冠军，接下来的几年它会一直保持这一荣誉，但不会一直保持，或许在下一场联赛中，它就被一支新成长起来的优秀球队打败，冠军也就易主。

当初亚历山大大帝的帝国是世界霸主，那么在这个帝国四分五裂后，又有谁能成为下一个世界霸主呢？

在亚历山大大帝征服世界的进程中，西方有一个小国家一直没有得到他的青睐。当时这个小国家只是一个小城镇，也就是罗马。当时的罗马没有受到战争的侵扰，拥有很好的发展机遇。这个曾经只有几条狭窄街道和小木屋的城镇，渐渐成长为不仅能够保护自己，还能对外发动战争的大国。

几经征战，罗马成为新霸主。自此之后，罗马人站在靴子形状的领土上开始眺望远方，而这块靴子形状的领土就是后来的意大利。

打开世界地图不难发现，在意大利靴子形状的领土旁有一座小岛，它就像靴子边的一个足球一样。这个小岛名为西西里岛，是罗马人放眼世界的跳板。西西里岛正对着北非城市迦太基。罗马和迦太基隔海相望，是难解难分的仇敌，因为他们都希望通过占领对方而征服世界。

迦太基最早由腓尼基人建立，发展得比罗马要快，是个富有强大的沿海城市。迦太基人拥有高超的造船术，他们建造了许多船只，与其他地中海沿岸的城市进行贸易往来。迦太基人还种植大量的果树和橄榄树，饲养许多牛羊，这里的富人甚至拥有面积巨大的庄园。这个由腓尼基人建立的城市，控制了整个地中海西端。

当罗马渐渐发展起来时，迦太基人便感到了罗马人带来的威胁。他们并不愿意自己旁边住着一个强大的邻居。

此外，罗马人眼红迦太基人的富有，同时，罗马人渴望与其他沿海地区进行贸易往来，以进一步壮大实力，增强自己在世界上的影响力。罗马人就像一个急于证明自己能力的摔跤手，期盼着有一个契机与对面的迦太基人争夺更好的发展机会。

但是罗马的造船技术和航海技术都不成熟，而迦太基却拥有诸多经验丰富的水手，他们的造船技术也比罗马人先进很多。这样一来，罗马只有被动挨打的份儿，似乎天平只倾向其中一方。然而，事情总是出乎人的意料。

一次很偶然的机会，罗马人在海滩上发现一艘迦太基的战船残骸。聪明的罗马人根据残骸的构成，尝试仿造迦太基的船只。他们

新的世界霸主

就这样摸索造船术，很快就造出了可与迦太基对抗的船只。

虽然罗马人拥有船只，但是他们还缺少另外一样东西，他们对航海一窍不通。尽管船只很先进，但他们在战争中依然无法打败对手，只能看着迦太基人大展拳脚。

迦太基的大浴场

迦太基是腓尼基人建立起来的城市。在腓尼基语中，"迦太基"意为"新的城市"。罗马人征服迦太基后，便在原来的城市修建了许多具有强烈罗马风格的建筑。

现在，如果你到迦太基古城遗迹参观的话，一定不要错过古罗马人在那里修建的公共浴场。这个修建于公元142年的公共浴场是古罗马的第四大浴场，里面的设施与现代浴场比，也并不逊色。

当然，这个浴场现在只剩下残破的柱石与断墙，但是我们可以像电脑绘图一样，根据这些遗迹，在脑中恢复浴场当年的样子。浴场里应该有两边对称排列的浴室。浴室里面，有更衣室、冷水室、温水室，应该还有蒸汽浴室、按摩室和健身房等。

那时候没有自来水，所以当时浴场的用水都是远处的山泉。人们修建了一条60公里长的引水渡槽把山泉引来。现在，你还能在迦太基的遗址见到几段残留的渡槽。

为此，罗马人不得不想另外的方式。很快，他们就想到了一种新的战术。罗马人发明了一种名为"乌鸦"的巨型铁钩，在战斗时，用"乌鸦"钩住对方的战船，渐渐拉近与敌人的距离。当两艘船靠近时，罗马战士就冲到对方的甲板上去。擅长陆地厮杀的罗马战士轻而易举就能击败对手，就这样罗马人赢得了战争的胜利。罗马人称此为"布匿战争"，布匿是罗马人对迦太基人先祖腓尼基人的称呼。

新战术让罗马人首战告捷。但是很快，迦太基人看清了罗马的战术，"乌鸦"也无法凸显奇效。因此，在之后的多次战争中，双方势均力敌，各有输赢。不过，迦太基人还是在布匿战争中被罗马人击败了。

罗马人和迦太基人的战争在欧洲历史上并不是大规模的战争。两个国家就像为争做孩子王的孩子在打架，只不过没有父母来教训他们，或是将他们领回家。

迦太基沦陷

　　被罗马人打败的迦太基人并没有因为一次战争的失败就俯首称臣，他们在等待时机，向罗马讨回公道。迦太基人心想，既然与罗马人面对面打仗失败，那么倒不如从后面对罗马进行偷袭，来个出其不意。因此，迦太基人便计划绕道西班牙，从意大利的北部攻打罗马。

　　这个计划真正实施起来并不容易，因为意大利北部的阿尔卑斯山脉自古以来都是罗马人眼中最坚实的城墙。阿尔卑斯山海拔很高，常年覆盖着厚厚的冰雪，处处是危险的悬崖峭壁。因此，罗马人认为，没有任何军队可以穿越这道天然屏障。可事实证明，罗马人错了。他们有生以来竟然能见到如此神迹——迦太基的将军汉尼拔率领军队翻过阿尔卑斯山，从天而降。

　　汉尼拔将非洲的象群带到这里给部队开路，笨拙庞大的大象就像今天的坦克一样，帮他们扫平路障。汉尼拔大军一路披荆斩棘，从北向南向着罗马直奔而来。似乎没有什么能阻挡迦太基人发泄他们心中的怒火。汉尼拔和他的队伍占据了一个又一个城镇，眼看着整个意大利就要沦陷了。

　　在比赛中有这样一句话，最好的防守是进攻。抱着这样的想法，已经无力阻止汉尼拔军队的罗马人干脆去攻击没有将领驻守的迦太基。

　　罗马人的进攻很有计划。他们先派人到西班牙切断汉尼拔的归路，防止他回到迦太基，再派遣部队渡海登陆非洲，攻击迦太基。执行这一系列计划的将领是一位在当时并不十分有名的少年——西庇阿。

　　很快，罗马人的奇袭取得了成效，迦太基人怎么也想不到，罗马人竟会在这时放弃自己的家园攻打自己。远在意大利的汉尼拔收到迦太基被袭击的消息，顾不得已经占领的意大利领土，带着将士急速行军，准备施展救援。可是一切都太晚了。当他们行至迦太基附近的扎马时，遇到了西庇阿率领的军队。激战过后，迦太基人再次被击败，就这样，第二次布匿战争结束了。这次大败迦太基人的扎马战役发生在公元前 202 年。

汉尼拔

　　公元前 218 年春天，汉尼拔带领 3 万多名步兵、8000 名骑兵，及 37 只战象，经过几个月的行军，到达阿尔卑斯山脉边缘。尽管我们知道，汉尼拔成功地翻越了阿尔卑斯山，但是也牺牲了将近一半的士兵。

　　在翻过阿尔卑斯山、准备向意大利出击时，汉尼拔做了一次精彩的演讲，鼓舞他的士兵。他在演讲中说："你们必须获胜，否则便是死亡。命运使你们不得不投身于战斗。"这篇演讲后来成为战前演说的成功典范。

迦太基沦陷

    吸取上次胜利后被反击的教训，意大利人决定斩草除根，不能再给迦太基人卷土重来的机会。于是，他们休整几年后就发动了攻打迦太基的战争，也就是第三次布匿战争。在这次战争中，率领罗马人的将领叫尤里乌斯·恺撒。在他的带领下，罗马士兵士气高涨。而接连经历战争失败的迦太基人无力保卫自己的家园，就这样，迦太基沦陷了。

    后来，尤里乌斯·恺撒重建迦太基，并将其改名为突尼斯。再后来，突尼斯周围出现了许多罗马人居住的城市，他们将城市连接起来形成了特有的罗马建筑群。这些建筑也被很好地保存下来，如果你愿意，可以去那里欣赏参观，了解当初罗马人是如何生活的。

强大的古罗马

占领迦太基的罗马人并不满足于自己取得的成就，他们开始不断向外扩张。很快，罗马统治了西班牙和北非地区。到了公元前1年，罗马正式坐上世界霸主的交椅，成为除埃及外地中海周围所有国家的统治者。

成为统治者的罗马人从希腊人手中学到了如何创造美的东西。但是，与希腊人相比，罗马人比较务实。他们创造了许多实用的事物。比如，为了有一种快捷、便利的方式向帝国的地区派遣使者和军队，他们开始修路。

他们用大石头做地基，在上面铺上小石子，再用平整大块的石头铺成路面。很快，地区与地区之间修建起一条条彼此互通的平整大道。在这之前，通常的道路都坑坑洼洼。一旦进入雨季，道路就会变成泥塘，根本无法行走。现在，无数平整的石头大道通向罗马的各个地方。人们可以通过它们方便地到达帝国的各个地方，以至于有人说："条条大路通罗马。"

注重实际的罗马人在解决道路问题后又开始解决水源问题。

那时，人们获得饮用水的方式并不像今天这样方便。他们需要从附近的井里或者泉水边，将水打回来用。可是，那里的水源常常被污染。人们一旦喝了受污染的水，就会引发瘟疫。

　　于是，罗马人开始寻找远离城市的湖泊，以防喝到被污染的水。今天的城市饮用水的来源也离我们住的地方很远，因此我们用自来水系统来把这些水引到家里。这样我们一打开水龙头清洁的水就哗哗地流了出来。

　　当时，罗马人也有自来水系统。他们用巨大的运水管道将远处

古罗马的引水渠

　　古罗马的引水渠是戈维亚的标志，也是西班牙的标志。它建于古罗马图拉真大帝（公元 53—117 年）时代。罗马人建造这座渡槽的目的，是将 18 公里外的弗利奥河水引入城内饮用，这其中必须架设一座渡槽跨越克拉莫尔河。渡槽用土黄色花岗岩干砌（不用灰浆）而成，坚固异常，至今还在引导流水。渡槽全长 813 米，分上下两层，距地面最高高度为 29 米。

湖泊里的水引到城市。但是，他们的管道并不是用钢铁或者砖陶做成的圆管，而是用石头和混凝土修成的"引水渠"。当引水渠需要跨越河谷时，人们还要修建高架桥托住引水渠。

修建引水渠是一项浩大费时的工程。完成后，便为罗马城市居民提供了干净的水源。直到现在，它仍然像个尽职的工人一样，为城市服务。如果你到那里，还能看到引水渠正将清洁用水源源不断地引入城市。

饮用水的问题解决了，罗马人又想到如何处理废水和生活垃圾的问题。

当时，人们生活产生的废水和垃圾并没有得到适当的处理。垃圾被直接倒在街上，城市脏乱不堪，一点儿也不卫生。这样的城市是瘟疫的温床，人们的健康一点儿也没有保障。为此，罗马人建造了庞大的下水道系统，将用过的污水排放到城外。现在，每个大城市都有排污水的下水管道系统，但是罗马人是世界上最早开始大规模建造下水管道的。

尽管人们解决了城市街道的污水问题，但是排出的污水依然流向了河流。这些污水会污染水源，人们饮用之后就会生病。如今我们都知道这个道理，但是当时的罗马人不知道。

除了道路和用水问题，罗马人还在法律上有所建树。他们制定了许多公正合理的法条，如今我们有些法律也以当时的法条为范本。罗马的法律中有这样一条规定：罗马帝国的所有城镇都要向罗马城

强大的古罗马

进贡或者缴税。这些从各地收缴的巨额财富全被用作罗马城的建设。

　　凭借巨额资金的支撑，罗马城被建设成为繁华的城市。统治者的宫殿金碧辉煌，供奉神灵的庙宇高大华丽，所有建筑物都用美丽精致的雕塑装饰，甚至还修建了富丽堂皇的公共浴室和供人们娱乐的"竞技场"。

　　竞技场有点像今天的露天体育场。罗马人在那里举行各种比赛，有角斗士之间的殊死搏斗，有人与野兽的对打，还有双轮车比赛。双轮车就是有两个轮子的马车。通常这样的马车由两匹或四匹马拉着。驾驶的人站在小小的车厢上驱动马匹前行。观众不仅观看他们的竞赛，还可以在比赛选手身上投注，一旦他押对人，很可能一下子成为百万富翁。

　　在所有比赛中，罗马人最喜欢的是角斗士的搏斗。这些角斗士大多是罗马人在战场上抓获的战俘。为了活命，战俘被迫在竞技场上与他们的同胞或者野兽进行搏斗。

　　搏斗往往很残酷，因为比赛必须以其中一方的死亡作为结束。死亡在这里，成了角斗士取悦观众的工具。罗马人觉得观看这样的搏斗要比其他娱乐有趣得多。越是血腥的搏斗场面，越能让观众兴奋，而观众的喜好也决定了角斗士能否活命。

　　在角斗场上，获胜的一方在杀死战败者前，要等待观众的要求。有时，那些在搏斗过程中有突出表现的角斗士被打败了，但是他因为自己的英勇表现而赢得了观众的喜爱，此时，观众会向上竖起自己的拇指，这表示他们并不希望看到战败者被杀死，这样战败者就能逃过一劫。但是，倘若观众将大拇指向下，那等待战败者的就只有死亡。

罗马人的战俘除了进行角斗外，还会被带回罗马，当作奴隶。

罗马的建筑

在古罗马强盛起来以后，古罗马人修建了许多建筑。但是与古希腊的建筑师相比，古罗马人缺乏一点儿艺术细胞。他们的建筑严肃、冷峻、中规中矩。

罗马圆形竞技场是古罗马建筑的标志，圆形竞技场实际上是椭圆形，观众席上的座位按阶梯状排列。竞技场从外面看共有四层，一至三层全是拱洞，支撑第一层拱洞的柱子是多立克式柱子，第二层是爱奥尼亚式柱子，第三层是科林斯式柱子，第四层是混合性柱子，这些柱子都半露在墙体之外。

现在，罗马圆形竞技场仍然保存良好，容纳的观众数量和今天的体育场差不多，不过它现在已经成为文物不再使用。罗马还曾建造了一座更大的圆形竞技场，叫作马克西穆斯，里面可以容纳25万人，这相当于当时一座大城市的总人口。只可惜，这座竞技场已经没有了，我们看不到它的样子，那里现在全是住宅。

强大的古罗马

传说当时罗马的奴隶的数目是罗马城人口的两倍多，几乎每一个罗马公民都有至少两个奴隶为他服务。罗马公民也因为自己的富有而高人一等，其他城镇的人一见到罗马公民都争相巴结，生怕得罪某个人而丢了性命。

罗马城变得越来越富有，可是整个罗马帝国的财富都由富人控制，而且他们随着罗马城的发展变得越来越富有，但是穷人却越来越穷，甚至无法充饥。有人眼见这样的社会现状为穷人抱不平，希望能够改善他们的生活状况。

其中就有在布匿战争中打败汉尼拔的将领西庇阿的后人，西庇阿的女儿科涅莉亚有两个儿子。据说，曾有位富有的罗马女人来科涅莉亚家显摆自己的珠宝，炫耀自己的财富。炫耀之后，这位富有的女人询问科涅莉亚有什么珍宝。家境并不算富有的科涅莉亚只是微笑着叫过自己的儿子，将两个孩子紧紧地搂在怀里，骄傲地说："这就是我一生的珍宝。"那两个孩子长大后被人称作格拉古兄弟，他们立志改善穷人的生活，扭转不公平的社会现状。格拉古兄弟做了许多好事，想方设法降低食物的价格，还为穷人添置土地，希望穷人能够自给自足。

可是格拉古兄弟的做法触怒了富人，他们的行为侵犯了富人的利益。最后，他们被愤怒的富人联合杀死，而他们的反抗并没有产生多大的影响。

恺撒大帝

尤里乌斯·恺撒出生于公元前 100 年。如果恺撒听到我这么说，一定不会同意。他会坚持认为自己出生于 653 年。这又是为什么？

因为恺撒是罗马人，罗马人将罗马城建成的那一年当作第一年。恺撒出生于罗马城建成后 653 年，也就是罗马纪年 653 年。通用的公元纪年是以耶稣基督诞生那年为公元 1 年。但是，在恺撒出生的时候，耶稣基督还没有出生，也没有公元纪年法，恺撒使用的是罗马人的纪年方式，因此他会说："我出生于 653 年。"而我们说他出生于公元前 100 年，用的是公元纪年。

那时，罗马帝国是世界霸主，每年都有许多装载着金银财宝的船只通过地中海前往罗马城。这些巨额财富吸引了大批海盗。他们埋伏在暗中，伺机打劫船只。成年后的恺撒受命出海剿灭这些海上盗贼。但是，他却吃了大败仗，还成了海盗的俘虏。当时，海盗曾写信给罗马，索要大笔赎金，否则就杀了恺撒。

恺撒的性命掌握在海盗手里，他心里很清楚，就算罗马支付赎金，海盗也不一定会放过他。但是，勇敢的恺撒一点儿也不害怕。他在海盗面前立下誓言，只要他能活着回到罗马，一定会率领舰队再来报仇。他会牢牢记住这些人的面孔，到时绝不放过任何一个。

恺撒大帝

海盗把恺撒愤怒的话语抛到了脑后，他们见到金灿灿的金子就依照承诺放恺撒回去，任谁也不相信这个手下败将会有什么大作为。

回到罗马，恺撒全心钻研如何打败海盗，立志剿灭这群亡命之徒。几年后，恺撒真的率舰队杀了回来，将曾经抓过自己的海盗丢进了监狱，最后依照罗马惯例将他们钉死在十字架上。恺撒与海盗对战的英勇表现赢得了统治者的信任。

当时，在远离罗马帝国的地方有两个罗马的附属国——西班牙和西班牙北部的高卢（也就是今天的法国）想要脱离罗马。那里的人民经常反抗罗马的统治。这时，恺撒被任命为大将军去平息叛乱。

恺撒胜利凯旋，他用自己的母语拉丁文记录下这次征战的过程。如果你学拉丁文，那么老师首先要你看的就是恺撒的这本书——《高卢战记》。

尤里乌斯·恺撒

恺撒出身贵族，历任财务官、祭司长、大法官、执政官、监察官、独裁官等职。史称恺撒大帝，是罗马共和国（今地中海沿岸等地区）末期杰出的军事统帅、政治家，并且以其卓越的才能成为了罗马帝国的奠基者。

公元前44年3月15日，恺撒遭以布鲁图所领导的元老院成员暗杀身亡。恺撒死后，其甥孙及养子屋大维击败安东尼开创罗马帝国并成为第一位帝国皇帝。

公元前55年，恺撒再次出征。这次，他要远渡到大不列颠岛，也就是今天的英国。在那里，他打了一场又一场胜战，征服了那里的大部分地区；公元前54年，他第二次远征大不列颠，再次成为胜利者。从此以后，恺撒成了罗马帝国中最不可忽视的骁勇将军，也成了罗马人心中的大英雄。

恺撒不仅是一个很会打仗的人，也是一个智慧的管理者。在征服罗马帝国西部大片地区后，他运用自己的智慧将这些地区管理得井然有序，而他的领导才能使人们对他愈加爱戴。

恺撒的名声在罗马越来越大，于是，有些人开始忌妒他。其中有一个名为庞培，与恺撒一样立下了赫赫战功。

恺撒年轻时与庞培曾是知心好友。在恺撒率军西征时，庞培则带领另一批士兵，向东扩展罗马帝国的版图。两个同样优秀的人，难免会产生忌妒。你看斯巴达和雅典是这样，罗马和迦太基是这样，现在，庞培开始忌妒恺撒，因为他为罗马帝国做出的贡献全都被恺撒的光环掩盖了。这位恺撒的昔日好友在忌妒心的引诱下，决定对自己的朋友下手。

当时，恺撒正在西征的路上。有一天，他突然收到罗马元老院的命令，让他立刻回到罗马交出兵权。之所以会有这样的命令，是心存忌妒的庞培，趁恺撒出征还没有回来，说服元老院的议员让恺撒交出兵权。

恺撒会怎么做呢？交出兵权？反叛出国？他认真地考虑了很

恺撒大帝

久，最后他下定决心要回到罗马。只不过，他回去不是为了交出兵权，而是要把罗马夺过来，自己掌管。

于是，恺撒回到自己的领地，带兵渡过卢比孔河，直逼罗马，打算自立为王。卢比孔河是恺撒领地和罗马城之间的分界线。罗马法律禁止任何人带兵渡河。直到今天，意大利人还用"卢比孔河"来指代与危险分隔开的界限，用"渡过卢比孔河"来形容采取雷霆手段面对困难的行为。

庞培听说恺撒要占领罗马，吓坏了，连忙收拾行李连夜逃到了希腊。没几天，庞培就得知恺撒成为罗马之主的消息。胆战心惊的庞培为自己的言行付出了沉重的代价，恺撒攻下罗马后的第一件事就是派兵追击庞培。庞培被打得落花流水。由此，恺撒扫清障碍，成了名副其实的罗马帝国领袖。

恺撒变成罗马帝国的主人后，环顾罗马帝国的版图，整个地中海只有埃及还不属于罗马。因此，他大手一挥，罗马帝国的铁骑便开进埃及，把它变成了罗马帝国的一部分。

当时，埃及的统治者是一位名叫克里奥帕特拉的女皇。她美丽无比，倾国倾城，就连意志坚定的恺撒都对她着迷。克里奥帕特拉为了能够继续做女王，用尽一切手段迷惑恺撒，让恺撒忘了一切。

正在埃及的恺撒听说帝国东部有国家企图摆脱罗马的统治，于是他便转战那里。作战经验丰富的恺撒，很快就镇压了人民起义。然后，他用最简洁的言语描述胜利的消息并将信送回罗马。他的描述只有三个拉丁单词："Veni，vidi，vici。"意为"我来，我见，我征服。"虽然对信使而言，传递一封3000字的信与三个字的信没有什么差别，但这短短的三个字却成为了恺撒的经典名言。

胜利后回到罗马的恺撒，实际上已经是整个罗马帝国的首脑。人们想要拥立他称王。看着众人，恺撒并没有犯迷糊。他知道，罗马人只是在表面上这样说，他们内心对国王却无比憎恶。自从公元前509年塔克文被逐出国境后，国王对罗马人来说就是独裁的象征。

事实证明，恺撒的想法很对。罗马人实际上正在密谋暗杀他，以阻止他称王。只是恺撒或许想不到，这些密谋的人中不仅有他的政敌，还有他的好友布鲁图斯。

有一天，恺撒像平常一样到元老院去。就在他要踏入元老院时，那些事先埋伏好的密谋者一拥而上，将他团团围住。他们每个人都举着刀，向恺撒刺去。毫无准备的恺撒身上只有一支用来书写的铁笔，根本无法保护自己。当布鲁图斯冲向恺撒时，恺撒心痛欲绝，他对着昔日好友大声呼喊道："你，布鲁图斯，居然还有你。"之后，恺撒便倒在地上，再也没有起来。

恺撒死后，他真正的朋友安东尼在他的尸体旁发表了一篇措辞激烈的演说。他的演说激起了人们心中的愤怒，他们发誓一定要将那群谋杀犯碎尸万段。

为了纪念恺撒大帝的功绩，人们用恺撒的名字（Julius）来命名7月（July）。后来，伟大的剧作家莎士比亚创作了一部《尤里

恺撒大帝

乌斯·恺撒》的戏剧。不过在莎士比亚的戏剧中，安东尼口中"罗马人中最高贵的那个"指的并不是恺撒，而是刺杀他的布鲁图斯，至于原因是什么，你可以去看看莎士比亚的原著。

再后来，在命名一个国家的统治者时，人们想起了恺撒。德国和俄国的统治者发音都源于他的名字，意思是独裁者或者皇帝。

奥古斯都大帝

一年的 12 个月中，7 月用恺撒的名字命名，之后的 8 月也是用历史上一位有名帝王命名，那就是奥古斯都大帝。

恺撒遇刺身亡后，整个罗马帝国被瓜分成三部分。后来，罗马帝国东部，包括埃及在内的部分归恺撒的好友安东尼统治；罗马帝国西部是恺撒的义子屋大维的领地。安东尼统治埃及后不久也被克里奥帕特拉迷惑，并娶她为妻。

和平只维系了很短的时间，屋大维和安东尼都开始算计对方，希望吞并对方的领地，成为罗马帝国的主人。最后，屋大维取得了战争的胜利，安东尼无法承受战败的事实而自尽。成为寡妇的克里奥帕特拉并不安分，企图故技重施迷惑屋大维，可屋大维并不像恺撒和安东尼一样多情。他的全部身心都在如何成为世界的统治者上，任何企图阻挠他的人他都会毫不留情地抛弃。

沦为阶下囚的克里奥帕特拉得知自己的命运后，无法接受这样的耻辱。于是，她拿了一条产自埃及的毒蛇"角蝰"，并让它咬了自己一口。就这样，美艳的女皇中毒身亡，尸体则被留在她统治一生的埃及。就这样，屋大维自然而然地成了罗马所有属地的统治者。

公元前 7 年，屋大维回到罗马城，人们称他为罗马的"皇帝"。

奥古斯都大帝

紧接着，屋大维把自己的名字改为"奥古斯都·恺撒"。在拉丁文里，这个名字代表着"皇帝陛下"。请记住，皇帝与国王是不一样的称呼。国王的权力比皇帝小，他只是一个国家的统治者，而皇帝却统治着许多国家。

公元前 509 年被赶走的塔克文是罗马的最后一个"国王"，而屋大维则是罗马的第一个"皇帝"，他是罗马帝国的唯一领袖。奥古斯都成为皇帝的时候也很年轻，只有 36 岁。

年轻的奥古斯都把罗马建成了一座美丽的城市。他常常自夸说，他得到的罗马是砖城，留下的却是大理石的城池。原来，在他统治罗马之前，罗马城的建筑都用砖来制造，到他统治时，他拆毁这些建筑，并用坚固的大理石建筑代替。

在罗马城所有华丽精美的建筑中，最著名的要数万神殿。远远看去，万神殿像是一个倒扣着的碗，拥有由砖和灰泥砌成的巨大圆

屋大维

盖维斯·屋大维·奥古斯都，是恺撒的孙甥，公元前 44 年被恺撒指定为第一继承人并收为养子。后来成为罗马帝国的第一位君主，元首政制的创始人，统治罗马长达 40 年，并改组罗马政府，给罗马世界带来了两个世纪的和平与繁荣。是世界历史上最为重要的人物之一。

公元 14 年 8 月，在他去世后，罗马元老院决定将他列入"神"的行列。

屋顶。在屋顶正中有一个圆形的孔，名为"眼睛"。这只"眼睛"是万神庙唯一的"窗户"，无论晴天、雨天，通过它你都能将神殿内部看得一清二楚。

除了万神殿，罗马城建有许多用来庆祝重大胜利的凯旋门，每当远征的英雄胜利归来，他和他带领的队伍都要经过这样的巨大拱门，进行游行。

在罗马，庙宇、法院和其他公共建筑物中间，有一块被称作广场的方形公共场地。广场就像一个大的市集，经常聚集着来这里购买物品的人。

在许多美丽宏伟的建筑映衬下，罗马城显得生机勃勃。它似乎会永远这样繁荣下去，因此，人们给了它一个响亮的名字"永恒之城"。

在罗马的美丽建筑中，我们必须提到两座著名的竞技场，尽管他们现在一个已经破败，而另一个不见踪影，但它们也曾是永恒之城里的伟大建筑。

其中一座就是罗马大斗兽场，它与现代罗马最大的体育馆一样，能容纳 8 万多名观众。这里就是角斗士进行残酷竞赛的地方。现在，罗马大斗兽场已被岁月摧残得残破不堪。如果你到遗迹参观，就能看到曾经关野兽和角斗士用的矮小屋子，以及当年古罗马皇帝坐过的椅子，甚至还能看到当年被杀死的角斗士和野兽留下的血迹。

另一座竞技场叫作马克西穆斯，是一个巨大的半圆形露天竞技场，能容纳 20 万人。这可不是一个小数目，一些城镇的人口也不过 20 万。不过后来，随着城市的发展，马克西穆斯被拆毁。在它的地基上，人们盖起了新的房子和大型建筑。

奥古斯都在位时，罗马的文学发展也趋于鼎盛。这一时期涌现出大批著名作家，他们写出许多经典的作品。这个文学发展高峰期被称为奥古斯都时代。

在这些优秀的作家中，有两位拉丁诗人维吉尔和贺拉斯。维吉尔闻名于世的作品是《伊尼德》，又叫《埃涅阿斯纪》。它描述了特洛伊人埃涅阿斯在特洛伊城沦陷后四处逃亡，最后定居意大利的故事。还记得我们说到罗马城是如何建立起来的吗？埃涅阿斯就是罗马城的两位开创者罗穆路斯和雷穆斯的祖先。

贺拉斯写下许多描绘牧羊人爱情以及田园乡村生活的短篇诗歌，他创造的短篇诗歌形式被称为颂歌。他的短诗在当时非常受欢迎，以至于今天的意大利人仍然喜欢用贺拉斯为自己的儿子命名，可见贺拉斯的影响力有多大。

如果一个人业绩很伟大，人们通常会用他的名字给城市命名，而奥古斯都得到的待遇可要比这高级许多。

奥古斯都在位时将罗马建设成了灿烂、强大、庞大的帝国。在他死后，人们为纪念他修建了许多庙宇，像供奉神一样供奉他。他就像是神明一样，给罗马人带来了美好的生活，并且，像我们在开头说的，人们用他的名字"奥古斯都"（Augustus）来命名 8 月（August）。

基督教的产生

如果你要问犹太人："这个世界上最伟大的犹太人是谁？"你觉得他们会怎么回答呢？伟大的科学家爱因斯坦？文学家海涅？不，他们虽然伟大，但在犹太人心目中，他们并不是"最伟大"的那一个。在犹太人心中，世界上最伟大的犹太人是耶稣。

在奥古斯都罗马帝国东部，有一个叫作伯利恒的小地方。耶稣就在那里出生。青少年时期，耶稣还是个不谙世事的年轻人。他每天在父亲的木匠店工作，过着简单、宁静的日子。30多岁后，耶稣开始四处传教布道。他所传播的信仰，就是现在众所周知的基督教。

很快，耶稣宣传的理论在人群中，尤其是受到罗马人剥削的犹太人中得到普及。对罗马人恨之入骨的犹太人相信，耶稣会把他们从罗马人手中解救出来。他们全心倾听耶稣的宣讲，相信他教导的一切。当听从耶稣教导的人越来越多，其他教士便开始担心耶稣迟早一天会取代他们的地位。于是，他们开始排挤耶稣，并想方设法要杀死耶稣。

不过在当时，教会的影响力并不是很大，只有耶稣所属地的长官同意处死耶稣，教士才能达成所愿。于是，教士们便在长官彼拉

基督教的产生

耶稣降生

  "耶稣"这名字在希伯来语的意思是"耶和华是救主"，耶稣的另一个名字是以马内利，意思就是"上帝与我们同在"，这些都是记载在《马太福音》（《圣经》中的一卷）上的。

  据记载，耶稣是马利亚所生的儿子，当时马利亚已经与大卫家族的约瑟订婚，却奇迹般的由圣灵的能力怀孕，约瑟并非耶稣真正的父亲。

  耶稣降生在 12 月 25 日，也因此，这一天被称为"圣诞节"。在很多国家，圣诞节是一个隆重的节日。

多面前诬陷耶稣，说他要称王。彼拉多听信了谗言，将耶稣钉死在十字架上。

当初有 12 个同伴跟随耶稣一起传教，他们在耶稣死后并没有放弃自己的信仰，而是继续四处游历，向人们传播耶稣的教导。后来，人们将信仰耶稣的人称为基督徒或者基督的门徒。"基督"这种叫法我们也经常听到，它是希腊语，意为"弥赛亚"，即成为神的人。

如果你还记得我们先前讲的罗马历史，那么你也应该记得，罗马帝国大多数人信仰众多神明，比如，太阳神、月神、农业神等。但是，耶稣和其他基督徒只信仰一个神，所以，他们连罗马的皇帝都不礼拜。这引来了其他人的猜疑，以为基督徒要开创一个新的世界和帝国。于是他们便开始四处拘捕基督徒，从此基督徒只能秘密集会。

在这样高压的环境下，基督徒满怀着对耶稣教导的信任，并以能为基督教的传播牺牲自己而自豪。此后，他们变得大胆起来，公开地传道布教。

在耶稣死后大约 100 年的时间里，很多基督徒因为信仰而被杀害，这些为基督而牺牲的人被称作"殉道者"。史上第一位殉道者是在公元 33 年被人用石头打死的司提反。不过殉道者的死并没有吓倒耶稣的信徒，他们反而对耶稣宣扬的精神更为笃信。就连当时帮忙处死司提反的罗马人中，也有人改变心意开始全心全意地信奉基督教。扫罗就是这样一个人。

扫罗曾经和其他罗马人一样认定基督徒是国家的敌人，也曾想

基督教的产生

方设法消灭基督徒。可是，后来他却变成了基督教最虔诚的教徒。扫罗成为使徒后，人们称他保罗。后来，保罗被捕入狱。但是，由于保罗是罗马人，只有罗马的法官才能审判他，因此，他被送入罗马监狱，最后被斩首示众。他死后，基督教徒称他为圣保罗。

彼得也是耶稣的使徒，同样被钉死在十字架上。耶稣曾经对这个衷心追随自己的使徒说："我将给你天国的钥匙。"所以彼得对于被钉死没有感到悲伤，反而因能和自己信奉的主一样钉死在十字架上而感到荣耀。

很多年以后，在彼得被处死的地方，世界上最大的教堂——圣彼得大教堂落成。

在这之后大约 500 年，人们开始用耶稣诞生的时间纪年。人们把耶稣诞生之前称为公元前，耶稣诞生的那一年称为公元元年，耶稣诞生之后称为公元。可是在人们开始纪年后才发现，自己将时间弄错了。原来耶稣出生在公元元年的 4 年前，也就是公元前 4 年。但是当人们发现这个错误时，已经来不及更正了。

邪恶的统治者

圣彼得和圣保罗死时，罗马的统治者是罗马历史上最神秘的皇帝之一——尼禄。尼禄是罗马历史上最残暴邪恶的统治者之一，他共统治了 13 年零 7 个月。统治早期他还是一位仁慈的皇帝，可到了公元 59 年，不知什么原因他突然变得残暴异常。

我们读着古代人记录下来的关于尼禄的一切，发现他荒诞、残暴、沉溺于淫乐。有一份用拉丁文撰写的编年史，上面用简洁的语言总结了尼禄在统治期间做过的事情。他杀了自己的母亲，侮辱了自己的妹妹，处死了自己的老师即著名哲学家塞涅卡，还杀死了圣彼得和圣保罗。除此之外，他还烧毁了罗马的 12 个街区。

残暴的尼禄自诩是诗人，他认为自己的诗歌无人能敌。他还自认善于歌唱，不过即便这两样他都做得糟糕极了，也没人敢说出来，因为谁嘲笑他，他就会处死谁。

尼禄似乎特别喜欢看别人受折磨，还特别喜欢看别人被野兽撕成碎片。每当看到这样的场景，他都会兴奋得欢呼起来。

尼禄对基督徒深恶痛绝，只要听到谁是基督徒，他就会狠狠地折磨他们。他曾经像个疯子一样，让基督徒站在宫殿花园的四周，往他们身上淋满焦油和沥青，然后用火点燃，看着他们被活活烧死。

邪恶的统治者

尼禄还有个奇怪的癖好，即火烧罗马城。他曾经让人在罗马城放火，然后一个人坐在高塔上，看着火中的罗马城弹琴庆祝。大火整整烧了一周，火势蔓延了半个罗马城，然后，他把纵火的责任嫁祸给了基督徒。

尼禄曾经为自己建造了一座巨大奢华的皇宫，在皇宫正门，他还放置了自己的一座青铜雕像，高达 15 米。而在宫殿内部，更是装饰了大量的黄金和珍珠母，也因此这座宫殿得名"金宫"。后来，金宫和雕像被毁，在放置尼禄雕像的位置，人们修建了一座巨大的斗兽场。

尼禄的残暴和荒诞终于引发了人民的反抗，面对起义的人民，尼禄为了保住自己的尊严选择自杀。可是，他却是个没有勇气的懦夫，犹豫着不敢将剑刺进自己的胸膛。最后，他的奴隶实在忍无可忍，于是推了他一下，帮助他把剑刺进去。就这样，罗马人推翻了这个残暴不仁的统治者。

尼禄死后两年，也就是公元 70 年，原本被罗马统治的犹太人

尼禄

尼禄出生于罗马的贵族家庭，古罗马帝国的皇帝，公元 54—68 年在位，是古罗马帝国朱里亚·克劳狄王朝的最后一任皇帝。后世对他的史料与创作相当多，但普遍对他的形象描述不佳。他既没有赫赫战功，又无治国之才，他之所以能够成为罗马皇帝，只是由于宫廷政变的结果。这充分说明当时的元首制已完全蜕化为公开的君主制。

决心反抗罗马的统治。耶路撒冷的犹太人宣布不再服从罗马的命令，也不再向罗马进贡。于是，当时的罗马皇帝立刻派他的儿子提图斯带领士兵镇压叛乱。

很显然，犹太人无法战胜罗马的骑兵。提图斯带着军队攻克耶路撒冷城，屠杀城里的犹太人，还把城中的所罗门神庙洗劫一空。最后，他把所罗门神庙夷为平地。

大获全胜的提图斯凯旋。为了庆祝他的胜利，罗马人在广场修建了一道凯旋门，将提图斯带着战利品从所罗门神殿中离开的情形刻在门上。在提图斯所获得的许多战利品中，最有名的就是黄金做的七臂烛台。经过耶路撒冷一战，人们重建耶路撒冷城，但是幸存下来的犹太人在这以后便远离故土，流散到世界各地。

在提图斯统治的时代，还有一件事值得一提。那就是意大利境内的维苏威火山突然爆发，将山脚下的庞贝城淹没在火山灰之中。

维苏威火山在意大利非常有名，时不时发出轰鸣，喷发火焰，喷发时还伴着石头和热气飞溅。从火山口喷溢出的被融化的石块叫作火山岩。还记得火神伍尔坎吗？据说他的炼炉就在这座火山中心，所以这里才会时不时喷发灰尘、火焰和灰烬。当然，这只是神话。

尽管居住在火山附近十分危险，可是火山喷发的物质含有农田需要的肥沃养料，所以即便家园不断被毁，人们还是喜欢居住在火山周围。庞贝就是维苏威火山下的一座小城镇。

公元 79 年的那次大喷发，来得实在太突然。大量火山灰仿佛

邪恶的统治者

一瞬间就吞没了亮光，白天变成黑夜，滚烫的岩浆从火山口喷涌而出，那炽热的火焰仿佛来自地狱。庞贝城的居民惊慌失措，纷纷夺门而出，向着远方逃去。但是，已经来不及了。还没有跑出几步，火山爆发所喷出的气体就杀死了他们。人们倒下，大量的岩浆流过来，数不尽的火山灰落下来。就这样，庞贝城的人与他们的城市一起，被埋在岩浆与火山灰下。

就这样，大约两千年过去，人们已经遗忘了那里还曾有座城池。后来，又有人来到这里定居，他们建造了新的城市。有一天，一个居民在挖井的时候发现了一只手骨。他惊呆了，于是便通知其他人。人们聚焦过来，不断地向下挖。在挖掘的过程中，人们发现了许多骸骨和建筑碎片，渐渐地，整个庞贝城仿佛沉睡了两千年的公主一样，揭开了它的面纱。

现在人们可以去庞贝城的遗址，感受公元 79 年人们的生活。当时的一切都被完好地保留下来。华美的建筑、街道，甚至屋子里的家具也没有损毁。更令人称奇的是，有一间房屋，就连桌子上的蛋糕、吃了一半的面包和准备做菜的肉，甚至厨房的柴火灰都被完好地保存下来。在柴火灰中，人们还发现了蚕豆和豌豆以及一个没打破的鸡蛋，也许这是世上现存的最古老的鸡蛋了。

除此之外，人们还能看到当时罗马人修建的店铺、神庙、公共浴室、剧院、市场等。在庞贝，家家户户的地板都用彩色石块拼凑而成，不同颜色的石块被摆成各式各样的图案，这种装饰手法到现在还被广泛应用。你也一定经常见到，它叫作马赛克。

伟大的皇帝和他的坏儿子

尼禄死后 100 多年，罗马迎来了他们最伟大的皇帝之一 ——马可·奥勒留。他被罗马人认为世上最高贵、最伟大的人之一。

其实，罗马人并不是忠实的神灵信奉者，就连本国供奉的朱庇特、朱诺和其他神灵，对于他们来说也不是那么可信，供奉神灵不过是为了防止倒霉。那么，罗马人相信谁呢？罗马人十分听从哲学家或者智者的教导，他们会尽量遵从智者或哲学家制定的规则。

大约公元前 300 年，希腊哲学家芝诺提出一种名为"斯多葛主义"的哲学。它启迪了人们的智慧，教导人们保持良好的品性，承受苦难。经过一个世纪的传播，这种哲学思想流传到罗马，并得到罗马人的欢迎。尼禄的老师塞涅卡也是一位斯多葛主义者，他生前写了许多关于斯多葛主义的书。

又过了 100 年，罗马出现了一位伟大的斯多葛主义者，他就是马可·奥勒留。马可·奥勒留曾经度过一段十分艰苦的生活，他穿着哲学家那样的粗袍子，学着哲学家那样生活。后来，他把自己的思想记录下来，时刻提醒自己如何思考和行动。人们发现，他的思想同斯多葛主义者一样，所以马可·奥勒留被称为自发的斯多葛主义者。

伟大的皇帝和他的坏儿子

　　马可·奥勒留行事很有原则，他时刻提醒自己要以身作则，履行自己的职责，照顾穷人。他甚至还试图去掉角斗士表演中那些残酷和野蛮的部分。在他遵循的所有准则中，有一条是"宽恕你的敌人"。尽管他不是基督徒，但他的为人处世比后来的一些基督徒皇帝要高尚得多。

　　后来，他的想法和文字被整理成册，出版发行，这就是十分有名的《沉思录》。这本书流传至今，被成千上万的人诵读。

　　尽管马可·奥勒留是一个高尚、伟大、善良的人，被许多人当作思想上的导师，他却没有教导好自己的孩子。他的儿子康茂德只顾享乐，把父亲教给他的高尚法则全都丢掉了。

　　尽管康茂德不是一个合格的皇帝，但他却是个名副其实的运动健将。为了炫耀自己的运动天赋和上天赐予的英俊外貌以及结实肌肉，他还专门制作了一座自己的雕像，让人们像供奉神一样供奉着。

马可·奥勒留

　　马可·奥勒留，公元 121 年至 180 年，思想家、哲学家，毕业于萨利圣学院，公元 161 年至 180 年担任罗马帝国皇帝。有以希腊文写成的著作《沉思录》传世。他是著名的"帝王哲学家"，斯多葛学派代表人物之一，在整个西方文明之中，马可·奥勒留也算是一个少见的贤君。更值得一提的是，虽然他向往和平，却具有非凡的军事领导才干。随着奥勒留的死亡，罗马的黄金时期也随之结束。

在运动和玩乐时，他完全不顾及自己身为皇帝的威严，一旦有人挑他的过错或批评他，他就会下令将对方杀死。

康茂德一点儿也不像父亲马可·奥勒留那样把高尚的兴趣当成乐趣。对他来说，快乐就是尽情享乐。他的残暴让他过着野性、浪荡的生活。尽管很多人对他不满，可是却没有人能够成功地刺杀他，所有计划都失败了。不过，最后康茂德却在摔跤场上比赛时被一个摔跤手给勒死了，正应了"死于安乐"这句话。

人们对康茂德的所谓"快乐"并不认同，但是一位同样奉行快乐主义的智者，却吸引了无数追随者。这位智者名叫伊壁鸠鲁，追随他的人就被称为伊壁鸠鲁主义者。在伊壁鸠鲁主义者看来，所有会导致别人或者自身痛苦的快乐都不能称之为快乐，能够让自己身心愉悦、获得安宁的快乐，才是真正的快乐。

伊壁鸠鲁教导人们，世上最大的善就是"正确"的快乐。什么是最大的善呢？那就是诚实、善良、公正、勤俭、友好、明智、勇敢、谦虚、镇静。如果康茂德奉行的快乐和伊壁鸠鲁主义者一样，或许他就能与他的父亲齐名，成为世上善良伟大的统治者。

关于善的讨论

什么是"善"？如果好心的邻居帮你救回困在树上的猫，你会觉得他是个善良的人；如果出租车司机送回遗落在他车上的贵重东西，你也会觉得他是个善良的人。其实，关于"善"，不同的人有不同的理解。

如果你问雅典人，他们会说，所有美丽的事物都是善。

但是斯多葛主义者或许会反驳雅典人的看法，他们会说，尽职尽责，忍受苦难才是善。

如果伊壁鸠鲁主义者听到斯多葛主义者的话，或许会觉得他们太肤浅，因为在伊壁鸠鲁主义者看来，善是适宜的快乐。

而在殉道者眼中，只有为耶稣基督忍受苦难、为他牺牲才称得上善。

自从殉道出现之后，基督徒就找到了能够表现善的途径，他们想要更加突出自己的善行，于是当时出现了大量的殉道者。这些殉道者中的一些人去了荒无人烟的地方，远离尘嚣，过着离群索居的生活，以此来彰显他们的善。

圣西蒙·斯泰莱特就是这样一个殉道者，他为自己修建了一个很小的房间。这个房间的奇特之处在于，它建在一根 15 多米高的柱子上。人在里面只能坐着，无法躺下。圣西蒙·斯泰莱特就一直在小房子里生活，无论是天寒地冻，还是烈日炎炎，无论是倾盆大雨，还是大雪纷飞，他都没有下来过。

就这样，圣西蒙在那里度过了无数个春夏秋冬。他独自一人待在上面，只有在为他送食物时，他的朋友才会搭梯子上去。圣西蒙·斯泰莱特就是通过这种高高在上、远离人群的生活来表达他的善和对神圣生活的追求。

后来，殉道者不再像原来那样独自生活，他们聚集在一起过着神圣的生活。修道院院长，也就是修道士的领袖，与女修道院院长，即修女的领袖为修道士和修女制定了规范，以此约束修道士和修女的行为。如果有人犯错误，他们将会受到处罚。而其中品行优秀的修道士被称为圣人，品行优秀的修女被称为圣女。

修道士和修女居住的修道院通常都建在贫瘠、潮湿的土地上。因为这样的土地不宜于农作物生长，卫生条件差，也很危险，没有人敢要这样的土地，所以就给了修道士。修道士并不在意这些，他们来到这些地方，辛勤劳动，建造房屋，种植适宜生长的庄稼。一段时间后，这片原本荒凉的土地充满了生机，绽放出生命的光彩。

修道院中的修道士和修女生活得很清苦，他们居住的房间像牢房一样简陋。吃饭时，他们就在修道会食堂围坐在桌子旁吃些粗茶淡饭。

修道士和修女的主要工作是唱赞美诗。他们要在日出和日落的

关于善的讨论

时候分别唱一次赞美诗，其他时间也要咏唱四次，有时半夜醒来他们也会唱赞美诗来祈祷。

除了咏唱赞美诗外，修道士和修女还有很多其他工作。比如，擦地板、整理花园、种地、喂养牲畜。他们自给自足，靠自己的双手创造生活。他们认真对待每一项工作，不管贫困还是富有。

修道士和修女的另一项十分重要的工作就是抄写书籍。当时书籍十分珍贵，只有贵族才能看到，那时活字印刷术还没有发明出来，所以，所有书籍都是手抄的，而承担这项工作的就是那些能读书写字的修道士和修女。

修道士经常抄写一些拉丁文和希腊文的古书。为了提高效率，经常是一个修道士慢慢地朗读，其他几个修道士再把听到的内容抄写下来，以此来增加抄本的数量。

修道士的手抄书非常奇特，因为它们不是写在纸上，而是写在用小牛皮或羊皮做的牛皮纸或羊皮纸上。这也是为什么那些修道士的手抄本结实耐用、能长久保存的原因。

现在，我们可以在一些博物馆和图书馆里看到这些手抄本。它们制作得非常精美，上面绘有精致的手绘画，点缀着花朵、藤蔓、小鸟等图案，色彩艳丽，美妙绝伦。如果没有这些珍贵的手抄本，我们将失去很多珍贵的古书。为此，我们要感谢修道士和修女的工作。

那时的修道士都是受到过良好教育的人，他们有知识、有见识，愿意无偿地把自己知道的一切都告诉世人。有时，也会有旅人来到修道院，寻找住宿的地方。修道士也欢迎他们来，所以修道院经常会成为人们的临时旅馆，无论这些旅人是贫穷还是富有。

修道士还有写日记的习惯，这真是一个好习惯，因为通过他们的日记，现在的人才能够了解过去，知道在什么时间发生了什么重大事件。这些修道士的古老的日记，我们称之为编年体。

另外，修道士和修女经常接济穷人和帮助有困难的人。那时人们生病了，首先想到的就是到修道院去寻求医治和照顾。这时修道院就像医院。在修道院得到照顾和治疗的人在康复之后，会送给修道院很多贵重的礼物来表达感谢，这也就是修道士和修女虽然完全没有自己的财产，但修道院却变得越来越富有的原因。

野蛮的邻居

我们知道，罗马人骁勇善战，他们的帝国繁荣强大。不管是谁，当他讲到世界史的时候，都无法忽视罗马的地位。但是，在你看过很多国家的历史之后，你便能明白，许多强大的国家最终都被人征服：尼尼微，巴比伦，波斯。罗马也不例外。

强盛的罗马帝国在国力达到巅峰之后，开始渐渐走向衰败，美丽的罗马城慢慢地失去了光彩，最终被其他的民族征服。罗马衰败的序曲由日耳曼人奏响。

如果一个日耳曼人和一个罗马人站在一起，那么黑发黑眼的那个是罗马人，而金发碧眼的那个就是日耳曼人。

日耳曼人大都不住在城市里，他们在人烟稀少的地方生活。他们用木材与树枝搭建房子。房子远远看去，有点儿像巨大的菜篮子。他们生活简单，女人负责种菜和饲养牲畜，男人则负责狩猎、作战和打造铁器。铁器在那时是非常重要的工具。日耳曼人的剑、长矛以及各种生产工具都用铁制成。

日耳曼人有自己的神灵，他们信奉的主神叫作沃登。你知道"星期三"的英文怎么读吗？Wednesday，据说，这就是以沃登的名字Woden 来命名的。在日耳曼人的传说中，沃登是战神，无所不能。

他住的地方叫瓦尔哈拉，那是一座天上的宫殿。沃登战神拥有丰富的冒险经历，那是日耳曼的孩子最喜欢听的故事。

对日耳曼人来说，托尔也是一位重要的神。托尔手持一把铁锤，是雷电之神。日耳曼人相信，这位英勇的神明曾经拿着他的铁锤战胜了远方寒冷地带的巨人。

蒂乌和弗蕾亚也都是在日耳曼文化中地位显赫的神。我们现在用的星期二和星期五就来源于他们的名字，而星期四则是从雷神托尔的名字来的。

日耳曼的神都勇猛善战，而这也是日耳曼民族的特点。在日耳曼人看来，一个勇敢的战士无论犯了什么样的过错，例如，撒谎、偷窃，甚至杀人，都可以被原谅。为了显示勇敢，日耳曼人会将猎物的一部分戴在自己身上，比如，公牛的头和角，狼、熊和狐狸的头。日耳曼人深信，这样会让自己看上去凶狠可怕，同时让敌人感到恐惧。日耳曼人只认同最勇敢、最强壮的人成为首领，而首领的位置不能由首领的儿子来继承。

日耳曼人生活的地方在罗马帝国的北部边界附近，与罗马人是邻居。但是在罗马人眼里，他们的这个邻居不过是些野蛮人。当时，罗马人认为，世界上除了自己以外全都是凶猛、好斗的野蛮人。无疑，日耳曼人在罗马人眼里就是这样的。此外，罗马人觉得，这个野蛮的邻居实在太爱惹麻烦了。

如果你的邻居总是时不时地翻过围墙到你的院子里来，你也一

野蛮的邻居

定很心烦。长时间以来，日耳曼人总是越过边界进入罗马，他们简直成了罗马人的噩梦。罗马人不得不一次次地与他们打仗，把他们赶回去。伟大的尤利乌斯·恺撒、马可·奥勒留都曾经跟他们交战过。

到了罗马帝国末期，大约在公元 400 年，日耳曼人日益强大，他们侵入罗马的北部地区。面对彪悍的日耳曼人，日渐衰弱的罗马人感到十分无奈，他们知道自己再也保不住北部地区，再也无法把日耳曼人驱逐出去。

现在，请你打开地图，它将帮助我们更好地了解日耳曼人在罗马帝国的占领路线。

先找到不列颠地区，当时那里也是罗马的领地。有两个日耳曼的部族进入不列颠，在那里生活的罗马人知道自己无法与日耳曼人对抗，便放弃了那里的土地回到罗马。

这两个进入不列颠地区的日耳曼部族是盎格鲁人和撒克逊人。因为他们的到来，这个地方被世人称为盎格鲁人的土地，简单点说就是"盎格兰"。也就是后来的"英格兰"。英格兰人则被称为盎格鲁－撒克逊人。

还有一个名为汪达尔的日耳曼部落进入高卢地区。还记得吗？那是恺撒曾经征战的地方，也就是现在的法国。在你找到法国后，我们要接着向南，找到西班牙。在到达法国后，汪达尔人继续南下来到西班牙。再继续往南，他们乘船越过地中海去了北非。这群汪达尔人无论到哪里都烧杀抢掠、大肆破坏。直到现在，我们仍把破坏公物的人叫作"汪达尔人"。

现在，让我们回到高卢地区。这里才刚刚被汪达尔人洗劫，就来了另一个日耳曼人的部落，法兰克人。法兰西的名字，就是因为法兰克人在这里建国，并将国名定为法兰西。

日耳曼人并不是唯一入侵罗马的民族。在今天的意大利北部，生活着哥特人。哥特人的领袖阿拉里克带领他们翻山越岭进入意大利。在他们成功洗劫并摧毁那里之后，侵入罗马城，抢走了所有值钱的东西。面对这一切，昔日英勇的罗马人已经变成了任人欺负的弱者，毫无办法。

但是，罗马人还不知道，毁灭才刚刚开始，更糟糕的事情还在后面。

··

日耳曼人

日耳曼人，他们在罗马帝国时期与凯尔特人、斯拉夫人一起被罗马人并称为欧洲的三大蛮族，也是现今欧洲人的代表民族之一。

已知最早使用"日耳曼人"这个词的是希腊人波希多尼，罗马人塔西佗说凯尔特人称莱茵河以东的民族为"日耳曼人"，罗马独裁官尤里乌斯·恺撒也在《高卢战记》中提到日耳曼人。

现今瑞典南部境内、挪威西部境内的斯堪的纳维亚半岛，被认为是日耳曼人的故乡。现今的冰岛人、挪威人、瑞典人、盎格鲁-撒克逊人、丹麦人、荷兰人、德意志人，都属于日耳曼人。

罗马帝国的衰落

如果你问一个日耳曼人害怕谁，那么他可能会说："匈奴人！"

匈奴人生活在遥远的东部森林，罗马人和日耳曼人都不了解那里。不管是罗马人还是日耳曼人，都十分害怕匈奴人。在他们眼里，这些从神秘的东方森林中来的民族，凶猛可怕、残忍凶暴。

正是为了回避匈奴人，日耳曼人才会不断地向罗马帝国的领地侵略，他们的目的仅仅是想离匈奴人越远越好。

有一位匈奴首领叫阿提拉，他曾十分骄傲地说，只要匈奴的马蹄所到达的地方，一定会寸草不生。阿提拉曾经率领他的军队，把征服的土地都变成了废墟。他们从遥远的东方一直不断地向外扩张，就快要打到巴黎了。

面对凶悍的敌人，罗马人与日耳曼人决定组成联合军队，共同阻挡匈奴人前进的脚步。于是，匈奴人和罗马、日耳曼联军在离巴黎不远的沙隆展开了激烈的战斗，这就是历史上十分著名的"沙隆之战"。

这场战斗进行得十分惨烈，战场上血流成河，到处都是战士的尸体，日耳曼人为这场战斗付出了极其惨烈的代价，但是他们最终击败了匈奴人。这一年是公元451年。日耳曼人与罗马人的胜利非常重要，要不是他们打败了匈奴人，匈奴人或许真的会征服全世界。

阿提拉带领的匈奴人虽然在"沙隆之战"中战败，但是他们并没有放弃这场战争，而是选择了继续攻打。就这样，匈奴大军调转方向，浩浩荡荡地向意大利进攻。当罗马帝国还强盛的时候，罗马人就对匈奴充满了畏惧，更何况这个日益衰败的罗马帝国呢？所以，一听说匈奴人来，罗马人放弃了抵抗。就这样，匈奴大军一路畅通地抵达罗马。

当时人们相信，罗马帝国就此灭亡。但是，奇迹却发生了。只是这个奇迹发生的具体情况没有人知道，我们现在只知道，当罗马军队放弃抵抗的时候，当时的罗马教皇利奥一世带着他的红衣主教们穿着华丽的长袍与外套，不戴盔甲，不拿武器，就像羔羊走向豺狼一样走向了阿提拉。

人们并不知道利奥一世教皇和阿提拉说了些什么，也许是阿提拉被利奥一世教皇说的教义所感化，也许只是阿提拉突然觉得无趣，无论如何，阿提拉非但没有伤害教皇，还带领军队回到了自己的家乡。

阿提拉走后，罗马人可以松一口气了。但是，劫后余生的罗马人还来不及欢呼，汪达尔人又到了。原来，远在非洲的汪达尔人觉得罗马经历这么多的战乱之后一定会元气大伤，正是进攻罗马的最好机会，所以汪达尔人迅速地从非洲渡河而来。正如他们所想，那时的罗马已经元气大伤，再无力抵抗。就这样，"永恒之城"罗马，被汪达尔人洗劫一空。

至此，曾经雄踞一方的罗马帝国彻底被打垮。罗马帝国最后一位皇帝的名字与罗马的第一任国王相同——罗穆卢斯·奥古斯都，这个响亮的名字象征罗马帝国的兴盛，现在又代表罗马帝国的败落。

罗马帝国的衰落

罗马帝国变得四分五裂，就像个泥娃娃掉到地上，摔成了碎片。不管用什么办法都没法把它粘好。罗马帝国的西部地区被不同的日耳曼部族统治。君士坦丁堡以东的地区又继续存在了一千年左右，只是这个留存下来的罗马帝国再也不复昔日的辉煌，无法再像往日那样繁荣。

罗马帝国的灭亡代表日耳曼民族开始成为欧洲人口的主体。他们分散到原本罗马帝国的各个地方，学习罗马人的文化，包括他们的语言和宗教。

条条大道通罗马的时代就此结束。罗马不再是统一的国家，所以，不同国家的人们不再像原来那样频繁地交流和沟通。这样一来，不同地区人们的生活习惯、语言习惯等都慢慢地变得不一样。比如，原本说共同语言的人，发音开始变得不同，后来人们开始用不同词语来表达相同的意思。时间一长，就形成了新的语言，像西班牙语、意大利语和法语。原来在罗马帝国使用的古老的拉丁文，现在也很少有人使用。居住在不列颠的盎格鲁－撒克逊人原本有自己的语言，他们一直保持自己的传统和语言，这就是众所周知的英语。

盎格鲁－撒克逊人原本不信基督教，他们有自己的宗教，这种情况直到罗马帝国灭亡100年后才被打破。事情是这样的：

盎格鲁－撒克逊人是日耳曼人的分支，所以他们也是金发碧眼，英俊非凡。当时有些盎格鲁－撒克逊人被当成奴隶带到罗马的市场上。罗马教皇看到这群俊美的奴隶后，忍不住好奇，便问身边的人，他们是哪里来的。

随行的人告诉他，这些是盎格鲁人。

在英文中盎格鲁和天使的读法非常相似，再加上盎格鲁人俊美的面容，所以教皇听后感叹地说："这些盎格鲁人如此英俊，应该是'天使'才对，希望他们能够成为基督徒。"

后来，一些罗马的传教士便被派往英格兰，他们把基督教传给英国人，最后英国人也成了基督徒。

东罗马帝国

公元 395 年，罗马帝国分裂为东、西两部分。东罗马帝国又继续存在了一千多年。现在，我们更喜欢将东罗马帝国称为"拜占廷帝国"。这个名字与一座城市有关。

古希腊有一座靠海的移民城市名叫拜占廷。后来，罗马帝国皇帝君士坦丁大帝将拜占廷进行了扩建，然后将首都迁到了这里。君士坦丁把这座城市的名字改为"君士坦丁堡"，别称"新罗马"。

公元 476 年，西罗马帝国终于被日耳曼人摧毁，于是拜占廷帝国成为唯一的罗马人帝国。尽管这里的人们一直认为自己是纯正的罗马人，但是他们的语言和文化已经更多地加入了希腊元素。

大约一千年后，1453 年 5 月，土耳其人攻占君士坦丁堡，拜占廷帝国灭亡。

三个英明的国王

下面我要讲的是三个国王。上一次我们讲三个国王，是在十字军东征的时候。还记得吗？他们是英国的理查、法国的腓力和德国的腓特烈·巴巴罗萨。现在我要讲的是另外三个。

罗马帝国虽然倒下去，但是以君士坦丁堡为都城的东部地区仍然在罗马人的统治之下，这就是东罗马帝国。统治这个帝国的是一个名为查士丁尼的人。他是一位十分英明的君主，做了很多英明的决定。美丽的圣索菲亚大教堂就是在他命令下修建而成。当然，他的贡献不止是修建一座教堂这样简单，最重要的贡献之一，是纠正了罗马帝国时期一直存在的法律、规则繁多、混杂的情况。

法律混杂是一件相当令人烦恼的事情。因为当一条法律要求人们要这样做时，另一条法律却告诉人们不能这样做，导致人们根本不知道究竟怎么办才对。查士丁尼为他的人民制定了一套法规，规范、系统、完善、公正、有条理，有些直到现在仍然在使用。

查士丁尼还做了一件十分重要的事情。

那时，偶尔会有些旅行者从遥远的东方来到欧洲，查士丁尼从他们口中听到一个十分神奇的故事。

这是个与毛毛虫有关的故事。在遥远的东方有一个神秘的国度，那里有一种神奇的毛毛虫，它们能够用很长很细很精致的线将自己缠绕起来，缠成一个茧。然后人们把茧收集起来，再把它重新解开，清洗整理后用它织成光滑柔软的布料。你们能猜到这种毛毛虫是什么吗？是的，就是蚕，那种线就是蚕丝，美丽的布料就是丝绸。现在，你大概也能猜到，那个东方的神秘国度，就是中国。

欧洲人最初看到那些美丽的布料时，完全不知道它们是怎样织成的。那精美绝伦的布料，仿佛出自仙女或精灵的巧手。人们甚至认为，那一定是来自天堂的礼物。当查士丁尼了解了蚕的秘密后便知道，原来这样的布料他们也能制作。于是查士丁尼派人把蚕带回欧洲，让他的国民也学习用蚕丝纺织布料，所以，欧洲才有了华美的丝绸衣服，而查士丁尼也就成了欧洲丝绸制造的创始人。

在查士丁尼努力改善民众的生活时，法国国王克洛维的身上也发生了一些变化。还记得日耳曼人中的一支，法兰克人吗？克洛维是这支日耳曼人的后裔，正是他把巴黎定为法国的都城。

克洛维非常宠爱他的妻子克洛提尔达。克洛提尔达不喜欢战争，当她听说基督教不提倡战争时，便成为了一名基督徒。之后她一直劝解克洛维，告诉他人民热衷于残酷战争是一件错误的事，她希望自己的丈夫能够改变这种状况，并且与她一起成为基督徒。

克洛维原本和大多数日耳曼人一样信奉沃登和托尔，当时他正准备打一场仗，这让身为基督徒的妻子十分不满。为了不让妻子更加难过，克洛维便对她说："如果我能够打赢这场战争，便成为基督徒。"

三个英明的国王

最后，这场战争以克洛维的胜利告终，他认为这是受到了基督的庇佑，于是遵守诺言，接受洗礼成了一名基督徒，与他一起接受洗礼的，还有他的士兵们。

同一时期，统治英格兰盎格鲁－撒克逊人的国王是一个名叫亚瑟的人，他的传奇多得数不胜数，但是很多记述亚瑟王事迹的故事和诗歌，都是神话，就像特洛伊战的英雄故事一样。

许多关于亚瑟的故事大都是虚构的，但它们却鲜活生动、十分

. . . .

亚瑟王

亚瑟王或许是英格兰最具传奇色彩的国王，相信有很多人都听过他与他的圆桌骑士团近乎神话一样的传奇故事。但是，亚瑟王似乎总是活在传说和民间故事里。人们不知道他是不是真的存在过。也许他只是某位小说家创造出来的角色？我们不知道。我们只知道"亚瑟"的名字第一次出现，是在一本《布灵顿人的历史》的书中。

这本书是公元 800 年左右，由威尔士的修士编写而成。在这本书里，描述了罗马帝国崩溃后，亚瑟带着他的骑士团统一了大不列颠，并将大不列颠建成欧洲重要国家的故事。

亚瑟王选择在圆桌上与骑士们聚会商谈，是因为圆桌象征着友爱与平等。但实际上，圆桌上也有争执。骑士们也会组成派系，相互攻击。

有趣。相传，亚瑟原本并不是王，而只是一个普通的青年。不过，他后来因为一把宝剑成为了英国国王。

这支宝剑叫作艾克斯盖莱勒，被称为王者之剑。据说，只有真正的国王才能把它从石头里拔出来。很多贵族为了当国王都努力地尝试拔剑，但是，王者之剑却仿佛生了根一样，无论是谁用什么办法，都无法把它拔出来。最后，亚瑟来到王者之剑面前。这位年轻的男孩儿竟然不费吹灰之力，就将宝剑拔了出来，于是，年轻的亚瑟就成了英格兰的国王。

当上国王的亚瑟，选了一些和他志同道合的贵族同伴一起治理国家。为了表示对同伴的尊重，亚瑟王和他们坐在一个圆桌前面讨论国事，以表示人人平等，没有高低贵贱之分。这些贵族就是在亚瑟王的传说中活跃的圆桌骑士。如果你对他们的故事感兴趣的话，我建议你读一读英国诗人丁尼生写的长诗《国王叙事诗》。这首诗就是在说亚瑟王和他的圆桌骑士的故事。

罗马帝国的法国皇帝

有这样一句话："欧洲曾在黑暗之中度过了 300 年。"可不要误会，这句话的意思不是说欧洲有 300 年见不到太阳，而是说，欧洲人经过了 300 年愚昧无知、与世隔绝的时代。当时，整个欧洲社会都处于停滞状态。如果说只有智慧才能启迪人类，那么当时的欧洲并没有可以带他们走出黑暗的智者。

终于，到了公元 800 年，欧洲的命运被一个人所改变。他不是传播智慧的哲学家，而是一个国王。正是他，凭借自己的能力和权势统一了四分五裂的欧洲—— 一个新的罗马帝国诞生了。只不过，这个国王并不是罗马人，而是法国人。因为法国人是日耳曼部落的一个分支，我们可以说，因罗马帝国崩溃而四分五裂的欧洲，最终由日耳曼人再次统一。

这位法国国王的祖父人称"铁锤查理"，他曾带领法国军队在图尔击退敌人。而他的孙子——就是我们这个故事的主人公也叫查理。他的法语名字是查理曼，在法语中是"查理大帝"的意思。查理曼继承了祖父的荣耀。

起初，查理曼只是法国的国王，但是，小小的法国装不下他的野心。于是，他像其他所有创造了伟大业绩的国王一样，发动了一系列征服战争。查理曼在位14年，一共发动了大大小小50多场战争。他的战车为他夺下许多国家和地区，最终，大半个欧洲都在他的控制之下，其中包括西班牙和德国的一些地方。

在德国有个名叫亚琛的城市，查理曼很喜欢。那里有许多温泉，它们能让查理曼全身放松地泡个舒服的热水澡，而且，他高超的游泳技术也能得到充分的发挥。所以，查理曼便将都城建在了亚琛。

当时，意大利北部有些部落经常与意大利的管理者教皇发生摩擦。教皇觉得非常无奈，于是就把查理曼找来。教皇问查理曼："你愿意南下征服这些部落吗？"

查理曼哪有什么不愿意？这对他来说可是千载难逢的好事。查理曼当下就答应了。接着，他发兵南下，轻轻松松就把那些不安分的部落解决了。教皇看到查理曼的慷慨援助，感激万分，他决定回报查理曼对他的帮助。为此，他准备了一件神秘的礼物。

那是公元800年的圣诞节，查理曼来到罗马的圣彼得大教堂。圣彼得大教堂是圣彼得受难的地方。当时，世界各地的基督徒都会来到这座大教堂祈祷。罗马城也因为这些教徒的到来，而显得热闹非常。

那一天，查理曼正在大教堂里祈祷。突然，教皇出现在祭坛前。他手里举着一顶耀眼的王冠，向查理曼走来。当他走到查理曼身前，便将王冠戴在了查理曼的头上。

如果你认为教皇仅仅是送了查理曼一顶漂亮的王冠，那就错了。当时，教皇掌握无上的权力，权力大到可以任命国王和皇帝。所以，

罗马帝国的法国皇帝

当教皇把王冠戴到查理曼的头上时，就意味着教皇任命查理曼为皇帝。就这样，查理曼成了他所统治的所有国家的皇帝。教皇酬谢查理曼援助的"礼物"相当贵重。

查理曼当上了皇帝，但是他却不识字，或许他当时认识的字还没有你多。不过，那个时代的人们大都没有机会接受教育，不会读书写字是很普遍的现象。不过，既然当了皇帝，查理曼就必须让自己变得更加出色，更何况，他本身对知识有着强烈的渴望，他想了解自己所不知道的一切。所以，他现在需要一个老师。

可是，谁能当他的老师呢？查理曼想了一圈也没想到他的国家有哪个才智过人的人可以教导他，但是在英格兰或许有。

英格兰有一个教士，名叫阿尔昆。据说，他的智慧超过所有北欧人。于是，查理曼将阿尔昆从英格兰请到了他的国家。阿尔昆就

铁锤查理

铁锤查理的名字叫查理·马特，他出生于法兰克王国贵族家庭，是欧洲中世纪最重要的人物之一，其功绩包括奠定卡洛林王朝的基础，确立了采邑制，巩固与发扬当时的封建社会制度。737年法兰克国王死后，他成为帝国的唯一统治者，但像他父亲一样，没有国王的称号。但他仍然被称为是杰出的军事家，还是卓越的政治家。

在世界历史上著名的图尔之役（或称普瓦提埃战役）中，查理带领军队不仅捍卫了法兰克王国的独立，也阻止了阿拉伯人向西欧的继续深入。查理由于这一战功，名声大振，获得了"马特尔"（意为锤子）的称号。

像一座灯塔，用他渊博的知识引导人们走向智慧。他向查理曼和他的子民传授基督教文学、拉丁语和希腊语。这挽救了在欧洲绵延数年的战火中幸存下来的拉丁语和希腊语。

学习这些知识对查理曼来说是件轻而易举的事情，阅读对他而言再简单不过了，但说到写字，查理曼却很头疼。不知道你在学习写字的时候是不是也遇到了和查理曼一样的难题，我不知道你有什么方法解决这一难题，查理曼为了学会写字，就把写字本放在枕头下。每天一睡醒，他就从枕头下拿出本子，练习写字。查理曼是个勤奋的好学生，可是到头来，他还是只能写自己的名字，其他的字一个也不会。

查理曼开始学习时已经成年，如果你和他同班，那他会是你们班里年纪最大的。不过，他一生都未停下学习的脚步。为了不让所有的法国孩子都像他这样错过重要的早年学习，查理曼下了一道命令，规定每个修道院都要开办一所学校，当然，他自己的宫殿里也建有一座学校。

当你在家时，父母或许会让你学着做一些简单的家务，扫地、做饭、整理房间。你有时会觉得不耐烦，总想逃避？那么来看看查理曼的女儿们是怎么做的。

查理曼是尊贵的皇帝，他的女儿们都是高贵的公主，但是，却要像普通人家的女人一样，织布、缝纫、做衣服、煮饭。因为查理曼说，要养活自己，只有靠干活才行。你看，连公主都要干活，可

罗马帝国的法国皇帝

见学习基本的生活技能是一件十分重要的事。

我们曾经看到有些国王一顿饭会摆上许多美味的食物，尽管他们根本吃不了。他们也会用最昂贵的丝绸给自己做衣裳，但是查理曼不这样。这个统治庞大土地的皇帝十分节俭，吃的是粗茶淡饭不说，就连穿的衣服也十分朴素。

有一次，他为了让那些大臣们知道天天穿着绫罗丝绸是一件多么幼稚可笑的事情，就故意在暴风雨来临的时刻带他们去打猎。在森林里，暴风雨来了，大臣们华美的衣服被雨水打湿，被荆棘划破，丝绸长袍上沾满了泥土，狼狈至极。

虽然查理曼吃穿都很俭朴，但是他和其他喜欢建造华丽宫殿的皇帝一样，也喜欢把自己的宫殿建造得富丽堂皇。

查理曼的宫殿外有美丽的花园环绕四周。那里常年盛开着娇艳的鲜花；宫殿内部有专门的游泳池、剧院可供闲暇时消遣；由于热爱学习，在宫殿里建造一座图书馆对查理曼来说也是必不可少；宫殿里的家具也都华丽精致，甚至桌椅都是用金银来打造。

查理曼去世之后，罗马帝国再一次四分五裂，没有人能将它统一起来。

在查理曼生活的年代，遥远的巴格达有个哈里发，名叫哈伦。哈伦是伟大的领袖。他处事公正，所以人们称他为"指引正道者"，意思是说他是一个"公正的人"。

哈伦曾给查理曼送去很多珍贵的礼物，其中包括钟表和大象。

或许你会说："钟表？多么平常啊。"可是你别忘了，发明钟表的是阿拉伯人，而当时的欧洲，人们还是依据日晷和沙漏来判断时间，所以，当时很多欧洲人都没有见过钟表。可想而知，这个钟表让所有法国人觉得新鲜极了。至于大象，它同样震惊法国，因为他们从来都没见过这么大的动物。

哈伦经常打扮成普通人的模样，走到老百姓中间。为什么要这样做呢？因为他发现，当他穿着普通，把自己打扮成一个小老百姓的样子时，人们与他聊天时会显得更加轻松，而此时他也总能听到一些很中肯的意见或建议。所以，哈伦便经常乔装来到大街上、市场上，尽可能多地与人们聊天。通过这样的方法，他了解到人民的具体需要，然后根据这些意见来改革国家的管理方式。

阿尔昆

阿尔昆（约公元736—804年）英国学者，是一位僧侣。他曾被法兰克王国的查理大帝请到宫廷中，委以帝国的教育改组事宜。他劝导查理大帝在宫廷中设置学校，可以认为这就是巴黎大学的前身。他亲自编写数学课本，在学校里授课。他写的许多初等数学教科书在中世纪广泛流传。在他的思想影响下，当时法国和德国创办了一系列初等学校，为在中世纪普及数学教育做出了重要贡献。

爱学习的英国大帝

下面我们要来说说英国。现在的英国是一个联合国家，在世界上占据着重要的地位。每天的电视新闻里，一定会有一些关于英国的消息。但是，在很久很久以前，英格兰不过是座微不足道的小岛。

谁能想到，这个不起眼的岛国，最后竟然一度成为世界霸主呢？

下面我们要讲的故事，发生在查理曼大帝去世后大约100年，也就是公元900年。那时，英格兰的国王名叫阿尔弗雷德。

阿尔弗雷德小的时候很喜欢书本。那个时代，大部分的书都由修道士一笔一画抄写而成，他们用鲜艳的颜色将字母和图画描绘得异常美丽。这些漂亮的书深深吸引着阿尔弗雷德。阿尔弗雷德虽然爱书，但他却一点儿也不喜欢读书。因此，他总是无心学习。你知道，当你根本不喜欢一件事情的时候，比如，数学，要让你学会它就像吃药一样痛苦。

有一天，阿尔弗雷德的母亲拿着一本漂亮的书来到孩子面前。这本书好看极了，里面的字线与图画都用金色描绘而成，阿尔弗雷德一看便喜欢上了。这时，母亲对孩子说："我想把这本书送给你们，但我只有一本，所以，如果有谁能先读懂它的话，我就送给谁。"

阿尔弗雷德一听，一下便来了精神。在他看来，这就是一场比

阿尔弗雷德

  阿尔弗雷德 (849—899 年 10 月 26 日），是英格兰盎格鲁－撒克逊时期韦塞克斯王朝的国王，他也是英国历史上真正第一位称呼自己为"盎格鲁－撒克逊之王"的君主。由于其英勇的统帅臣民对抗北欧维京海盗民族的入侵，被后世尊称为阿尔弗雷德大帝,同时也是英国唯一一位被授予"大帝"名号的君主,他也被后人尊称为"英国国父"。

  他的生活细节被 10 世纪的威尔士学者和主教亚瑟记录下来。他是一个善于学习的人，鼓励教育，翻译大批古典名著，并编纂《盎格鲁－撒克逊编年史》，大力完善他的国家的法律体系和军队结构。他被一些天主教徒视为圣徒，但从未得到官方认可。英国圣公会尊称他为天主教英雄，并在他的忌日 10 月 26 日设立节日纪念他。他通常被描绘在英国教堂的彩色玻璃上。

爱学习的英国大帝

赛，只有自己胜利了才能得到书。于是，他开始努力学习。这是阿尔弗雷德第一次认真地学习。他的专注与努力很快便有了效果。他用最短的时间领悟了书的内容，最终赢得这本书。

我们原先说过，英格兰人是日耳曼族的一个分支。他们有一支同胞，是丹麦人。可是英格兰人与他们的丹麦同胞关系并不融洽。

英国被北海、英吉利海峡、凯尔特海、爱尔兰海和大西洋环绕，是一个海中央的国家。丹麦人经常从自己的国家越洋过来，登上英格兰海岸，掠夺城镇上的财物，只要是能带走的值钱东西，他们都会抢走，带回丹麦。这很像翻过农夫篱笆墙的坏孩子，他们跑到别人的地里，偷走别人的果实。这些丹麦人越来越猖狂。他们偷走英国人的东西之后并不急着逃走，反而住上几天，在城镇里大吃大喝。英国人把这些乘船来抢劫的丹麦人称为海盗。

为了对付这些海盗，英格兰的军队出兵征讨。可是，他们不但没能成功地教训这些为所欲为的海盗，反而成了海盗的手下败将。看起来，英格兰人再不振作起来的话，丹麦人兴许能一鼓作气征服英格兰，成为英格兰新的统治者。

在成年以后，阿尔弗雷德曾有一次带着士兵迎战丹麦。但国王的亲自指挥并没有给英国士兵增加多少好运，他们再一次败在了丹麦人手中。阿尔弗雷德的军队全军覆没。除了他以外，与他一起战斗的士兵没有一个逃出来。

失败的国王拖着疲惫的身体，一个人孤独地向前走去。这时，他来到一个牧羊人的小屋前，又饥又渴的他便想要些东西吃。阿尔弗雷德推开牧羊人的小屋。他看到女主人正在烤蛋糕，香味弥漫，引得他口水直流。于是他开口请求女主人，分给他一些吃的。

女主人看了看衣裳褴褛的阿尔弗雷德，并没有认出那是高贵的国王。于是便开口说：“我现在要去挤牛奶，如果你能帮我看住火的话，我就把烤好的蛋糕送给你。”这是一桩合适的交易，阿尔弗雷德答应了。

可是，阿尔弗雷德在炉火边坐下之后，就开始思考如何与丹麦人作战。他想得太认真了，以至忘记了饥饿，也忘记了炉火上的蛋糕。结果可想而知，蛋糕烤煳了。当女主人回来的时候，她非常生气，便大声地责备阿尔弗雷德，然后毫不留情地将他赶走。就这样，英国国王被赶出了屋子。

为了打赢丹麦人，阿尔弗雷德思考了很久。最后，他认为，只有靠水战才能彻底打败丹麦人。于是，他开始建造属于自己的战船。一段时间之后，他拥有了一支强大的舰队，其中的战舰要比丹麦人的更好更大。

只是战舰太大了，当它在浅水航行的时候，水的浮力根本没有办法托起战舰的巨大重量。因此，它们在浅水中就像笨拙的大象一般行动迟缓，一不小心还有搁浅的危险，而丹麦人的小船在浅水中却能灵活自如地活动。不过，一到深水区，丹麦人的船可就一下子失去威风。深水稳稳地托举着阿尔弗雷德的巨大战舰，它们显出极大的优势，发挥了巨大的威力。威力究竟有多大呢？这么跟你们说吧。这支海军是英格兰历史上的第一支海军。在以后很长一段时间内，英格兰的海军都是海上世界的霸主。

与丹麦人相持多年之后，英国人与丹麦人的矛盾始终没有得到解决。阿尔弗雷德认为，既然武力解决不了问题，那么就跟丹麦人定下协议，双方共同遵守，这样或许是解决问题的最好方法。于是，阿尔弗雷德向丹麦人承诺，英格兰会给他们拨出一块土地居住，当然，前提是丹麦人愿意老老实实地过日子，从此不偷也不抢。

这样的提议显然不错，丹麦人接受了阿尔弗雷德的建议。从此，丹麦人便在阿尔弗雷德给他们的土地上平静地生活。后来，丹麦人渐渐融入英国社会，丹麦的女人嫁给英国男人，英国也有女人嫁到丹麦来，最终英格兰人和丹麦人变成了同一个民族。现在，人们再也不知道，哪些人的祖先是丹麦人，哪些人的祖先是英国人。

阿尔弗雷德是一个公正严厉、赏罚分明的国王。在统治期间，他制定了非常严格的法律，对犯罪的人进行十分严厉的惩罚。正是因为这些严厉法律的施行，当时英格兰的治安很好。与此同时，阿尔弗雷德还非常注重教育。他效仿查理曼大帝，在宫廷内建设学校，让孩子和不识字的成年人接受教育。

阿尔弗雷德在位期间，所做的事可不只这些，他还发明了一些实用的东西，用来计时的蜡烛钟就是他的发明。前面讲过，100年前人们看到哈伦送给查理曼大帝的钟表时，都惊讶异常，因为当时欧洲并不像现在一样，几乎人人家里都有钟表。阿拉伯人的钟表令欧洲人吃惊，而阿尔弗雷德创造性的发明也受到了英格兰人民的广泛追捧。

阿尔弗雷德发现蜡烛在燃烧时速度基本一致，那么，为什么不依据蜡烛燃烧的长度来计算时间呢？于是他仔细地观察蜡烛的燃烧，蜡烛每燃烧一小时，他就在上面做上记号，这样就变成了"蜡烛钟"。在玻璃还比较稀缺的年代，为了避免蜡烛被风吹灭，阿尔弗雷德想了一个很巧妙的方法，那就是把蜡烛放在一个由牛角片做成的小盒子里。这样既透光也不会被风吹灭。

与现在这些尖端的发明和高科技比起来，阿尔弗雷德的这些发明实在算不上什么。可是，在那时却很了不起，因为当时的英国人和欧洲其他的日耳曼部落，在文明程度上与阿拉伯的先进技术相比，顶多算是一个刚刚接受启蒙的孩子。

你一定喜欢这样的童话结尾：从此，公主和王子在城堡里过着幸福的生活。童话里的王子和公主生活在城堡里，现实中的王子与公主同样生活在城堡里。只不过，现实中城堡里发生的故事或许没有童话里那样美丽动人。

罗马帝国覆灭之后，人们开始不停地在破碎的领土上修建城堡。接下来的几个世纪，人们一直在修建这种高大坚实的建筑，一直到14世纪，才渐渐停止。那时，城堡几乎遍及欧洲的每一个角落。人们在那里居住，城堡就是他们的家，也是抵御外敌的坚固堡垒。

或许你会问，那时的人们为什么会想要修建城堡呢？他们都是如何建造这些宏伟建筑的？这个还要从公元476年，罗马帝国的崩

爱学习的英国大帝

童话大师安徒生

丹麦除了海盗，还有童话。你一定已经想到了，童话大师安徒生。

1805 年 4 月 2 日，丹麦菲英岛欧登塞的贫民区里出生了一个男孩儿。他受父亲和民间口头文学影响，很小便喜欢上了文学。不过，他后来爱上了舞台，曾想过要当一名演员。

男孩儿 14 岁时，来到首都哥本哈根。1822 年，这个男孩儿将一部名为"阿芙索尔"的剧本给几位评论家送了过去，这是他自己写的剧本。虽然，它很不成熟，韵律不齐，语法错误，而且他的这个举动显得很冒失。不过，正是这个冒失的举动，让世界认识了这个男孩儿的才华。

于是，皇家艺术剧院决定将他送进斯拉格尔塞文法学校和赫尔辛欧学校免费就读。5 年后，男孩儿升入哥本哈根大学，但是毕业后他却始终没有找工作，一直靠写童话赚稿费维持生活。

他一生坚持不懈地进行创作，一共写了 168 篇童话和故事，他的作品被译成 150多种语言和文字，他的童话作品充满了诗意美和幽默，将一个个美丽的梦送进人们的心里。人们记住了这位世界童话之王的名字——安徒生。

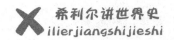

溃开始讲起。

当强盛一时的罗马帝国变得四分五裂，人们就像看见一块没有主人的美味大蛋糕，谁都想来分一块。于是，这片土地又燃起了战火。人们不断地进行战争，当实力强大的国王或亲王战胜敌人之后，便会获得大量土地与财富。这些人在胜利后，并没有忘记犒赏与自己并肩作战的部下。于是，他们从所获得的财富中分出一部分给部下作为奖励。这时，土地成了最好的奖品。

国王或亲王将征服的土地分给部下，这样一来，得到土地的人就成了这一地区的领主。有时，领主又会将这些土地分成几份，分给自己的属下。有一个专用名词来形容这种土地分配制度——封建制度，这是历史上很重要的一种制度，希望你把它牢牢记在心里。

我们把得到土地的人称为领主或贵族。谁分给他们土地，领主或贵族就必须对谁效忠。他们每年都要去到国王、亲王或者其他贵族处，跪在他们面前，郑重宣誓，他们将忠于自己的领主，随时准备为领主效命。这就是著名的"宣誓效忠"。

现在，领主或贵族有了自己的土地，但是，总有其他领主或贵族想从他们手里把土地夺过去，所以领主或贵族必须想办法保护自己的土地，于是，城堡就这样修建起来了。

如果你要到一座城堡去，那么一定要准备一双质量不错的鞋，因为城堡通常都建在山顶上，你得花很长时间才能抵达。人们建造城堡选择山顶而不是平坦的地方，是因为这样易守难攻，城堡里的人能够更好地进行防御。

在城堡外面，通常有一条河，也就是护城河，它能起到很好的保护作用。如果敌人想要跨过护城河，城堡里的人就会用石头砸，或者用沥青来泼他们。但实际上，敌人很难通过护城河。虽然在护城河上有一座吊桥通向城堡入口，但是只要敌人来了，吊桥便会收起来。即便有时人们来不及收起吊桥，那也不用担心，在城堡入口处有一道坚固的铁闸门，战争到来时它就会被关闭，这样一来，敌人就无法进入城堡了。

或许你会问，难道除了这个入口之外，就没有其他入口了吗？敌人会不会从其他入口进入城堡呢？当然不会。首先，城堡是用坚硬的石头建造的。厚实的城墙通常有3米多厚，外面的人几乎不太可能在这些厚实的墙上开洞；其次，城堡的墙上也没有窗户，只有一些又细又长的缝儿，人根本无法从这里钻进去。城堡里的战士可以从缝里向敌人射箭，而敌人想要把箭射进这样的细缝里可是太难了。

要攻打这样的城堡，真的一点儿也不容易，但是想要夺取土地的人可不会就这样轻易放弃，仍然有很多人为了土地和财富乐此不疲地攻打城堡。为了把箭射进高高的城墙，他们会修建带轮子的高大箭楼；为了避开护城河来到城墙下，他们会在城堡下方打通地道；为了捣毁城堡坚实的城墙，他们会给自己配备坚硬的破城槌；为了打击城堡内部的士兵，他们还会用投石器将石头扔进城墙内。为什么不用大炮？因为那时还没有发明大炮。

除了防御的功能外，城堡还是人们生活的地方。在没有敌人进攻的时候，城堡里的男人会到城堡外的土地上耕种。土地上产出的粮食是城堡日常的食物来源。通常人们会将一部分粮食储备起来，一旦战争爆发，他们就会带着自己的粮食、牲畜和财产躲到坚固的城堡中去，等待战争结束。这样，即便战争打个一年半载也没有关系，因为他们有足够的粮食。为了能够在战争开始时容纳足够多的人、粮食和牲畜，城堡通常都修建得宏伟巨大。如果进去的话你会发现，那简直就是一座用城墙围起来的小城镇。

城堡里有很多小屋子，有些用来住人，有些用来养牲口，还有的被用作厨房和储存室，有些城堡里还建有教堂和礼拜堂。城堡里有一个名为"要塞"的地方，它是整座城堡里最大、最好，也是最坚固的房子，领主就住在里面。下面我们就来看看，领主的房间是什么样的，先到他的大厅去看看。

大厅是要塞中最主要的地方，人们在这里吃饭。吃饭时，大家用木板搭建起又长又宽的桌子，用餐结束后再将木板收起。这样，餐厅就变成了客厅，领主便可以在这里会见客人。

当时的人们用餐礼仪很差，在餐桌上一般看不到任何餐具，人们直接用手抓饭。吃完后，他们就舔舔手指，或者把脏手放在衣服上蹭蹭了事。一顿饭吃完，地上满是骨头和食物的残渣。狗会在用餐的时候跑进餐厅，啃食人们随手扔在地上的东西。有时，仆人会在晚餐后给一些想要洗手的人送来水和毛巾，只是不知道他们会不会清洗地板。

爱学习的英国大帝

温莎城堡

　　现在，大多数城堡都变成了博物馆和观光景点对游人开放，比如温莎城堡。如果你有兴趣去那里参观，那么最好先了解一些关于它的历史。

　　温莎古堡是英国王室的行宫之一，你必须坐车到伦敦西面32公里的温莎镇上才能看到它。这座古堡的历史可以追溯到11世纪。当时的英国国王威廉一世在伦敦郊区建造了9座大型城堡，温莎古堡就是其中最大的一座。公元1110年，英国国王亨利一世在这里举行朝觐仪式后，温莎古堡就正式成为宫廷活动场所。

　　古堡分为东、西两大部分。东面是王室成员的住宅。那里餐厅、画室、舞厅、觐见厅、客厅、一应俱全。如果你从泰晤士河登岸进入温莎古堡的话，那么你就来到了西面。这里有著名的圣乔治教堂。王室会在教堂内厅举行宗教仪式，而且英国的最高荣衔，嘉德骑士勋章获得者每年都要在这里朝觐国王。

　　除了圣乔治教堂外，艾伯特教堂也是十分重要的地方。教堂内设有艾伯特亲王纪念塔。艾伯特亲王是维多利亚女王的丈夫。其实，艾伯特教堂所在地原本要作为亨利七世的墓地，但是，维多利亚女王把这里建成了安放艾伯特亲王遗体的墓地。实际上，18世纪以后，英国历代君主的陵墓都在温莎古堡里。

晚饭后是人们的休闲时光，一家人在饭后聚在一起，听吟游诗人在星光下唱歌。你们还记得吟游诗人吗？我们曾说过荷马是非常著名的吟游诗人。古希腊时期有吟游诗人，中世纪同样有很多。他们此时依然到处流浪，弹琴唱歌，给人讲故事，同时赚些钱养活自己。

女人在城堡内主要从事一些日常事务，她们负责做饭、纺线、织布，此外还要监督和安排仆人的工作、帮助照看牲畜，非常忙碌。当战争爆发，男人在外打仗时，种植粮食、养家糊口的重任就落到了女人身上。很多时候，城堡里的女人因为战争失去丈夫，成为了寡妇。她们此时就要承担家里的全部工作。

领主和他的家人十分富有，在城堡里过着上等人的生活。但是，他们往往都很吝啬，不愿意给平民提供更多的回报。城堡里的平民生活在领主租给他们的土地上，付给领主大量的赋税；如果战争爆发，他们还要无偿为领主打仗。

这些可怜的人辛苦耕种一年，却要将收获的大部分粮食奉献给领主，养活领主和他的家人，而他们自己却住在破烂的小木屋里，睡在稻草上，穿着同一套衣服干活、睡觉。

他们是领主的农奴，有些不堪折磨会选择逃跑，如果躲过追捕一年零一天，那么他们就将获得自由，但是成功的人很少。大多数逃跑的农奴都被抓回去，不得不面对极其残酷的刑法：或是鞭打，或是烙铁，或是砍断双手。总之，在那个时代，领主掌握着农奴的生杀大权，他们可以对农奴为所欲为。

骑士炼成记

一说到骑士，男孩儿们或许要兴奋起来。我知道，你们中有很多人曾经幻想着当一名英勇的骑士，穿着威武的铠甲，举着锋利的宝剑，与强大的敌人作战。但是，骑士可不是谁都能当的。成为一名合格、出色的骑士要经历许多考验。下面，我就来给你们讲讲怎样才能成为一名合格的骑士。

在中世纪，有一个时代叫"骑士时代"。也就是我们在上一节里讲到的那个时代。实际上，骑士时代也是绅士与淑女的时代。绅士和淑女其实就是领主和他们的家人。但是，绅士与淑女只是少数，大多数都是平民。

当时的平民可不像我们今天这样，拥有许多权利，他们的权利可要少很多。他们不上学，倒不是不想上学，而是他们一年到头都要不断地干活、干活。除此之外，他们什么也不能做。

但是，如果一个人幸运地出生在领主家庭，那情况就完全不一样。领主的儿子要接受严格的教育，但是，他们每天的学习内容，也不过是如何做一个绅士以及如何成为一个优秀的将领，读书、写字根本不是他们感兴趣的事情。

当时，几乎所有领主的儿子都有相同的成长经历：7 岁之前，跟随母亲生活。7 岁那年，做贵族跟班，也可以称之侍童。这时，他要给城堡里的女士做些杂务，比如，送信、跑腿、伺候用餐等。不过，仅仅做好这些还远远不够。他们在侍奉女士的同时，还要学习骑马，学会各种礼仪，以便自己将来成为一个勇敢、有礼貌的人。

比如，他们要学习遇到女士时有礼貌地表达自己的友好：当一位绅士遇到女士时，要脱下头盔以示友好。这个动作其实向女士传达了这样的信息：我相信你，在你面前我不需要保护自己。现在，男士见到女士之后脱帽行礼的习惯就来自这里。

侍童的生活要一直持续到他们 14 岁才结束。到了 14 岁，他们会成为侍从，也要做 7 年，直到 21 岁。侍童要服侍城堡里的女士，而侍从则要服侍城堡里的绅士，照料他们的马匹，跟随他们到战场上去做后勤——是的，侍从到战场上去并不是为了打仗，而是为绅士们准备备用马匹和武器。

侍从时期对一个男孩儿来说十分重要，因为他的表现直接决定着他能不能在 21 岁时参加一个十分重要的仪式。这个仪式很神圣，只有表现优秀的侍从才有资格参加。但是，他们在参加仪式之前还有一件很重要的事情要做。你一定想不到——其实就是洗澡。

为什么洗澡如此重要？因为那个年代人们很少洗澡，有些人好几年也不洗一次。所以，洗澡的意义非同一般。

洗过澡的男孩儿还需要在教堂里做整整一夜的祷告。祷告之后，他要站在众人面前庄严宣誓，发誓终其一生都要勇敢善良、保护弱

骑士炼成记

小、尊重女性等。

宣誓完成之后，领主来到他身前，在他的腰间系上一根白色的皮带。同时，领主让人在男孩儿的靴子上系上金色的马刺。接着，男孩要跪下来。此时，领主抽出一把宝剑，用剑背拍打他的肩膀，大声宣布：这个男孩儿从今天开始被册封为骑士。

至此，一个真正的骑士诞生了。

骑士走上战场时，往往头戴钢盔，身着盔甲，全副武装。他们的盔甲用铁环和钢板制成，坚硬无比，可以抵挡敌人锋利的箭和矛。他们的战袍上通常会有一些标记，比如，盾形纹章。这些标记是怎么来的呢？

骑士在打仗的时候被盔甲裹得严严实实，因此，他们通常分不清站在自己前面的究竟是敌人还是战友。为了把自己人和敌人区分开，他们就在盔甲上做上标记。现在如果有机会看到骑士的战袍，你会在上面发现狮子、玫瑰或十字架之类的图案，现在你应该知道，它们不仅是装饰物，还是标记。不同的图案代表着不同的军队。

不同的国家都会有不同的比赛或者运动，人们在锻炼身体的同时享受比赛带来的快乐。就像希腊人有奥林匹克运动会，罗马人有战车和角斗士比赛，而骑士通常会举办比武大会。

骑士比武时，不跑步，不跳高，也不像摔跤手那样用拳脚解决问题，他们使用属于骑士的方式。

骑士比武的场地是个长方形，双方骑在马上，手中举着长矛，

身披铠甲，全副武装地站在比武场的两端。别担心，长矛的尖端都
已经用东西包住，不会使比赛的骑士受伤。

比赛开始，双方骑着马从赛场两端同时出发。他们举着长矛，
飞快地向对方冲去，近了，他们的长矛瞄准对手……随着两个骑士
的长矛相接，比赛进入高潮。观众们吹着喇叭，喊着自己支持的骑
士的名字，气氛热闹极了。比赛中，先从马上跌下来的一方就是输
家，而胜利者将与另一轮比赛中的赢家继续比武。

骑士一路过关斩将，如果有谁战胜参加比赛的所有人，那么他
就是冠军。冠军得到的奖品很特殊—— 一位女士亲手制作的缎带。
这根缎带的意义可一点也不比温布尔登网球公开赛的冠军奖杯小。

除了比武大会之外，骑士还非常喜欢打猎。这项运动可不是骑
士的专属，很多女士也很喜欢。

骑士在打猎时会带着猎狗，有时也会带着受过训练的猎鹰。猎
鹰主要用来捕捉各种鸟类。骑士先在猎鹰的头上蒙一块布，然后将
猎鹰拴在他们的手腕上。当空中出现自己中意的鸟类时，他们就拿
掉猎鹰的头套，解开它的链子。猎鹰是一种十分凶猛的鸟，速度很
快，行动很敏捷。它把猎物带回来以后，骑士会重新给它戴上头套。
猎鹰捕猎的本领可不比猎犬差，它们除了能捕捉到鸟之外，捕捉其
他小动物也是手到擒来。只不过，对于英勇的骑士而言，捕鸟显得
有些无趣，他们更喜欢猎野猪。因为在他们看来，作为男人，就应
该猎杀这种危险的动物。

有野心的威廉

　　最近我们总在讲一些令人激动的故事，城堡、骑士，接下来还有——海盗。我想你也曾扮过海盗与自己的朋友玩闹。你可知道，曾经有个海盗做了国王吗？下次再玩的时候，你可以把我今天讲的关于海盗国王的故事讲给小伙伴们听。

　　我们先从英国的阿尔弗雷德国王给丹麦人划出土地让他们定居说起。你一定还记得这个故事。丹麦人在阿尔弗雷德给他们的土地上安顿下来后，渐渐地成为了基督徒，不再到处抢劫。但是，他们的同族维京人却仍然做着与原来一样的事。

　　维京人捣乱的地方在法国海岸。法国国王头疼不已。后来，他学英国的阿尔弗雷德国王，给维京人画了一块地。我们可以在地图上找到这块地，千百年来它一直都是这个名字——诺曼底。

　　维京人愿意在诺曼底安定下来不去骚扰法国人，但是他们毕竟收了法国国王的土地，所以，依照法国人的惯例，维京人的领袖必须去亲吻法国国王的脚，以示感谢和敬意。

　　但是，维京人的头领罗洛是个勇敢骄傲的人，他觉得要去亲吻国王的脚是一件很没面子的事，于是他派一个手下代替他去做这件事。可是，在行礼时，这个不情愿的手下把国王的脚抬得太高了。

法国国王一个没坐稳，连人带椅重重地向后摔了过去。

维京人在诺曼底住了下来，并且也成了基督徒。公元1066年，罗洛的孙子威廉公爵成为诺曼底的统治者。他体魄强健，意志坚定。据说，他的射箭技艺也非常高超。他射出的箭又远又准，非常有杀伤力，而他用的弓除了他自己，没人能拉开。

威廉的执政手段非常强硬，虽说威廉和他的人民都是基督徒，但是他们并不按照基督徒的准则行事。"强权即是公理"是威廉的信条，因为他的祖先是海盗，所以他直到现在仍然像海盗一样，想要什么就抢什么。

威廉并不满足于只做一个公爵，他眺望英国，那里与自己的领地之间只有一条海峡，他告诉自己，一定要成为英国国王。威廉给自己夺取王位的想法找了一个理由：当时的英国国王爱德华是他的表兄弟，他完全有理由去争夺王位。于是，他开始寻找机会。

有一天，人们在诺曼底海岸救起一个遭遇海难的年轻人，并把他送到威廉那里。威廉看到这个年轻人后，高兴得笑了，他知道自己的机会来了。原来，这个年轻人正是英国王子，威廉的侄子哈罗德，也就是英国未来的国王。威廉决定好好利用这次机会。

于是，威廉对哈罗德说："如果你想要安全回国，那就得保证在你做国王时，把英国送给我。"哈罗德无奈之下答应了威廉的条件。为了让哈罗德遵守这一信约，威廉让哈罗德把手放在祭坛上发誓。

哈罗德发完誓之后，威廉揭开祭坛的顶板。哈罗德看见，祭坛

有野心的威廉

下面放着基督教圣徒的骸骨。这下哈罗德知道，自己无论如何都不能违背自己的誓言。因为在圣徒骸骨面前许下的诺言，神圣不可改变。哈罗德是基督徒，他担心违背自己的誓言，将会受到上帝的惩罚。

威廉把哈罗德放回英国，信心满满地等着做英格兰的国王。但是，当哈罗德即将继承王位时，英国人民却不愿意把英国交给贪婪残暴的威廉。而且哈罗德自己也说，当时发誓完全是被逼的，不能当真。

威廉做英格兰国王的愿望瞬间又化为泡影，愤怒的他大喊自己受骗了。既然如此，他决定用武力解决问题，于是他立刻召集军队，穿过海峡，誓要从哈罗德手里抢到英国。

哈罗德似乎总是遇到同样的问题，在威廉之前，哈罗德有一位兄弟集结军队来争夺王位。刚刚与自己的兄弟打了一仗的哈罗德，又不得不面对另外一位窥视他王位的亲戚。

威廉带着他的军队来到对岸，可是当他上岸时，一个不小心，

维京人的海盗船

细长优雅的线条充满速度感，且能耐长久的航行，排水量大，故当年能雄霸于北海及大西洋，1883年成功地航行于挪威与美洲大陆之间的船只，即依此船而建造的。

头朝下栽倒在岸边。所有人都吓坏了。他们的首领刚到对方的土地，就摔倒了，难道这预示着他们注定打败仗吗？

正当所有人都开始犹豫、退缩的时候，反应迅速的威廉成功地将这一凶兆化作吉兆。原来，他在摔倒的一瞬间抓了两把泥土。然后，他不慌不忙地站起来，高举着双手，告诉士兵，这个跟头让他的手中握满了对方土地上的泥土，这意味着他可以得到整个英国的土地。

战争开始了。

哈罗德带着他的士兵进行了英勇的战斗，为了保卫家园，英国人拼尽全力与威廉的部队殊死搏斗。在英国人的强势进攻下，威廉的军队节节败退，眼看英国人就要取得保卫家园的胜利。

一天，英国人发现，敌人的军队开始撤退，他们四处溃逃，狼狈不堪。英国人被胜利的喜悦冲昏了头脑，他们兴奋地追打着落败的敌人，连队形都顾不上，一路散乱地向前。

突然，敌人像是得到了信号，他们掉转方向，杀了过来。英国人大吃一惊，无论如何也没想到竟会发生这样的事。英国人慌慌张张地重新调整队形，但是已经来不及了，队形还没调整好，就被威廉的军队击败了，国王哈罗德的眼睛被一箭射穿。这就是英国历史上最著名的战役之一——黑斯廷斯战役。

随后，威廉的军队一直攻到伦敦。1066 年圣诞节这一天，威廉终于实现了自己多年的愿望，坐上了英国国王的宝座。他就是被称为"征服者威廉"的威廉一世，而助他实现梦想的这次事件，就

有野心的威廉

是著名的"诺曼征服"。在这之后，英国国王的谱系也被改写。出身海盗的诺曼底家族，成了英国国王谱系中的新成员。

威廉像分馅饼一样把英国的领土切成大大小小若干份分给自己的手下。得到土地的手下便成为英国本土的贵族，纷纷在自己的领地建造城堡，并发誓永远效忠威廉一世，随时为他而战。威廉也在伦敦的泰晤士河旁边，尤利乌斯·恺撒和阿尔弗雷德大帝曾经建造城堡的地方，为自己建造了城堡。这座城堡一直屹立到今天，也就是泰晤士河边有名的"伦敦塔"。

威廉非常精明，他曾经派人详细调查和收集了英国的所有土地、人口和财产状况，并一一记录。这些记录非常详细，生活在那里的每个人的姓名、他们拥有多少土地、多少房产，甚至养了几头牛、几只猪都被记下来。这与一些国家每十年进行一次的"人口普查"类似，这份记录后来被称为《英国土地志》。如果今天的英国人想

维京人

在英语中，"维京人"写作"Viking"，意思是"来自峡湾的人"。但是，现在欧洲人说起这个词的时候，通常指的是海盗。在公元800—1066年之间，斯堪的纳维亚人在大西洋上进行海外贸易，同时进行殖民扩张。在欧洲其他地区的人看来，维京人是吃苦耐劳的商人，但更多地，他们是强盗。正是他们攻击了欧洲大陆的修道院、村庄，劫掠其他民族的渔船、商船。维京人的探险与开拓，伴随着侵略与掠夺。

了解他们的祖先拥有多少财产的话，还可以去翻翻这本书。

威廉统治英国的时候，创立了一些制度，例如"宵禁"。这一制度规定人们必须在晚上钟声响起时回到家里，关灯休息。这使得英国夜晚安全多了。

威廉把英国治理得井井有条，但是酷爱打猎的他做了一件事，让英国人异常愤怒。当时，伦敦附近并没有好的打猎场。于是，威廉便把大量村庄、农田都毁坏，然后种上树，把那里变成森林。这个森林现在还在，名为"新森林"。虽说已经有九百多年的历史，但人们还是习惯性地称它为"新森林"。这个曾经的英国皇室狩猎场，如今已成为英国国家公园。

虽说威廉是海盗的后代，但在他的治理下，英国确实日渐强大。生活在这里的人从此以后，再也没有被其他人征服过。

在那太阳升起的地方

现在，拿出你的地球仪，我们要来讲讲神秘的东方，也就是太阳升起的地方。

先找到英国，然后把地球仪向左转，你会看到意大利、耶路撒冷。继续转，越过底格里斯河与幼发拉底河，然后是波斯。穿过波斯，就是我们的目的地——中国。

中国的历史非常悠久。很早很早以前，人们便在中国定居生活。但是，古时候交通不发达，因此，欧洲人一直都不知道，生活在那里的人究竟是谁，他们如何生活，那片土地上到底有些什么。直到公元 13 世纪，这种情况才开始改变。

当时，中国北方的蒙古族人成吉思汗，机智顽强、骁勇善战，拥有一支由英勇的鞑靼人组成的精锐部队。与历史上所有强大的君王一样，成吉思汗同样想征服世界。他率领英勇的部队征服了从太平洋一直到欧洲东部的土地。然后，他满足了。因为这一时期的中国，比罗马帝国和亚历山大建立的帝国都要大得多。

成吉思汗去世以后，他的儿子就像父亲一样勇猛。他们重新迈开征服世界的脚步，继续攻占更多的领土。到了成吉思汗的孙子忽必烈这一代，事情有了些许不同。在接管庞大的帝国之后，忽必烈没有像他的父辈那样四处攻占领土，而是注重国家的治理。

忽必烈把帝国的都城定在一个名为北平的地方，现在，我们把那里叫作北京。他在北平城里修建了一座宏伟的宫殿，金碧辉煌，华美壮观至极，甚至比所罗门王居住的宫殿还要豪华。

在忽必烈统治中国的时候，意大利北部一座名为威尼斯的城市里生活着尼科洛·波罗和马泰奥·波罗的兄弟。

兄弟俩知道，世界上除了意大利之外，还有很多其他国家。他们的愿望是，到世界各地去看看，见识不同的国家、不同的民族。于是，兄弟两人朝着太阳升起的方向出发了。

他们一直向东走，穿过沙漠，翻过高山，看到了许多从来没有见过的人和事。最后，他们来到中国。尽管几年来的旅行已经让他们增长了见闻，但是，当看到忽必烈的巍峨宫殿和美妙绝伦的皇家园林时，他们依然被惊得说不出话来。

成吉思汗

孛儿只斤·铁木真（1162年5月31日—1227年8月25日），蒙古帝国可汗，尊号"成吉思汗"，意为"拥有海洋四方"。世界史上杰出的政治家、军事家。1206年春天建立大蒙古国，此后多次发动对外征服战争，征服地域西达中亚、东欧的黑海海滨。1227年在征伐西夏的时候去世，之后被密葬。

在那太阳升起的地方

当听说有两个长相奇特的外国人出现在宫殿外时，忽必烈觉得很好奇。他决定见见这两个人。于是，兄弟俩被带到忽必烈面前。

兄弟俩很会讲故事，他们给忽必烈讲自己的国家，将那些风土人情生动地展现在忽必烈眼前。忽必烈从来没有听说过这些事，因此他对兄弟两人描述的世界产生了浓厚的兴趣。

波罗兄弟在中国待了很多年，他们很喜欢这个古老的国家。但是，离开家太久，总是会思念故乡，于是波罗兄弟回到了家乡威尼斯。

很多年过去，忽必烈日夜盼着波罗兄弟能够再次到来，向他讲述那些奇妙的旅行见闻。终于在1271年，波罗兄弟回来了。这次跟着他们一起来的，还有哥哥尼科洛10岁的儿子马可。

这次，忽必烈不舍得放他们走，他实在太喜欢听兄弟俩讲的奇闻趣事了。为让他们留下来，忽必烈给兄弟俩送去许多珠宝，还让他们帮助自己治理国家。波罗兄弟果真留了下来，成了在中国举足轻重的人物。

时间过得很快，转眼间20年过去，波罗兄弟实在太想念自己的国家，他们觉得该回去看看自己的亲人。于是，他们再一次告别对他依依不舍的国王，踏上回家的路。可是，因为离家太久，当他们经过长途跋涉，衣衫褴褛地出现在家乡人面前时，已经没有人知道他们是谁，甚至连亲戚朋友都不敢相信，他们就是20年前的威尼斯绅士。兄弟俩在中国的时间太长，以至于说话、做事都变得很像中国人。在威尼斯人眼里，他们就像外国人一样。而当兄弟俩把

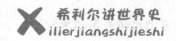

他们在中国的经历告诉人们时，大家却都认为他们一定是疯了才会
说这样的胡话。没有人相信他们的故事。直到兄弟俩拿出忽必烈送
给他们的奇珍异宝，人们才相信，原来真的有一个国家遍地黄金，
富饶得能与罗马帝国相媲美。

后来，马可·波罗把父辈的故事以及他在异国的见闻讲给一个
人听，这个人把这些奇闻趣事记录下来，写成一本书，名为"马可·波
罗游记"。当然，为了能让自己的故事更吸引人，马可·波罗夸大
了一些事实。如果你在这本书里看到，竟然有一只鸟驮着大象飞到
天空，那你大可不必相信，因为那很有可能只是马可·波罗的夸张
说法。

指南针和火药

　　魔针和魔法药粉是魔法世界最常出现的东西。它们在巫师的使用下，展现出神奇的魔力。这么有意思的东西似乎只能在童话里出现，但是在马可·波罗生活的那个时代，却真的有人在现实中使用，只不过使用他们的人并不是巫师。这又是怎么一回事呢？

　　事情发生在马可·波罗回到威尼斯以后。

　　当时，有许多人从遥远的东方来到欧洲。他们大多是商人，还有一些是水手。这些人走南闯北，到过许多地方。他们每到一个地方，便会把当地出产的新奇东西带到旅程的下一座城市。于是，中国的一些新奇事物也便随着这些商人和水手被带到欧洲，其中就包括我们说的魔针和魔法药粉。

　　我们先来说说魔针。它简直不可思议，把它放在一根稻草上或者托住它的中间部分，那么它可以一直指向北方。无论你用多大力气转动它，它都不会改变方向。中国人把这种魔针装在一个盒子里，制成一种名为"罗盘"的东西。人们也称呼它为"指南针"。水手们特别喜欢这件神奇的东西。

　　要知道，在海上航行，水手就像被蒙住双眼的孩子一样。如果你把眼睛蒙住，然后在原地转好几圈，接着让你往门的方向走，你以为自己走对了方向，但其实不一定朝哪边撞去了。因为人在转了几圈之后，很难在短时间内找对方向。水手在海上正是如此。

当然，在天气好的时候，水手能通过太阳和星星的方位来判断方向；可一旦天气变坏，天空乌云密布，太阳和星星都不见踪影，这时水手就会迷航。当时，水手都不敢把船驶向大海更远处，只敢在看得见海岸的范围内航行，因为他们怕一旦迷失方向就再也找不到回家的路。

但自从发现指南针，水手就再也不怕迷路了。即使遇到雷雨交加、乌云密布的天气，无论狂风如何狂暴地摇动他们的船，指南针都始终坚定地指着同一个方向。因此，即便看不见太阳和星星，水手也能坚持航行，而且能够始终朝着正确的方向前进。

阿拉伯的水手把指南针带到了欧洲，欧洲人惊奇无比，但是欧洲的水手都非常迷信。他们认为这种小针能够一直指向北，肯定是被施了魔法。他们害怕一旦用了它，就会有厄运降临。因此，很长一段时间，欧洲的水手们都不敢使用指南针来航海。

接下来讲讲魔法药粉，其实也就是火药。公元1300年之前，欧洲人打仗使用的武器一直是弓箭、刀、矛或者斧头等，并不像现代战争中，人们使用机枪、大炮和手枪这类东西。所以，当时的士兵，只要穿着铠甲就能够对身体起到保护作用。但是，铠甲却在火药出现后彻底失去了作用。因为火药从遥远的中国被带到欧洲以后，人们将火药放进枪、炮里，即使远在千里以外，它也能将敌人炸得粉

指南针和火药

身碎骨。人们利用大炮，甚至可以摧毁最坚实的城墙。100多年过去，枪炮彻底取代弓箭等其他武器，成了战争的主要武器。而且，火药也让战争变得比以前更加可怕，更加残酷。

把指南针和火药带到欧洲的其实是阿拉伯水手，但是由于这两件神奇的物品是在马可·波罗回到威尼斯以后才出现在欧洲，所以，曾经在很长一段时间内，人们都把传播指南针和火药的功劳归给了马可·波罗。

但是，不管是马可·波罗还是阿拉伯人把火药带到欧洲，可以肯定的是，亚洲人发明了火药。实际上，火药并不是一出现就被当作武器使用，而是经过很长时间，人们才发现可以将火药制成强大的、具有极强毁坏性的武器。

罗盘

罗盘，又叫罗经仪，是用于风水探测的工具，理气宗派常用的操作工具。罗盘主要由位于盘中央的磁针和一系列同心圆圈组成，每一个圆圈都代表着中国古人对于宇宙大系统中某一个层次信息的理解。

中国古人认为，人的气场受宇宙的气场控制，人与宇宙和谐就是吉，人与宇宙不和谐就是凶。于是，他们凭着经验把宇宙中各个层次的信息，如天上的星宿、地上以五行为代表的万事万物、天干地支等，全部放在罗盘上。风水师则通过磁针的转动，寻找最适合特定人或特定事的方位或时间。尽管风水学中没有提到"磁场"的概念，但是罗盘上各圈层之间所讲究的方向、方位、间隔的配合，却暗含了"磁场"的规律。

探险家哥伦布

　　如果你喜欢冒险，爱听探险故事，那么读一读《马可·波罗游记》会是个不错的主意。或许你会像哥伦布那样，因为这本书打开一个新世界。

　　哥伦布出生在一个名叫热那亚的地方。那是意大利北边的一座城市。我先来教你如何在地图上快速地找到它：在意大利靴子形状的领土上，热那亚就位于"靴子筒"的最上方。热那亚是个港口城市，经常聚集着来自世界各地的许多水手。小时候，哥伦布最爱做的一件事情，便是到码头上听水手讲历险故事。那些奇妙的见闻深深地吸引着小哥伦布，于是他从小便立下志向，将来一定要成为一个水手，到人们口中那些神奇的国度去看一看。

　　在当时，孩子都爱读《马可·波罗游记》。哥伦布自然也不例外。他尤其喜欢马可·波罗讲述的关于亚洲的故事。书里说，那里的黄金和珠宝铺满大地。小哥伦布对这一切无比着迷。终于，在 14 岁那年，他实现自己的愿望，开始了第一次海上航行，而他的目的地，正是《马可·波罗游记》里提到的亚洲，那个他一直向往的地方。

　　哥伦布没有走马可·波罗曾经走过的路。因为那条路实在太长。那时的交通不像现在这样方便，从意大利去遥远的东方要经过很长

探险家哥伦布

时间。大家都急于寻找到一条更近的道路，而水路无疑是一种更好的选择，而且，在指南针的帮助下，水手也不用担心迷失方向。当其他人在想如何向东找到更近的路时，哥伦布却另辟蹊径，他决定向西走。

尽管当时仍然有许多人坚持认为地球是平的，但是许多古希腊、古罗马以及阿拉伯的航海家却知道，地球实际上是圆的。哥伦布读过这些古代航海家的书，于是他想到一个好办法：如果地球真是圆的，那么只要一直朝着西方航行，一定能到达印度。这条路可比马可·波罗当年走的路近得多，也容易得多，哥伦布急切地想要证明自己的想法。

这是一趟未知的旅行，谁都不知道会发生些什么，所以它也是一次危险的旅行。做这样一件从来没有人做过的事需要很多资金。为了实现自己的梦想，只是个穷水手的哥伦布打算找人支援。于是，他先到一个名为葡萄牙的小国。葡萄牙有很多优秀的水手，他们没准儿对自己的计划感兴趣，而且葡萄牙的国王也十分喜欢猎奇。

可惜的是，葡萄牙国王也与其他人一样，根本不相信哥伦布的话，他认为哥伦布简直是在痴人说梦。但是，这位国王表面上不理睬哥伦布，心里却在打着自己的小算盘。他暗暗派人照着哥伦布所说的方式去寻找大陆，如果新大陆真的存在，那么他希望自己是第一个发现的人。过了一段时间，派出去的人渐渐都回来了。他们告诉国王，在安全的范围内除了望不到边的海水之外，别说大陆了，就连座小岛也没有。于是，葡萄牙国王放弃了，不知他日后有没有后悔。

受到葡萄牙国王冷遇的哥伦布并没有气馁，他又去了西班牙。西班牙之行对哥伦布而言同样不太顺利。当时，西班牙正在打仗。西班牙国王斐迪南和王后伊莎贝拉把全都精力都放在战争上。他们整日忙得不可开交，根本想不起来哥伦布的事。直到国王的军队取得胜利，斐迪南和伊莎贝拉才抽出时间来听哥伦布描述他的远航计划。

哥伦布的想法的确动人。他的计划成功地吸引了伊莎贝拉王后。王后答应资助他完成这个计划。她给了哥伦布很多钱。于是，哥伦布买了三条船，分别是"尼娜"号、"平塔"号和"圣马丽亚"号。这三艘船并不大，在今天看来，它们小到有点不太适合在茫茫大海上探索未知世界。但是，勇敢的冒险家都是在最意想不到的情况下成就自己的传奇经历。

勇敢的哥伦布带着100名水手，从西班牙的帕洛斯海港出发，驶向了广阔的大西洋，开始了自己的航行。他们始终朝着同一个方向，不分昼夜地前进。至此，伟大的哥伦布终于一步一步开始接近他的梦想。

不管当时哥伦布的目的地是何方，他都同样值得敬佩，因为他有常人无法比拟的毅力和决心。一般人只知道自己眼睛看到的一切，而哥伦布却看到了眼睛以外的世界。在茫茫大海中，他幻想着成功的那一刻。

探险家哥伦布

哥伦布出发一个多月后，陆地依然没有出现在水手的视野当中，大家开始有些着急。因为海域漫无边际，不管哪一个方向，水手看到的都是海。再这样下去，很可能会迷航，大家有可能再也回不到陆地上了。水手请求哥伦布返航，但哥伦布却不愿意放弃。

又过了几天，水手里有人说，再往前走，等待他们的只能是死亡，陆地完全是虚构的。谣言令水手人心惶惶，无奈之下，哥伦布只好同意再航行几天，如果依然不见陆地，他们就返回。

哥伦布

哥伦布首航舰队

哥伦布出生于中世纪的热那亚共和国（今意大利西北部）。1492 年到 1502 年间，哥伦布在西班牙国王支持下，先后 4 次出海远航，开辟了横渡大西洋到美洲的航路。在帕里亚湾南岸首次登上美洲大陆，成为了名垂青史的航海家。

每年 10 月的第二个星期一是哥伦布节，此节日是为了庆祝 1492 年克里斯托弗·哥伦布到美洲的历史之旅，这个节日对意裔美国人尤其重要。

很快，约定的日子到了，四周依然是茫茫的海水，什么也没有。于是，焦躁的水手开始商量，不如把哥伦布杀了再把他的尸体扔进大海，这样他们就能返航了。如果女王问起来，就说哥伦布在航行中失足掉进了水里。

就在他们决定要实施这样恐怖的计划时，一段长树枝漂向了哥伦布的船队。水手发现，这段树枝上竟然还长着浆果。接着，他们又看到一群鸟飞过。难道前方就是陆地？这一切让所有人都燃起了希望，因为有陆地的地方才会有树木，而鸟也不会飞离岸边太远。

一个夜晚，海面四周漆黑一片，哥伦布和他的水手已经在海上航行了两个多月。尽管先前的树枝与飞鸟带给他们一丝希望，但是希望显得很渺茫。除了哥伦布，几乎所有人都想放弃。

突然，一点亮光出现在人们眼前。那是火光，很微弱，在漆黑的暗夜里显得那么弱小。但是，这小小的一点火光，对于哥伦布和水手而言，却是世界上最大的希望之光。有火就意味着有人，有人就意味着有陆地。此刻，世界上没有哪一种语言能够形容他们的兴奋之情。

让我们记住这个日子，1492 年 10 月 12 日——装载着哥伦布梦想的三艘小船终于靠岸。在船靠岸的一刹那，哥伦布飞快地从船上跳下来，跪倒在这片让他的梦想着陆的土地上。在这个崭新的早晨，哥伦布在这座岛上升起西班牙的国旗，并给这片土地命名为"圣萨尔瓦多"。这个名字在西班牙语中的意思是"神圣的救世主"。

探险家哥伦布

哥伦布到达的地方，就是今天美洲海岸哈马群岛中的一座小海岛，并不是他想要去的印度。要想到达印度，哥伦布还要从这里继续向西，跨越北美洲和太平洋。但是，当时哥伦布却以为他到达的就是印度，或者是印度附近的群岛。于是，哥伦布把岛上的居民称为印度人，但事实上，他们是美洲印第安人。在哥伦布到达之前，印第安人已经在这里生活了几百年，只不过当时的人们并不知道这些。

在那个时代，欧洲人认为不信基督教的人，没有任何权利，因此，尽管岛上已经有了居民，但哥伦布和他的水手仍然声称这块土地属于西班牙。同时，哥伦布也相信，他有能力接管这里，让所有财富都归为己有。

可是，不久以后，哥伦布便失望了。他发现这里与《马可·波罗游记》中记载的情形大不相同。这座小岛以及附近的一些小岛上什么都没有，更别提国王的辉煌宫殿与满地的奇珍异宝了。失望的哥伦布在岛上待了几天，就决定返回西班牙。

为了向人们证明自己的确到达了他所认为的"印度"，哥伦布还带了几个当地的原住民和当地的特产——烟草回去。这些在欧洲是见不到的。

哥伦布沿着原路返回家乡。最初，人们都为他的发现而感到兴奋。人们欢呼着、议论着，哥伦布也成为许多人羡慕的对象。不过持续一段时间后，渐渐地便有人认为哥伦布的航行并没有那么了不起。他不过是发现新的陆地而已。除了一直向西航行之外，他并没有其他值得说的事情。这么简单的事情，不管谁都能做得很好。这样的观点被越来越多的人接受，起先人们不过在私下议论，慢慢地，竟然有人当着哥伦布的面贬低他。

在一次贵族的宴会上，贵族们又在讽刺哥伦布的航行。哥伦布听了以后，什么也没有说。他只是从餐桌上拿起一只煮熟的鸡蛋，对在场的所有人说："先生们、女士们，你们当中有人能把鸡蛋立起来吗？"

贵族们不知道哥伦布葫芦里卖得什么药，但又觉得这件事也挺有意思，于是便纷纷尝试。结果，没有一个人能成功地让鸡蛋立起来。贵族们认为，让鸡蛋立起来太难了，简直不可能。鸡蛋在众人手里绕了一圈，又回到哥伦布手上。每个人都在看着哥伦布，大家都想看看他如何把一个鸡蛋立起来。好戏开始了，哥伦布环视一下所有人，然后将鸡蛋的一头轻轻在桌子上敲了一下，蛋壳破了些皮，但是鸡蛋却稳稳地立在了桌子上。

这件事情告诉众人一个道理，当你知道该如何去做一件事时，做起来便显得简单容易，但是如果你不知道该怎么做，即使它再简单，你也无法成功。航海也是一样的道理。哥伦布已经做过一次，所有人便都知道事情是怎么回事，所以，大家就都觉得这是一件简单的事情。

之后，哥伦布又三次航行到达这块他发现的"新大陆"，他始终以为这就是印度，其实是南美洲。

探险家哥伦布

由于哥伦布并没有带回西班牙人期盼的奇珍异宝，因此，人们渐渐对这件事失去兴趣。有些人嫉妒哥伦布的成就，便在国王面前打小报告，指控哥伦布做的是一件错事。

听信谗言的国王下令将哥伦布捉起来，用镣铐锁着，赶出西班牙。这件事对哥伦布造成了很大的伤害，虽然他并没有被关押很久，但他却一直保留着这副镣铐。他要用它来提醒自己西班牙人的忘恩负义。在哥伦布死后，这副镣铐甚至被放进了他的棺材。

再后来，哥伦布又进行了一次航行。当这位航海英雄最后死在异乡时，身边竟连一个亲人朋友都没有，真是可怜。

哥伦布无疑是一位非常伟大的人，遇到问题从不气馁，从不后退。他用自己的实际行动证明了真理。欧洲大多数国王都只知从别处索取财富，而哥伦布却不一样，他在奉献，他用勇气为人们发现新大陆，他的精神永远活在人们心中。

向西航行

如果一个人做出伟大的贡献，比如，亚历山大、奥古斯都，人们便会用他的名字来命名一些城市。照这样来看，新大陆完全可以用哥伦布的名字来命名，但是，这片由哥伦布发现的新大陆，并没有以此命名，而是用了另一个人的名字。这个人名叫亚美利哥·韦斯普奇。

亚美利哥·韦斯普奇是一个意大利人。在哥伦布的航行之后，他乘船到达新大陆的南部。他用一本游记将自己的航行记录下来。当人们在读这本游记时会把新大陆叫作"亚美利哥的国家"。慢慢地，这种对新大陆的称呼就变成一种习惯，最后，这片新大陆就以亚美利哥的名字命名为亚美利加洲——也就是现在的美洲。

读到这里，你是不是觉得这样做对新大陆的发现者哥伦布来说很不公平，但是，事情已经发生，再也没办法改。不过人们为了纪念哥伦布，会把那里的一些城市、地区或者街道命名为哥伦布或者哥伦比亚。而且，许多美洲人还是用"哥伦比亚"来称呼自己的国家。

哥伦布发现新大陆的消息给人们带来了信心。大家了解到，即便向前一直航行，船只也不会掉出地球，而且，只要向西方航行得足够远，就一定会到达陆地。于是，好多人紧随哥伦布的脚印，开

向西航行

始向西方航行。无数船长带着致富的梦想拥向哥伦布开辟的航道。于是，在许多次寻宝与探险的旅程中，人们有了许多新的发现，新的地方和新的民族不断地进入欧洲人的视野。所以，这个航海风靡一时、新发现无数的时代被人们称作"大航海时代"或"发现时代"。

航海者向着金子、宝石与香料进发。等一等，香料？为什么要香料呢？这是因为，当时的人需要用香料来掩盖变质食物的馊味，

亚美利加·维斯普奇

AMERIGO VESPUCCI

亚美利加·维斯普奇（Amerigo Vespucci, 1451—1512 年）与哥伦布年龄差不多，也生于意大利一个以商业闻名的城市共和国——佛罗伦萨。

1491 年，维斯普奇被派往西班牙塞维利亚，在当地美第奇家族的分银行工作。除了从事银行业，他还兼营船舶航具，从而得以接触西班牙的航海事业。维斯普奇曾为哥伦布的第二和第三次远航准备过船只。

他曾多次远航，并到达过美洲。他在航行过程和之后与友人的信件被翻译成多种文字印刷流传，使他成为那个时代最著名的畅销书作家，许多读者把他视为"新"大陆的"真正发现者"。

这样他们才能吃得下去……你又要感到惊奇了，当时的人还会吃变质的食物吗？是的，当时没有冰箱来保存食物，因此食物容易变坏。变坏的食物总是会散发出难闻的味道，于是人们便将香料，比如，胡椒、丁香加到食物中，把怪味去掉，否则可真是让人难以下咽。可见，香料在当时显得尤为重要。

但是，欧洲并不种植这些香料，因为不够温暖，而香料喜欢气候温暖的国家。当时的欧洲人必须花大价钱去其他国家购买香料。真是一件令人头疼的事情。新大陆发现后，人们便将希望寄托在那些未知的土地上，说不定在那里能够找到重要的香料呢。这就是为什么有人会冒着生命危险远渡重洋，仅仅是为了寻找香料。

众多寻宝的人中，有一个葡萄牙水手名叫瓦斯科·达·伽马。当其他人都朝着西方前进时，他却偏偏向南航行，为的是绕过非洲大陆，向东到达印度。

达·伽马并不是第一个这样做的人，但是前面的人没有走完便都回来了。跟着他们回来的，还有一些吓人的故事，其可怕程度甚至不亚于水手辛巴达的传说。

有的水手说，大海里有各种各样的水怪，会把水手拖下海去。这些水怪都长着巨大的嘴，只要一口就能把一整艘船吞进肚子里；还有的水手说，大海里有漩涡，如果船不小心遇到，就会被卷进海洋深处；还有的水手说，他曾经在海上看见海水像开水一样，冒着热气，翻滚沸腾……这些不真实的故事让人们明白，航海是一件多么危险的事情。

　　大海的确充满了危险，从一些地方的名字就能知道，例如，非洲最南端的"好望角"，原来并不叫这个名字。如果你翻开一张15世纪的世界地图，便会发现那里名叫"风暴角"。从这个名字我们不难猜出，这个地方经常发生大风暴。后来，人们把"风暴角"改成"好望角"，或许是为了讨个吉利。

　　这些恐怖的故事成功吓退了许多想要航海的人，但是却没有吓住勇敢的达·伽马。他像许多伟大的探险家一样，无论面对怎样的困难与坎坷，始终没想过放弃自己的理想。他坚持南行，并最终到达印度，成为现代第一个走水路到达印度的欧洲人。他的冒险精神得到了回报，从印度带回许多贵重的香料。这一年是1497年，距离哥伦布第一次远航仅仅过去5年。

　　除了去印度之外，当时的人也热衷于到新大陆探险。有一个名叫巴尔沃亚的西班牙人在美洲中部探险，到了现在称巴拿马海峡的地方，一块连接中美洲和南美洲的小陆地。在那里，他有了一个重大的发现——一片从来没有见过的大洋。巴尔沃亚把那片大洋称作"南海"，因为人们在巴拿马海峡看到海洋时，总是面朝南方。

　　在这场寻宝比赛中，英国自然也不甘落后。一个名叫约翰·卡伯特的英国人在达·伽马到达印度的那一年起航，开始了自己的探险之旅。约翰一共进行了两次航行，第一次以失败而告终。但是他没有放弃，第二次，他终于成功到达加拿大，并沿着加拿大海岸一路向南，到达现在的美国。卡伯特宣称，他到过的这些国家都属于英国。但直到 100 年之后，英国人才在这片土地上活动。

在所有航行中，有一个人走的路线最长，他就是麦哲伦。或许，麦哲伦并没有想到自己的航线会有这么长，因为最初他只是想要找到一个入口，"穿过"新大陆到达对面的印度。他像哥伦布一样，向自己的国家葡萄牙寻求帮助，但是同样遭到了拒绝。于是，麦哲伦把希望寄托在西班牙人身上。最终，西班牙人给了麦哲伦 5 条船。得到这 5 条船之后，麦哲伦带着两百多名船员开始了航行。

麦哲伦先到达美洲，然后向南。他沿着海岸线一路前行，为的是要在大陆上找到一个"入口"。他经过一条又一条的通道，每一条都像是能够把他引向大陆对面的入口，但他一次又一次地失望，因为那些不过是大河的入海口。

大海永远有未知的危险，就在寻找入口的过程中，麦哲伦的一条船失事了。带着剩下的 4 条船，麦哲伦继续向南航行。在一个名叫合恩角的地方，他终于看见了入口。这一天是 1520 年 10 月 21 日。麦哲伦带着他的水手进入苦苦寻觅的海峡。

风猛烈地吹着，似乎一定要把船掀翻才肯罢休。海浪就像一道道水墙，不断地冲击着他们的船。死亡的威胁一刻也没有离开这些勇敢的水手。就这样，麦哲伦带领他的水手，在狂风巨浪里挣扎了一个多月，终于在 11 月 28 日驶出海峡。

当他们从海峡里出来的时候，来到一片平静的海域。与先前的

向西航行

海峡相比，它显得如此平和、静谧。这里，就是巴尔沃亚发现的"南海"。这真是一个太平的大洋，于是，麦哲伦将其称为"太平洋"，而他经历千难万险发现的海峡，被后人命名为麦哲伦海峡。

这时，麦哲伦的船队里只剩下 3 条船了。

又过了许久，船上的食物和水都用完了，人们忍受着饥饿继续前行。病魔袭击了这支海上探险队，许多人生病死去。原来的两百

- -

麦哲伦探险船队

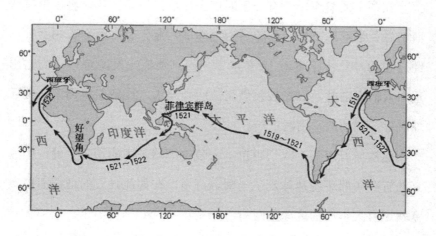

麦哲伦探险船队是麦哲伦率领的探险船队，麦哲伦的探险船队由 5 艘远洋海船组成，有"特里尼达"号、"圣安东尼奥"号、"维多利亚"号等，共有 270 名船员。其中，旗舰"特里尼达"号，排水量 110 吨，其他 3 艘不足百吨。

麦哲伦探险船队是在 1519 年 9 月 20 日，从西班牙海港出发远航的。途中，"特里尼达"号旗舰，因为船体漏水，无法继续航行；"圣安东尼奥号"中途逃走，返回西班牙。只有"维多利亚"号渡过印度洋，绕过好望，越过佛得角群岛，于 1522 年 9 月 6 日，回到了西班牙，完成了人类首次环球航行。

多名船员只剩一小半。此时，除了坚持，没有其他办法。麦哲伦带着他的船队不断前行。终于，他们到达菲律宾群岛。可惜，麦哲伦的脚步永远地停在了这里。原来，在水手到达菲律宾时，与岛上的居民起了争执。双方打了一仗，最后麦哲伦被当地人杀死，而本就所剩无几的水手这下人数更少了。

尽管麦哲伦离开了，但水手并没有停下前进的脚步，他们继续航行。只不过，已经没有足够的人手来驾驶3条船，所以他们烧掉一条，这样，原来的5条船，到这里就只剩下了2条船。

在剩下的航程中，有一条船迷失在茫茫海洋，从此再也没有任何消息。最后剩下的一条船名为"维多利亚"号，意为胜利女神。经过奋力挣扎，它带着18名水手，回到他们出发的港口。当它出现在人们面前时，已经破破烂烂，四处漏水。这条船成为第一艘环球航行一周的船，用时三年。

这次航行以后，人们再也不去争论地球是圆的还是平的，因为真的有一条船环绕地球走了一圈。可是，在如此强大的证据面前，竟然还有人不相信地球是圆的。

富有的西非国家

其实，除了探险家向往的东方是个富饶之地外，非洲有三个国家也特别富有，这就是加纳、马里和桑海，它们像三颗珍珠，散落分布在撒哈拉沙漠南部、尼日尔河沿岸。

丰富的金矿让这片土地成为最富有的地区之一。几千年来，西非的人们主要依靠出售金子赚钱。他们的销售对象并不局限于周边国家，像撒哈拉沙漠北边的柏柏尔人也会买他们的金子，甚至在罗马帝国你也会见到从西非买来的金子。

为了防止人们发现金矿的位置，西非的矿工要带着金块去很远的地方出售。他们警惕性很高，在交易金子时，会事先把交易的物品放在约好的地方，然后藏在附近。买金子的多半是些商人，矿工不愿意与之见面，因为他们害怕商人会强迫自己说出金矿在哪里。

当商人带着矿工需要的货品来到约定的地点后，他们会先看看矿工出的金子与自己的商品价值是否相符，如果他们觉得金子不够，就会将货物带回去。他们走远以后，矿工便会从隐蔽处出来，再添一些金子，然后藏起来。接着，商人再回来查看。这样重复几次，直到双方都觉得公平为止。这时，商人就会留下货物，带着矿工的金子走掉。

如果你问西非人，最想用金子交换什么，他们会说："盐。"西非是个天气炎热的地方。食物在那样的地方没有办法长久保存，人们只有通过盐来保存食物。就像午餐牛肉，也是先晒干肉再用盐保存。当然，现在我们不用这样保存食物，直接放在冰箱里就行。但是，那时的西非人哪里有冰箱，于是盐就成了十分贵重的商品。在那里，要用一斤金子才能换一斤盐。你是不是吃惊得张大了嘴巴？不必怀疑，这是真的。所以，撒哈拉沙漠北边的柏柏尔人也是个富有的民族，因为他们那里盛产盐。柏柏尔人经常用盐与尼日尔河沿岸的居民做买卖。

有了丰富的金矿作为支持，西非的加纳、马里和桑海就有充分的财力来训练优质的军队。有了强大的军队，国王便开始征服周围的国家。加纳就是这样，通过征服其他国家，成为一个大国。

加纳国王的财富真是多到让人吃惊，不信你看，就连随从使用的马鞍都是用金子做成的。而他自己的拴马柱，就是一块 27 公斤重的金子。但是，加纳并不是这三个西非国家中最富有的，最富有的还要数马里。马里不但富有，而且十分强大，撒哈拉一带所有重要的商业城市都被马里国王松迪亚塔征服了。

松迪亚塔并不是一个野蛮爱财的国王，他很有智慧。每当他占领新的土地，就会留下一批战士在那里耕种，开发农田。长期下来，西非农业最发达的地区就非马里莫属了。你想想，一个国家有最丰厚的黄金储备、有最充足的粮食积累，还有精兵强将，怎么能不强大呢？

富有的西非国家

在马里所有国王当中，成就最高的是曼萨·穆萨。他统治着将近800万人，而他的领土一直延伸到大西洋。曾经有人问他："您的王国有多大？"曼萨·穆萨却说："一年。"原来，他的国家大到要花一年时间，才可以从一边走到另一边。

马里的强大，吸引了许多商人来这儿做生意。阿拉伯是很会做生意的民族。阿拉伯商人为马里带来了伊斯兰教，曼萨·穆萨也成

曼萨·穆萨

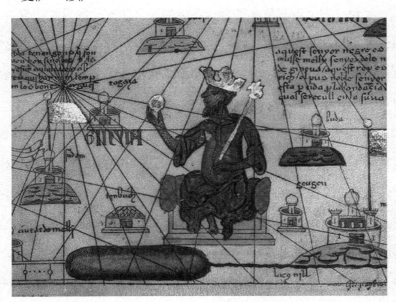

一幅描绘有曼萨·穆萨1375年的非洲和欧洲地图

曼萨·穆萨，是14世纪马里帝国的国王。曼萨是说曼丁戈语各族人民对统治者的尊称。他的财富在其于1331年去世时达到4000亿美元，超过了现在的全球首富比尔·盖茨和居其后的沃伦·巴菲特，成为历史上最富有的人。

了一名虔诚的穆斯林。于是，他要去圣地麦加朝圣，而他的朝圣之旅，使他声名远扬。

曼萨·穆萨带着500名拿着黄金权杖的奴隶、100只大象、4000多公斤黄金和一些朝圣者需要的东西出发了。慷慨的曼萨·穆萨一路上向各地的人赠送黄金和礼物。当曼萨·穆萨返回家乡时，一些艺术家和建筑师也被他一并带了回来。他让这些建筑师在廷巴克图和马里的其他一些城市建造清真寺。此外，为了建造图书馆，他还带回一些学者和很多用阿拉伯语写成的书籍。

很快，图书馆就聚集了全国各地的天文学家、数学家、哲学家和诗人，廷巴克图就这样成了学术中心。很多游客还特地前来这里参观，并将自己一路上的所见所闻写成旅行日记。如果你对这些旅行日记感兴趣的话，可以去读一读。

在曼萨·穆萨死后，马里帝国逐渐分裂。不过历史总是有起有伏，这处衰落了，另一处却在渐强。我们前面提到的许多王国都是这样。

桑海在马里帝国衰弱的时候逐渐兴盛起来。与前两个富国一样，桑海有着丰富的金矿资源和强大的军队，这为桑海国王桑尼阿里拓展疆土打下坚实的后盾。

1492年，桑海国王桑尼阿里去世。之后，桑海的日子不再太平，北非的摩洛哥人和葡萄牙人开始频频骚扰边境。千年以后，这里也不复昔日风采，桑海被历史吞没，整个尼日尔河流域的地区，出现了很多小的国家。

东非的城市

野心勃勃的航海家不会只满足于在美洲一个地方探险，为了寻求刺激和财富，他们到达很多地方。

就在西班牙人在美洲征服印第安人时，不甘落后的葡萄牙人去了非洲。其实，葡萄牙人一直在寻找去印度和中国的路，像哥伦布一样，他们决定绕过非洲航行。虽然前途茫茫，谁也不知道非洲的尽头究竟有没有那样一条路把他们带到东方，但他们还是非常有勇气地进行了尝试。

葡萄牙探险家沿着西非海岸一路南行，经过塞内加尔河，到达以艺术品而知名的贝宁城，后来还找到刚果。最后，他们直达非洲最南端。但是，这些冒险家没有绕过好望角就返航了。当然，后来的达·伽马走完了他们没有走完的路。我们已经提到，达·伽马沿着非洲的海岸线，成功绕过"好望角"。在东非，他发现了一些奇妙的城市。当时达·伽马很兴奋，他以为自己是第一个发现这些城市的人，但实际上，有些欧洲人早就知道这些东非城市的存在。

像希腊人、罗马人和埃及人都知道怎样去那里。当时的希腊人，甚至还写过一本名叫"旅行指南"的书，详细介绍了如何到达这些港口，以及港口的特产。这本书就像是给水手看的航海百科一样。

不过，在查理曼大帝时代过去的 100 年，即公元 900 年左右，欧洲人不再像原来那样出海航行。于是，东非的这些奇妙城市，便渐渐在欧洲人的记忆中消失了。

后来，有一个阿拉伯地理学家从亚洲回家乡时路过东非。在他的记忆中，那里气候温暖，土地肥沃，是个适宜居住的地方。当然，最吸引人的还是遍地的黄金和稀世珍品。

如今的考古学家在东非发现了大量金币。这些金币来自世界各地：有波斯的、希腊的、罗马的、阿拉伯的。这证明，当时有很多国家的商人到过东非。考古学家还发现了来自中国、印度和阿拉伯的陶器和玻璃器皿的碎片。

所有到达东非的人中，阿拉伯人最多。有些阿拉伯人是去做生意的，后来他们干脆就把家安在那里。定居下来的阿拉伯人渐渐将阿拉伯语融入东非人的语言，于是一种新的语言——斯瓦希里语便产生了。直到现在，整个东非都还在使用。

前来东非的各国人中，最著名的当属来自北非丹吉尔的伊本·白图泰。他与马可·波罗生活在同一时代。不过，欧洲很少有人知道伊本·白图泰的旅行故事，他的故事都用阿拉伯语写成，所以欧洲人读不懂，但是在阿拉伯语流传的地方，伊本·白图泰简直能与马可·波罗相媲美。不过，伊本·白图泰可能要比马可·波罗的成就更大，因为他环游了世界。在伊本·白图泰 20 岁那年，他去麦加朝圣。这是他的第一次旅行，也正是这次旅行让他迷上了旅途生活。从那时开始，伊本·白图泰就一直游历在外。他到了俄国南部、波斯、印度和印度尼西亚，也去过中国。旅行是漫长的，白图泰整整25年没回过家。

如果要让伊本·白图泰在他所有到过的地方中选出一个最有意思的，那一定是东非。伊本·白图泰最喜欢的东非城市叫基尔瓦。在他眼里，那是世界上最美丽的城市。城市外面，围绕着宁静的乡村，城市里面有喷泉、公共广场、建在悬崖峭壁上的宏伟宫殿……一切都让他对这里流连忘返。

东非城市都有港口，来自阿拉伯、波斯、印度等国的船只一起停放在港口里。也许你要问，人们是怎么分

明朝人眼里的长颈鹿

《瑞应麒麟图》

明成祖永乐十二年（1414）秋天，一个名叫榜葛剌的国家派遣使臣来华，跟随他一起到来的还有一只麒麟，"麒麟图"上的麒麟其实是非洲的长颈鹿。

辨这些船只所属的国家呢？其实很简单，只要看船只的大小就能猜出个一二，个头最小的是阿拉伯的船，其次是印度和波斯的船。

伊本·白图泰曾经在东非的港口看见来自中国的舰队，由数以百计的船只组成，规模巨大。这些来自遥远东方的大型舰队带来了丝绸、玻璃器皿和各种先进的工具，用以交换当地的黄金、铁器和象牙。

有一次，东非的马林迪城决定送一份与众不同的礼物给中国的皇帝。但是，什么样的礼物是中国皇帝没有见过的呢？毕竟那是一个富有强大的国家，有什么是它没有的？马林迪城费了一番心思，终于挑出一件当时的中国绝对没有的东西。你能猜到那是什么吗？一只长颈鹿。

东非有许多城市。一个城市就是一个国家，就像早期的希腊城邦一样。不同的是，这些城邦国家的领袖与希腊的国王不同，他们非常明智，从不发动大型战争，即使有了纷争，也以和平谈判的方式解决。这完全是为了保证国家和平，确保农业和工商业发展。

安逸的环境，自然造就安泰的国家。久而久之，东非的城邦国家都变得非常富裕和繁华。但是，繁华的事物总是遭到别人的垂涎。葡萄牙看着东非如此富裕，不禁眼红。葡萄牙人发现，这些东非国家不但富有，还与中国、印度有贸易往来。葡萄牙人按捺不住野心，带着机枪和大炮乘船到了这里。

东非国家虽然富裕，但是没有先进的武器，所以，葡萄牙人炮

东非的城市

火一开，这些东非城市一点抵抗的能力也没有。不久，蒙巴萨城被彻底摧毁，葡萄牙人残忍地杀死城里的所有居民。为了避开葡萄牙的掠夺，东非人关闭他们的矿山，停止了黄金贸易。没有贸易的港口便不再有商人到这里，渐渐地，港口萧条，最终只能关闭。而原来生活在城市里的居民，也都回到乡间耕种土地。

葡萄牙人一看，东非失去了往日的繁华，他们在这里一点利益也得不到，于是在保留几座港口作为旅途中转站后，便离开了。东非人无疑十分聪明，虽然失去了城市和许多财富，但却因此获得了和平。

宏伟的大教堂

教堂在基督徒心中占据着重要的位置。在中世纪，欧洲人不单在做礼拜时去教堂，他们几乎每天都去，在那里祷告、许愿，向神父忏悔和倾诉苦恼，或者与朋友们聊一聊天。有时，他们一天会去好几次。在十字军东征期间和结束之后，人们最关注的问题就是修建教堂和大教堂。

当我们把一个教堂叫作"大教堂"的时候，不仅代表它面积巨大，同时表示，它是一座主教教堂，就是主教的教堂。所以，大教堂和普通教堂有一个不一样的地方——在大教堂的圣坛上，设有一个特殊座椅专门给主教坐。

那时几乎所有欧洲人都信奉基督教，而且，当时的基督教不像现在这样分为许多不同的教派。教堂是所有基督徒的教堂，虔诚的基督徒都愿意为修建教堂出钱。他们拿出大量的金钱、时间和精力，尽自己最大的努力修建完美的教堂。在这一时期，大量豪华的教堂和大教堂在法国和欧洲其他地区被建造起来。如今，它们依然矗立在原地。这些异常壮美的教堂每年都吸引大批游客前来参观。

你还记得古希腊和古罗马建筑的特点吗？这些教堂和大教堂与古希腊、古罗马的建筑完全不同，其实，它们与以前的任何建筑都

宏伟的大教堂

不相同。

这些教堂和大教堂的房顶，就像我们在用积木搭房子时，用两块积木摆成的字母 A 形状。这其实并不是一种稳妥的建筑方式，但奇怪的是，中世纪的教堂大都采用这种方式。人们把石头尖拱顶盖放在直立着的石柱上方，同时为了防止直立的石柱被碰倒，人们还专门用石头搭建许多叫"飞扶壁"的支架和支柱作为支撑物来保护教堂。在著名的巴黎圣母院后殿，就有许许多多这样的飞扶壁。

巴黎圣母院

　　巴黎圣母院大教堂是一座位于法国巴黎市中心、西堤岛上的教堂建筑，也是天主教巴黎总教区的主教教堂。圣母院约建造于 1163 年到 1250 年间，属哥特式建筑形式，是法兰西岛地区的哥特式教堂群里面，非常具有关键代表意义的一座。始建于 1163 年，整座教堂历时 180 多年才全部建成。

　　用这种方法修建的教堂和大教堂在意大利人看来十分脆弱。他们相信这样的建筑就像纸牌搭的屋子一样很容易就会倒塌，因此，意大利人认为，这些人都疯了才会这样修建教堂。这种教堂被人们称为"哥特式教堂"。

　　哥特式教堂在修建的过程中，有许多特殊的讲究，比如，人们在修建哥特式教堂之前，要先在地上画下一个巨大的十字架。这个十字架必须头朝耶路撒冷所在的东方。然后，人们按照这个十字形来设计修建教堂。如果你乘坐一个热气球升到空中，从高处向下俯瞰就会发现，所有的哥特式教堂都像是一个头朝东方的十字架。

　　哥特式教堂的屋顶的形状也很有讲究。它们通常呈现美丽的尖形，或者是"箭头"形，远远看去，就像是指向天空的手指一样。这样的形状是在模仿人们祷告时并拢合十的双手，以此告诉人们，要时刻不忘向上帝祷告。

　　哥特式教堂还有一个最迷人的特点，就是它的每一面都有一块巨大的玻璃，这些玻璃不是普通玻璃，而是用不同颜色的玻璃拼接而成的彩色玻璃。当阳光照在这些色彩鲜艳的玻璃上时，它们会反射出熠熠的光辉，红的像宝石，蓝的像天空。这些彩色玻璃不是简单随意地拼接起来，人们会把它们拼接成一幅幅美丽的图画。这些画都是关于基督教的故事。它们就像书本上的彩色插图一样，只是要比普通的油画漂亮得多。

　　在哥特式教堂的石壁上通常还要雕刻上圣徒、天使和一些人物

宏伟的大教堂

肖像。这些精致的雕像与美丽的彩色玻璃窗交相辉映，形成庄严肃穆的氛围。

在教堂的屋檐外和角落里，通常会有一些用石头做成的奇异野兽。这些野兽大都不存在于自然界中。人们把它们放在那里，一是为了排水，更重要的是，人们相信，这些野兽可以驱除邪恶。

如果你要问我，修建这些宏伟哥特式教堂的人是谁，是谁雕刻

彩色玻璃

彩色玻璃砂是由废旧透明玻璃粉碎后用特殊工艺染色制成的。

彩色玻璃在古代就已经存在，可能来源于近东。这种艺术形式兴起于 10 世纪。现存最古老的完整的彩色玻璃窗可以追溯到 12 世纪早期，是德国奥格斯堡大教堂画有先知图的窗户。早期的哥特式窗户画的都是简单的单个肖像，并且主要使用鲜明的色彩。12 世纪窗户变得更大，引入了叙事图景。

了里面的精美雕像，又是谁想到要用彩色玻璃来拼出那一幅幅美丽的画，我只能抱歉地对你说，我也不清楚。

我只能告诉你，这些哥特式教堂的建筑师、雕刻家和艺术家是每一个人。每一个虔诚的基督徒都为修建教堂捐献了自己的时间和劳动。男人为教堂雕刻了美丽的石头雕像，拼接了华丽的彩色玻璃画；女人则为教堂缝制了法衣和祭坛布，并绣出了上面的美丽刺绣。

几乎每一座哥特式教堂都要花费很长时间来修建，有些著名的哥特式教堂甚至花费几百年时间才最终修建完成，比如，英国的坎特伯雷大教堂、法国的巴黎圣母院大教堂和沙特尔大教堂以及德国的科隆大教堂。其中，科隆大教堂用了近七百年的时间，仍然没有完工。当时有许多参与修建教堂的工匠为教堂奉献了一生，他们甚至没来得及看到教堂修建完成就去世了。

用石头和彩色玻璃精心雕琢的哥特式教堂因其细致的工艺、完美的外观闻名于世。现在，人们会模仿哥特式教堂，修建那种有尖塔、尖门和彩色玻璃窗的教堂。虽然这些建筑在细节上都尽量模仿哥特式教堂，人们在里面也能看到许多哥特式元素，但是因为时间和金钱的制约，这些建筑无法达到哥特式教堂的建造成就。比如，在许多哥特式建筑中，很难能见到真正哥特式教堂的石制天花板、飞扶壁和彩色的玻璃墙。因为现在的人再没有时间和精力来修建这样华丽的建筑。

做坏事的约翰王

还记得我们在讲十字军东征的时候提到的英国国王理查吗？就是那个被称为"狮心王"的国王。现在我们要来讲讲他的兄弟约翰。

与受欢迎的理查不同，没有人喜欢约翰，因为他十分邪恶。讨厌他的人把他做的坏事都编到故事里。在这些故事里，约翰的下场往往都不好。每当讲到他受到惩罚时，人们都会开心地大笑。约翰到底做了哪些坏事，会让人这样讨厌他呢？

首先，约翰担心他年轻的侄子亚瑟会取代他成为国王，于是就把亚瑟杀害。虽然人们不知道约翰究竟是雇人将亚瑟杀死，还是自己亲手杀死了亚瑟，但这并不重要，重要的是，他以一种邪恶的方式登上了王位，这本身就是一个糟糕的开头。但是，更糟的事情还在后头。

后来，约翰与全世界基督徒的领袖——罗马教皇发生了一场争执。我们在讲查理曼大帝的故事时曾经提到，教皇在当时的社会具有无上的地位，他有权力规定基督徒的行为准则，还对各地的教堂享有绝对的领导权。这次，教皇指定一个人，让约翰任命他为英国的主教，但约翰却有自己的打算，他想让自己的一个朋友来担任主教。

面对约翰的拒绝，教皇对他说："如果你不遵照我说的办，那我就会关闭英国所有的教堂。"可是，约翰一点儿不把教皇的话放在心上，他说："教皇想关就随他去好了。"就这样，教皇命令英国所有的教堂关闭，除非约翰做出让步。

尽管约翰不在乎，可是对于英国人来说，这件事情的影响非同小可。上教堂可是人们的头等大事，祷告礼拜是基督徒每天的必修课，甚至比吃饭还要重要。许多宗教仪式，例如，孩子的洗礼、情侣的婚礼、死者的葬礼等都要在教堂举行。关闭教堂，也就意味着这些仪式无法举行，情侣无法结婚，死者无法上天堂，新生儿不能得到祝福，于是，英国人人心惶惶，社会一下子变得混乱不堪。

这一切都是约翰的错。上帝一定会因为这件事惩罚英国人。英国人愤怒到了极点。面对人民的怒火，约翰终于感到了害怕，他怕这些人联合起来反抗，更何况教皇也有权力任命其他人代替他做国王。想到这里，约翰连忙认错，表示同意接受教皇的安排。如果约翰能在这件事情上接受教训，那么事情还不至于太糟糕，但是，有一句话叫江山易改，本性难移。约翰此后还是不停地犯错误。

在约翰看来，自己身为国王，是世界的中心，拥有至高的权力，所有人都要围着他转。所有人都是为了供国王差遣而生的，国王要他们做什么，他们就得做什么，不能有半句怨言。其实，又有哪一个国王不这样想呢？只不过，从来没有一个国王做得像约翰这么过分。约翰向人们随意征税，如果交不出钱，他就把那些人关进监狱，

做坏事的约翰王

并用残酷的刑具折磨他们，有时甚至因此而处死他们。

约翰的残暴将英国人的愤怒推向最高点。忍无可忍的英国人终于开始反抗。约翰被人捉起来，关在泰晤士河畔的兰尼米德岛上。1215 年的一天，人们迫使约翰签订了一份用拉丁语写成的文件——《大宪章》。《大宪章》规定了一些权利，例如，人们有保管自己财物的权利，有保护自己的财物不被别人非法夺走的权利，人们不能无缘无故被关进监狱或在无过错的情况下被国王及任何人惩罚，

约翰王签署《大宪章》

简单来说，《大宪章》的进步意义在于它首度提出了西方民主和人权观念，对限制皇权也有很大贡献。通过这部法律，君王的权力被贵族所分夺，皇权不再至高无上。其实，在某些方面，中国也有类似《大宪章》的条文，同样用来约束君王，奠定了民主基础。而且它比英国《大宪章》早了 200 多年。

等等。这些权利在今天看来再正常不过，但是在《大宪章》签订以前，人们根本无权享有这些权利。所以，《大宪章》签订的日子对于英国人而言值得永久纪念。

这个喜庆的日子却是约翰的倒霉日。他一点儿也不想签订《大宪章》。于是，他像个胡闹的孩子一样大发脾气，大吼大叫，胡乱踢蹬，以宣泄自己的不满。但是这样做一点儿用也没有，他还是得签字。可是，国王约翰是一个不会写字的文盲，甚至连自己的名字也不会写。他只能用手上戴着的一个印章戒指，在需要签名的地方盖了一个章。

虽然盖了章，但是约翰并没有遵循宪章做事，他完全违约，继续我行我素。签完《大宪章》后不久，约翰就死了，所以对他而言，《大宪章》并没有什么约束力。可是，在他之后的英国国王都必须遵守这一章程。因此，1215年后，英国国王成了英国人民的公仆。

著名的百年战争

　　1338 年，英国的国王是爱德华三世。他是个野心勃勃的人，本来已经拥有法国的一部分土地，还想要把整个法国占为己有。就这样，他为自己找借口，声称自己是法国前国王的亲戚，比现任法国国王更有资格拥有法国。当然，法国人并不同意他的说法，所以爱德华三世便发动了对法国的战争。或许就连他自己也没有想到，他所发动的是历史上最长的战争，直到他去世，这场战争都没有打完。

　　这就是著名的"百年战争"。

　　英法之间的第一战发生在一个叫克雷西的地方。

　　1346 年，英国人乘船向法国进发。英国人的这支队伍显得有些散乱。队伍里的士兵都是些普通百姓，而且他们装备简陋。所以，一开始法国人并没有把英国人放在眼里。他们认为，在设备精良的骑士组成的法国军队面前，英国的乌合之众根本不值一提。

　　显然，法国士兵小看了英军。尽管英国的士兵不是正规军，但是他们使用了一种叫作长弓的武器。这种武器在战场上发挥了巨大的作用。尽管装备精良的法军骑兵受过正规训练，但他们还是被英军彻底打败了。据说，到现在法国人对于"V"的姿势（手握拳头，食指和中指伸出，做分开状，表示胜利）依然非常敏感，因为这是英国士兵拉"长弓"的手指形状。

英国人在这次战争中首次使用了大炮，但是，当时的大炮不像今天这样威力巨大。英国人把炮弹打到法军那边，就像是把一个篮球丢进法国军队里一样，除了让法军的马受到惊吓外，威力并不大。

克雷西战役之后，欧洲爆发了一场可怕的灾难。整个欧洲大陆被笼罩在瘟疫的阴云下。一种名叫"淋巴结鼠疫"的传染病袭击了欧洲，这就是至今提起仍让欧洲人害怕的"黑死病"。人一旦得上这种病，浑身上下就会出现许多小黑点。这种小黑点会让人在两天，甚至几小时内丧命。没有任何药物可以对抗这种疾病，人们非常害怕，有些人甚至还没有被传染上，就先被吓死了。

黑死病持续了两年，夺去 1/3 欧洲人的生命。当时，常常出现全村人横尸街头的场景，活着的人还没来得及为死去的人掩埋尸体，自己便已离开人世。田间的庄稼、牛羊马匹，还有海上漂流的渔船，

爱德华三世

爱德华三世（英文名 Edward III，1312 年11 月 13 日—1377 年 6 月 21 日）。英格兰国王，1327 年到 1377 年在位。他发动了对法国的"百年战争"。

爱德华三世是一位英明的君主，但他在晚年却变得昏庸。

著名的百年战争

都没有人照看，整个欧洲陷入一片黑暗之中。

即便灾难如此严重，英法的百年战争仍然在持续。战士们更换了一代又一代，而英国军队一直不停歇地向法国挑衅，好像战争已经成为日常行为一样。那时，法国国王懦弱又年幼，法国人民开始绝望，没有人能带领他们战胜强大的英国。

当时，在法国村庄里生活着一个普通的农家女——冉·达克，即贞德。有一天，贞德来到贵族的城堡，告诉贵族她做了一个梦，梦里有个声音告诉她，只有她才能带领法国走出困境。看着眼前这个瘦弱苍白的女人，贵族的眼里充满了怀疑，不过，他们还是准备考验一下这个女孩儿。

于是，他们把贞德带到皇家大厅里，那里，王子端坐在王位上。贞德走到王子面前，瞧了瞧王子，便径直走到王子身边的一个人面前跪了下来，对他说："我是来带领整个法军取得胜利的。"原来，王位上的并不是真正的王子，而是贵族找来假扮王子的仆人，真正的王子在旁边站着。贵族这么做正是为了测验贞德，而她果然通过了考验。

王子和贵族都大吃一惊，他们只好相信了贞德的话。为了表示对贞德的支持，王子把自己的令旗和盔甲送给了她。从此，贞德开始带领军队与敌人抗争，并最终帮助王子顺利登上王位。

贞德神奇的经历使法国士兵备受鼓舞，因为在他们心里，她就像上帝派来拯救法国的天使。士兵们士气高涨，英勇作战，接连打了很多胜仗。连连败退的英国士兵就不这么想了，他们认为这个女孩儿是一个恶魔，于是设计把贞德给俘虏了。

然而，法国国王并没有营救贞德。贞德虽然帮助法国脱离险境，可是国王并不想让一个女人指挥自己的军队，他的威严不能被一个女人所破坏。就这样，贞德被英国人判为女巫，然后被活活烧死在火刑柱上。贞德虽然死了，但法国的好运并没有结束。从那时开始，法国军队力量大增，最后他们终于打败了英国人。

在这场百年之战中，两国损失无数，英国也没有得到他们想要的结果。

伟大的文艺复兴

　　虽然在十五六世纪，有许多人都到新大陆探险，但并不是所有人都参与了这项活动，比如艺术家就在意大利创造了许多伟大的作品。13 世纪末期，意大利的各个城市兴起了一项思想文化运动。十五六世纪时，这项运动扩展到西欧各国。这就是"文艺复兴"。为什么这个时代会被称为"文艺复兴"的时代呢？

　　在意大利的很多地方，古希腊和古罗马时期的美丽建筑和雕塑，重新吸引了建筑家和雕塑家的目光。他们依照古希腊和古罗马时期的建筑风格，建造了许多美丽的建筑，雕刻家也制作了许多伯利克里时代的雕塑。同时，古希腊时期的文学作品，也再一次受到读者的热捧，这些作品被大量印刷。意大利仿佛重新回到了伯利克里时代，那时的文化好像获得了重生一样。所以，人们就把它称为文艺复兴时代。

　　文艺复兴时代涌现出许多伟大的艺术家，其中就有著名的米开朗基罗。米开朗琪罗既是画家，又是雕刻家、建筑师、诗人。他对待艺术的态度十分严谨，每创作一件艺术品，通常会用几年的时间精雕细琢。经他手制作的艺术品，每一件都是不朽的佳作。

　　米开朗琪罗的天赋让所有人为之折服，就连当时的教皇也希

望米开朗琪罗能够为他在罗马的私人教堂——西斯廷教堂绘制天花板。一开始，米开朗琪罗并不愿意接下这份工作，他认为自己只是一个雕刻家，并不是画家，可是教皇十分坚持，最终米开朗琪罗让步了。

这真的是一项大工程，米开朗琪罗每天住在教堂里，一心一意地为教堂绘制图案。他在工作时，坚决不让别人打扰，就连教皇也不能进去。米开朗琪罗一个人待在教堂里，要么一心一意地工作，要么阅读《圣经》寻找创作灵感。

有一次，教皇路过教堂看到有一扇门开着，就想进去看看米开朗琪罗的工作进展如何，却不料打扰了正在专心绘画的米开朗琪罗。米开朗琪罗失手掉下一些工具，差点砸到教皇。教皇生气地离开了，但他从此再未打扰过米开朗琪罗。

西斯廷教堂天花板上的画一直画了 4 年。在这 4 年里，米开朗琪罗从未离开过教堂。这幅用 4 年时间完成的大型壁画精美绝伦。直到现在，还有数以万计的人，不远万里从世界各地专程赶来参观。

不过，米开琪基罗最值得称赞的还数他的雕刻。他不用事先做模型，就能直接在石头上雕刻出栩栩如生的雕像。据说，米开朗琪罗曾经雕刻了一尊摩西坐像。当他完成雕塑的时候，就连自己也被这座栩栩如生的雕塑震撼了。于是他就用锤子敲击雕塑的膝盖，想让这座雕塑站起来。当然，雕塑没有站起来，而它的膝盖位置却留下一道裂缝。如果你到罗马的教堂参观这尊摩西雕像，导游一定会

伟大的文艺复兴

指着摩西腿上的裂缝，把这个故事告诉你。

米开朗琪罗活了将近 90 岁。这个天才艺术家一生都不愿被别人打扰，于是他离群索居，很少与人打交道。与他为伴的，只有雕塑和画。

与米开朗琪罗生活在同一个时代的，还有一位伟大的艺术家——达·芬奇。达·芬奇就像一个万能博士一样既精通艺术，又擅长写作。此外，他还是一位工程师、科学家。尽管这个伟大的天才留下的画作并不多，但他的每一幅画作都是精品。

有一幅画相信你并不陌生，那就是《蒙娜丽莎》。画上那个名为"蒙娜丽莎"的女人拥有谜一般的微笑。这幅画让后人研究揣摩了很久，至今人们依然看不透蒙娜丽莎的笑容里，究竟包含着怎样的秘密。

《最后的晚餐》也是达·芬奇留给我们的杰出画作。但是，当初达·芬奇把这幅画直接画在了水泥墙上，所以时间一久，水彩便跟着墙壁上的水泥一起掉落。原来精美的画作就只能看到一点点痕迹。不过，后人修复了它，现在我们又能再次欣赏到这幅迷人的画作了。

接下来介绍的这位艺术家同样伟大，他叫拉斐尔。拉斐尔在其一生中画的最多的是圣母马利亚和耶稣，其中最有名的一幅名为"西斯廷圣母"。除了圣母像，《雅典学派》同样是拉斐尔的传世巨作。在这幅画中，高大的建筑拱门背景前，不同时代、不同地域和不同学派的著名思想家在自由地讨论，其中包括柏拉图、亚里士多德等五十多位大思想家。人们都说，只有米开朗琪罗画在西斯廷教堂天花板上的画，才能与它媲美。而拉斐尔在画这幅画时，只有 26 岁。

　　拉斐尔一生喜爱交朋友，他性格温和，周围的仰慕者和学生很多，他们认真记下了拉斐尔的每一句话，而拉斐尔也很乐意提携这些年轻人。虽然拉斐尔一生创作了很多作品，但很多时候，他的画作只有一些关键部分，比如，人物的脸部是他自己亲自创作完成的，而身体的其余部分、衣服等，他都交给学生们来完成。对于拉斐尔的信任和指导，许多学生都十分感激，他们为能够在拉斐尔的画作上表现自己的才华而感到骄傲。不过，谦和的拉斐尔却未能长寿，他很早便过世了，这真的是人类艺术史上的一大遗憾。

摩西坐像

　　摩西坐像现存放于罗马梵蒂冈圣彼得大教堂。

　　摩西是《圣经》中所记载的公元前 13 世纪时犹太人的民族领袖。他在犹太教、基督教、伊斯兰教和巴哈伊信仰等宗教里都被认为是极为重要的先知。按照以色列人的传承，摩西五经便是由其所著。

一场宗教争端

16世纪，罗马教皇想要在罗马修建一所教堂，连地址都选好了，就建在当初君士坦丁老教堂的位置，修好的教堂要叫圣彼得大教堂。据说教堂选址的这个地方，就是当初圣彼得受难的地方。如果这座教堂真的建成，那么他在基督徒心目中将占据十分重要的位置。

既然这座教堂如此重要，教皇认为他有理由把它修建成世界上规模最大、最华丽的教堂。但是他没有想到，麻烦也是从这里开始的。

教皇先是让人拆毁了一些罗马建筑，为的是凑齐修建教堂用的大理石和其他材料；另外，他还从群众手中搜敛钱财，用以支持修建大教堂的工程。当时，伟大的艺术家米开朗琪罗和拉斐尔也被请来为新教堂做设计规划。

这项声势浩大的工程引起了当时一名德国修道士的强烈不满，他就是马丁·路德。马丁·路德认为教皇不应该从群众中敛财，此外，他还认为教会有95项错误。马丁·路德认为自己有责任和义务让教皇认识到自己犯下的错误，于是便动笔写下这95项错误。这些错误写了整整一大张纸。马丁·路德将这张纸钉在他居住城镇的教堂大门上，目的是让所有人都知道教会所犯的错误，鼓励人们一起反对教会的这些做法。

　　教皇听闻这件事后十分生气，便派人给路德送去一项命令，让他不要再闹事。可是，路德没有将教皇的命令放在眼里。他当着许多人的面，一把火烧了教皇的命令。在路德的鼓动下，许多人脱离天主教会，不再服从教皇。

　　教皇见马丁·路德依然我行我素，便想到请西班牙国王查理五世来帮忙解决问题。查理五世拥有美洲新大陆的大部分土地，是一位权势极大的国王。同时，他还是一位非常虔诚的天主教徒。教皇认为，让这样的人出面实在是再合适不过。

　　查理五世接受教皇的提议，同意帮助教皇解决他与路德之间的问题。于是，他命令路德到德国的沃尔姆斯城接受审判，并且保证，他绝对不会伤害路德。

　　路德到了沃尔姆斯城之后，查理让他把之前责备天主教的话都收回。但是路德拒绝这样做，于是一些贵族生气了，他们强烈要求查理将路德烧死在火刑柱上。但是查理曾经答应过路德不会伤害他，因此他信守诺言放走了路德。尽管路德安全地从沃尔姆斯回来，但是他却被自己的朋友关了起来。这又是怎么一回事呢？

　　原来，路德的一些朋友知道，虽然路德这次逃过了一劫，但是并不代表其他天主教徒不会伤害他。可是，路德又一点儿也不在意自己的安危。于是，朋们为了保证路德不被伤害，便想出一个他们认为的最安全的办法，那就是将路德关起来。只要路德不到外面去，那就没人能伤害到他。

一场宗教争端

就这样，路德被自己的朋友关了起来，一关就是一年多。这期间，他将《圣经》翻译成德语。这本德语版的《圣经》是历史上第一本其他语言的《圣经》译本。

路德抗议天主教的事件发生之后，那些反对教皇、脱离天主教的人被称作"新教徒"。当时，天主教徒和新教徒之间互不服气，双方都认为自己才是正确的，因此他们之间展开了激烈的斗争。有时候，朋友之间、亲人之间，也会因为各自的信仰不同而发生争斗。

面对这些争斗，查理五世觉得十分烦恼。他被这些宗教争端和帝国的其他事务弄得心力交瘁。查理决定离开这些麻烦，于是他把王位让给了自己的儿子——菲利普二世。退位后的查理去了修道院，每天潜心研究机械玩具和机械手表。就这样，查理过着生活平淡而快乐的生活，直到去世。

与查理同一时期当国王的还有英国国王亨利八世，一位非常坚定的天主教徒。

有一天，这位坚定的天主教徒找到罗马教皇。他对罗马教皇说，自己想要和妻子离婚，因为她无法给自己生儿子，自己的王位没有人来继承。他必须要娶一个妻子来繁衍子嗣，维持英国的统一。因此，亨利八世希望教皇批准他的离婚请求。

或许你会问，为什么一个国王想要离婚却要得到教皇的同意呢？别忘了，教皇可是整个欧洲、美洲的基督教会首脑。所有基督教徒都要听从他的旨意。既然亨利八世是个基督徒，那么他就必须听从教皇的旨意，即便他是一个国王。

可是，教皇没有答应亨利八世的离婚请求。亨利听了教皇的答复后觉得自己身为英国国王，却让一个外人对英国的事情指手画脚，这实在是没有道理。他才是英国的国王，是英国最高权力的行使者，他决定想怎么做就怎么做，没必要让一个外国人来对自己发号施令。

于是，亨利八世国王决定由自己来掌管英国的基督徒，不再听从教皇的旨意，而且他还命令英国所有的教会都由国王来管理。从此，教皇再也无法决定英国基督徒的事情。

这就是天主教会内部的第二次大分裂。希望你不会觉得它很难懂。

马丁·路德

马丁·路德（1483—1546），16世纪欧洲宗教改革倡导者，基督教新教路德宗创始人。

2005年11月28日，德国电视二台投票评选最伟大的德国人，路德名列第二位。

血腥玛丽和童贞女王

说完亨利八世的故事，接下来说说他的女儿。亨利八世在脱离罗马教皇之后，如愿与妻子离婚。之后，他又娶了 5 个妻子，她们给亨利留下两个女儿、一个儿子。尽管儿子是最年轻的，但是人们认为男人比女人更适合统治国家，于是在亨利八世死后，他的儿子成为新的国王。可是他刚登上王位不久便死了。于是，他的姐姐玛丽接替了王位。

玛丽有一句口头禅："把他的脑袋给我砍下来！"听着这句话，你不难想到，玛丽一定砍掉了很多人的脑袋。

玛丽是个与众不同的女人，她从小就显露出与别的女孩儿不一样的性格。她固执、强硬，从不轻易听从别人的意见。她还是个坚定的天主教徒，就像个女战士一样，时刻准备为天主教、为教皇战斗。因此，她对父亲亨利八世脱离教皇的做法十分不满。

玛丽把所有反对教皇的人都当成恶人。在她看来，他们都应当被砍掉脑袋。玛丽是这么想，也是这么做的。她砍掉了许多新教徒的脑袋。正因如此，玛丽变成了人们口中的"血腥玛丽"。此外，还有一个人比玛丽更适合"血腥"这一呼称，他就是玛丽的丈夫。

玛丽的丈夫就是我们前面提到的菲利普二世，西班牙国王。他与玛丽一样，是个坚定不移的天主教徒，但比玛丽更加嗜血凶残。

菲利普二世用难以想象的残忍方式对待新教徒。他会把新教徒的双手绑住，高高地吊在空中，折磨他们，直到他们晕死过去才肯罢休；有时，他还会把抓来的新教徒绑到柱子上，让人拉着他们的头和脚，往相反的方向拉扯，生生地将人撕扯成两半。其实，不管是不是新教徒，只要菲利普二世产生怀疑，那他就会被用最为残忍的方式折磨。

你看，这就是"血腥玛丽"的丈夫。这个残忍的国王对待新教徒的方式就是过去基督教殉道者所受的那些折磨——"异端审判"。

菲利普对付的新教徒主要集中在荷兰，因为当时的荷兰是在菲利普二世的统治之下，但是荷兰人当中却有大量新教徒。这让菲利普十分恼火。他无论如何也不能容忍自己的土地上有如此众多的新教徒存在，于是他加大了对荷兰新教徒的迫害力度。

荷兰的新教徒在菲利普的迫害下过着异常艰苦的生活，这时，有一个名叫威廉的人站了出来。他再也无法容忍菲利普如此残忍地对待自己的同胞，于是，威廉便带领一些人反抗菲利普的压迫。

别看威廉平时沉默寡言，不爱说话，被周围的人戏谑地称为"沉默的威廉"，可是他做事一点儿也不含糊。很快，威廉就带领人们成功地脱离西班牙的统治，建立起独立的荷兰共和国。可是，威廉却没能躲过菲利普的魔爪，最终被菲利普的人暗杀了。

这就是菲利普和玛丽的故事。在玛丽死后，她的妹妹伊丽莎白

血腥玛丽和童贞女王

继承了王位。伊丽莎白是个美丽的女人，长着一头漂亮的红发。许多男人都爱上了这位美丽的女王，纷纷向她求婚。可是伊丽莎白却一个也没有答应，她一生都没有结婚，是当时有名的"童贞女王"。

伊丽莎白在亨利八世的三个孩子里，能力最强。与姐姐玛丽不同，伊丽莎白是一个新教徒。玛丽有多维护天主教，伊丽莎白就有多维护新教。她维护自己信仰的意志与玛丽一样坚定，甚至不惜因此与自己的亲戚为敌。比如，那时的苏格兰女王玛丽·斯图亚特是伊丽莎白的亲戚。可她却是一个天主教徒，因此，伊丽莎白就将玛丽·斯图亚特视为自己的敌人，时刻关注她的动向，随时准备将她清除。

有一次，伊丽莎白听说玛丽·斯图亚特有吞并英国的打算，就立刻将她关进了监狱，并且一关就是20年，然后，无情地处死了她。

伊丽莎白的做法惹恼了菲利普。为了维护天主教的声誉，他决定惩罚伊丽莎白。于是，1588年，菲利普集结海军，组成"无敌舰队"，向英国驶去。

听着这支舰队的名字我们就知道，菲利普自信满满，认为一定能够打胜仗。可是，他没想到英国并没有正面迎战，而是派出一队小船从背后偷袭他的无敌舰队。这些小船十分灵活，它们一次只攻击一条船。攻击完之后，小船便迅速逃离，而菲利普的舰船十分笨重，它们甚至还没有调转船头开炮，英国人就驾着小船跑远了。

在战斗中，英国人找了些旧船只点燃，然后让这些燃烧着的旧船靠近西班牙的舰队。当时的船都用木头打造，所以西班牙的船只都着了火，损失惨重。幸存下来的西班牙舰船狼狈地撤退，但是他们的运气实在太糟。正当他们想绕过苏格兰北部回国时，一场巨大的暴风雨袭来，好不容易在战争中幸存下来的西班牙战船都在这次暴风雨中被摧毁。

这次惨败，令西班牙彻底丧失了海上霸主的地位。从此，西班牙逐渐走向没落，再也不是世界上最强大的国家。而伊丽莎白则带领着英国，逐渐取代西班牙的霸主地位。英国的舰队，也取代西班牙的无敌舰队，成为当时世界上最大的海军舰队。

伊丽莎白用她的统治事实告诉人们，女人不会比男人差，在很多事情上，还会比男人做得更好。

伊丽莎白时期的伟大人物

伊丽莎白的统治时间很长。她在位期间，发生了许多有趣的事情，接下来，我们就要讲一讲这些有趣的事情。

有一天，伊丽莎白出门时正巧遇上大雨。雨水使得路面十分泥泞，盛装的伊丽莎白不得不拎起裙子穿越泥泞的马路。正在此时，一个年轻人跑了过来，他将自己漂亮的天鹅绒斗篷铺在泥泞的道路上，让伊丽莎白从上面踩过去。

年轻人的细心打动了伊丽莎白。她十分欣赏这个年轻人的绅士作为，于是就将他封为骑士。他就是后来的沃尔特·雷利爵士。

沃尔特·雷利爵士还为伊丽莎白做过另一件事。

还记得 100 年前的卡伯特到达美洲后，曾经宣称美洲的大部分土地都属于英国吗？尽管如此，英国政府却并没有对此做出任何举动。直到有一天，沃尔特·雷利爵士觉得英国有必要考虑如何安排美洲的土地。

于是，他组织几批英国人，将他们送到现在美国的北卡罗来纳州海岸线附近一座名为罗诺克的小岛上。第一个在美洲出生的英国孩子是一个女孩儿，她被取名为弗吉尼亚·戴尔。弗吉尼亚在英文中意为"处女之地"。而在当时，整个美洲海岸都被称为"弗吉尼亚"，这个名字也是为了纪念"童贞女王"伊丽莎白。伊丽莎白很受欢迎，所以后来有许多英国女孩子都叫弗吉尼亚。

这些英国人在罗诺克过着异常艰苦的生活，很多人因为忍受不了那里恶劣的生存环境，又重新回到英国，而留在那里的人后来全部失踪了。直到现在，我们都不知道那些人去了哪里。

回到英国的人从弗吉尼亚带回许多烟草。当时英国人看到美洲的印第安人都抽烟，而且他们身体都很强壮，所以英国人理所当然地认为，抽烟对身体很有好处。于是，在烟草被带回英国后，英国国内就流行起了抽烟。沃尔特·雷利爵士就是在那个时候学会抽烟的。关于他抽烟的事情，还有一个小笑话。

雷利爵士刚开始抽烟的时候，他的仆人看到他嘴里有烟冒出来，就误以为雷利身上着火了。于是有个人赶忙去接了一桶水，从雷利的头上浇了下去，将雷利浇成了落汤鸡。

不过，伊丽莎白的继任者詹姆士国王却十分痛恨烟草。他不准人们抽烟，还写了一本书说明抽烟的种种坏处。詹姆士是位明智的国王，因为抽烟的确会对人的身体产生致命的伤害。詹姆士继位后，还将伊丽莎白女王的好朋友雷利爵士关进了伦敦塔，因为他认为，雷利爵士在当年参与了反对他登基的阴谋。

雷利一直被关押了 13 年，在监狱里，雷利没有事情可做，便写书解闷。他的书名为"世界历史"。最终，雷利还是被詹姆士国王处死了。如果伊丽莎白女王得知这个消息，会不会感到伤心呢？

伊丽莎白时期的伟大人物

　　除了雷利爵士之外，伊丽莎白统治时期还出现了许多伟大的人物，莎士比亚就是其中一个。我相信你们中有很多人都读过莎士比亚写的故事。也许，你小时候听过的睡前故事里就有《哈姆雷特》《威尼斯商人》和《罗密欧与朱丽叶》，这些都出自这位天才剧作家之手。

莎士比亚

　　威廉·莎士比亚（1564 年 4 月 23 日—1616 年 4 月 23 日），华人社会常尊称为莎翁，是英国文学史上最杰出的戏剧家，也是欧洲文艺复兴时期最重要、最伟大的作家，全世界最卓越的文学家之一。

　　1590 年到 1613 年是莎士比亚的创作的黄金时代。他的早期剧本主要是喜剧和历史剧，在 16 世纪末期达到了深度和艺术性的高峰。接下来到 1608 年他主要创作悲剧，莎士比亚崇尚高尚情操，常常描写牺牲与复仇。在他人生最后阶段，他开始创作悲喜剧，又称为传奇剧。

不过，莎士比亚并不是从小就展露出作家的天赋，他只在学校读过6年书，而且他当时并不是一个好学生。莎士比亚在学校里顽皮捣蛋，一点儿也不好学，因此常常受到老师的批评。最后，从学校里出来时，莎士比亚甚至连自己父亲的名字都写不出来。

13岁时，莎士比亚就再不去上学了。辍学之后，他在外头过了几年顽劣的生活。然后，他与安妮·哈瑟维结婚，并且有了三个孩子。但是结婚没几年，莎士比亚就独自离开妻子和他的三个孩子，前往大城市伦敦寻找发展机会。

年轻的莎士比亚没有什么特别的长处，只能在伦敦的一个戏剧院给人照看马匹。不过，之后他得到了一个表演的机会，只是出演的都是一些小人物，几乎没有什么发展前途。

无法成为优秀演员的莎士比亚一直坚持，没有放弃。

后来，有人让莎士比亚修改剧本，他写起剧本来远比当演员得心应手。经他手写出的故事，情节丰富，语言生动。这些精彩绝伦的剧本令莎士比亚声名鹊起。

虽然莎士比亚很早就辍学了，但他懂的东西一点儿也不少。在他的剧本里，涵盖许多医学、历史、法律方面的知识，这让他的剧本内容丰满而生动。在创作剧本期间，莎士比亚赚了一笔不小的财富。然后，功成名就的莎士比亚回到自己出生的小镇——斯特拉特福居住，直到去世。

莎士比亚被葬在一个乡村教堂里，在他的墓碑上，有人写了一首诗，最后一句是"迁我尸骨者将受亡灵诅咒"，这句话让许多想将莎士比亚的遗体迁移到更加体面的大教堂的人，一直不敢贸然行动。所以至今，莎士比亚依然安静地躺在那间乡村小教堂里。

沃尔特·雷利

雷利爵士年轻时，曾经当过私掠船的船长。不过，他也是一名作家、诗人，他对文学、历史、航海术、数学、天文学、化学、植物学等方面都有研究，是一位博学的海盗船长。而且，据说他长得十分英俊。

雷利曾对伊丽莎白女王说："谁控制了海洋，谁就控制了贸易；谁控制了世界贸易，谁就控制了世界的财富，最后也就控制了世界本身。"

正是因为他的这句话，伊丽莎白女王开始重视英国的海外殖民地，同时开始加强英国的海军建设。雷利很受女王的喜爱。他聪明又幽默，为女王写了很多诗歌。不过后来，雷利没有经过女王的允许就与女王的一个侍女结了婚。这件事情惹恼了女王，她一气之下将雷利关了起来。不过后来女王还是宽恕了雷利。

雷利是个冒险家，他曾在 1595 年到南美洲寻找黄金，只是这次他没有像上次在弗吉尼亚时那样幸运，他什么也没有找到。

斯图亚特王朝的殖民者

　　我们在这里讲一讲与姓名有关的故事。你可能要问，姓名有故事可讲吗？当然有，这里面有许多有趣的故事。

　　英文名字与中文名字一样，有许多常见的名字，比如，卡彭特、费舍尔、贝克尔、米勒、泰勒、库克等，这些名字听起来十分普通。可是通过这些名字，你就能知道他们的职业。这你就想不到了吧，接下来让我告诉你。米勒是磨坊主，泰勒是裁缝，费舍尔是捕鱼人，库克是厨师，贝克尔是面包师，卡彭特是木匠。怎么样，用职业来做名字是不是很有趣。

　　过去，很多英国人都以职业来当姓名。好比有个人叫泰勒，很可能他的祖辈就是裁缝，那么叫作斯图亚特的人，他的祖辈有可能就是管家。还记得那个被伊丽莎白女王砍头的苏格兰女王玛丽·斯图亚特吗？她姓斯图亚特，没准她的祖先就是管家。

　　让我们回过头来说说伊丽莎白女王。这位女王没有结婚，因此她一辈子也没有孩子，同时，她是都铎家族最后一个成员，所以她死后没有人能继承她的王位。

　　无奈的英国人只能去外面寻找新的国王。他们首先想到的就是苏格兰的斯图亚特家族。因为都铎家族与斯图亚特家族有亲戚关系。

斯图亚特王朝的殖民者

当时，苏格兰还是一个独立的国家，不是英国的一部分。

当时的苏格兰国王詹姆士·斯图亚特，也就是玛丽的儿子，接受了英国人的邀请，前往英国。由斯图亚特家族统治的英国，被称作斯图亚特王朝，从1600年至1700年这段时间，英国一直由其统治。

英国人选择斯图亚特家族来统治，可真是一个错误。斯图亚特家族的人完全是残暴专制的独裁者。例如，詹姆士要求议会不能做违背国王意志的事情。而且他认为，国王的权力是上帝给予的，国王所做的一切都是对的。

詹姆士的种种作为让英国人十分后悔，他们认为自己是引狼入室。这个苏格兰人在英国人头上作威作福，实在让他们难以忍受。不过，虽然英国人对他的许多做法十分不满意，但他们毕竟忍了下来。

当时，英国在印度建立了自己的殖民地，并且不断扩张，最后完全征服了印度。殖民地的扩张，使英国变成一个强大的国家。

除了在印度建立殖民地外，英国人还在南、北美洲分别建立了殖民地。1607年，又有一批英国人来到美洲。他们在弗吉尼亚登陆，想在那里碰碰运气，看看能不能找到金矿，发一笔横财。不过他们的运气并不好，那里什么也没有。但是既然来了，他们就干脆在当地定居，并把定居地命名为詹姆斯敦。为了生存，殖民者便在这片土地上开展劳动，开垦自己的家园。

很快，英国殖民者发现了与金矿一样值钱的东西，那就是烟草。

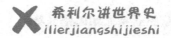

他们在美洲种植烟草，然后运回英国贩卖。这些烟草给殖民者带来了丰厚的收入。不过，这些从英国来的绅士不想再劳动了，但是有谁能帮他们做这些粗活呢？很快，有人从非洲带来一些黑人，他们被当成奴隶，贩卖给英国殖民者。英国殖民者买到奴隶后便让他们在种植园里干粗活。历史上最黑暗的制度之一，美洲奴隶制度就这样开始了。

慢慢地，南美的大种植园里几乎全部是黑人奴隶在工作。种植园越来越大，就有越来越多的黑人被贩卖到这里从事繁重的体力活。奴隶制度和贩卖黑人是人类为了满足自己的欲望而施行的一种罪恶行径。

"五月花"号上的人们

斯图亚特王朝的殖民者

又过了一段时间，新一批英国人来到美洲土地。不过，这些人并不是为了来新大陆寻找金矿。

当时的英国总会发生些让人烦心的事情，于是便有人想要找个安静的地方，去过宁静的生活。而当时，人们对新大陆的生活怀抱着美好的想象，所以 1620 年，这些英国人乘船，从英国的普利茅斯出发，漂洋过海到了今天美国的马萨诸塞州。新来的英国人把定居的地方命名为普利茅斯，也就是最早的新英格兰地区。那艘载着他们来到美洲的船就是著名的"五月花"号。只是，生活并没有他们当初想象的那么好。这里生活条件恶劣，气候严寒。他们中有许多人甚至都没挺过第一个冬天。但是，活着的人都留了下来，没人再回英国。那么，接下来我们回头看看当时的英国，那里正在发生一件重要的事情。

麻烦不断的英国

詹姆士·斯图亚特去世后，他的儿子查理继承王位。查理像极了他的父亲，甚至比父亲更加严苛。要知道，英国人在他父亲统治时期已经对斯图亚特家族非常不满，现在他们再也无法忍受专制的国王了，于是，许多年来积累的怨恨就像火山一样猛烈地爆发出来。

这次，英国的民众可不像上次《大宪章》签订时那样，只是逼国王签定法条那样简单。人们组织了军队，准备与查理开战。这支军队由议会领导，我们称之为"议会军"。议会军由一名叫奥利弗·克伦威尔的乡村绅士组织训练，他把自己的士兵全都训练成了精兵良将。

查理也组织了自己的军队，主要由贵族组成。军队里的士兵都留着长长的卷发，戴着插有大羽毛的宽边帽子，衣领、袖口上都点缀着精致的蕾丝花边。议会军都由普通民众组成，他们衣着朴素，留着短发，显得十分干练。

国王的士兵成日花天酒地，不务正业，全然不把战争放在眼里。而议会军对每一次战斗都十分重视，他们在战斗之前都要向上帝祈祷，行军的路上还高声唱圣歌和赞美诗。

如果这样两支队伍出现在你面前，你觉得谁会赢呢？很明显，国王的军队并不是议会军的对手。最终，国王的军队大败，查理成

麻烦不断的英国

了议会军的阶下囚，他将面临审讯。当时，审讯国王的人实际上并没有审讯国王的权利，但他们仍然执行审讯，指出了他的罪行，并判处查理死刑。1649 年，查理国王被人们送上了断头台。

国王死了，但是英国必须有人来管理。谁有能力接过这一重任呢？人们自然地想到了议会军的总指挥官奥利弗·克伦威尔。克伦威尔长得很粗犷，也总是会做些粗鲁的事情，但是国家管理者并不一定要长得好看或者是举止优雅。之前的很多故事都能证明这一点。

克伦威尔很适合管理国家，因为他为人正派，惩罚分明，尤其痛恨不诚实的言行。有一次，克伦威尔找来一位画家给他画肖像。当画家发现克伦威尔脸上的瘊子后，便自作主张地没有画上去。他想，这样做肯定会让画上的克伦威尔显得好看一些。但是，克伦威

克伦威尔

奥利弗·克伦威尔（1599 年 4 月 25 日—1658 年 9 月 3 日），出生于英国亨廷登郡，英国政治家、军事家、宗教领袖。17 世纪英国资产阶级革命中，资产阶级新贵族集团的代表人物、独立派的首领。曾逼迫英国君主退位，解散国会，并转英国为资产阶级共和国，建立英吉利共和国，出任护国公，成为英国事实上的国家元首。

尔在看到自己的画像后竟然大发脾气，他大声斥责画家，责怪他不按照自己真实的样子来画。

克伦威尔死后，他的儿子继承王位，但是却让所有人大失所望。因为克伦威尔的儿子虽然心地善良，但缺少治理国家的智慧。或许，就连他自己也知道自己没有办法担起这样的重任，于是，几个月后，他便退了下来。

一时之间，人们找不到合适的人选来接任国王。英国人开始慌乱。或许你也有过这样的经历：当一件事总是无法解决时，你会头脑发热做出一些错误的决定。英国人就是这样，他们竟然把查理的儿子请回来当他们的国王。难道他们忘了斯图亚特家族的本性吗？难道他们忘了英国人处死了他的父亲吗？

1660年，查理的儿子，查理二世继位。斯图亚特家族重新统治英国。

事实证明，英国人做出了史上最愚蠢的决定。查理二世贪图享乐，终日寻欢作乐，根本没有心思治理国家。而且，他为了给自己的父亲查理报仇，便用残酷的刑罚对待那些处死父亲的人，就连已经死去的人也不放过。查理二世令人挖出克伦威尔的尸体，将他的头砍掉，最后还把尸体挂起来。

这时的英国真是个麻烦不断的国家。英国人仿佛受到了什么可怕的诅咒，曾经夺去无数人生命的瘟疫，再一次袭击。后来，1666年的某一天，一场大火在伦敦蔓延开来。这场大火使英国损失惨重，

麻烦不断的英国

几百间教堂、几千座房屋被火舌吞没。不过，这对英国人来说并不一定是坏事，因为这场大火消除了伦敦城里大量的污秽垃圾，瘟疫被赶跑了。真是不幸中的万幸。

从这以后，为了防止再次发生可怕的火灾，人们便不再用木头建造房屋，而改用砖块和石头。

1688 年，斯图亚特家族的统治走到了尽头。这一年，斯图亚特家族的统治者威廉和玛丽代表斯图亚特家族，签署了一份由议会起草的法案。这就是大名鼎鼎的《权利法案》。从此，国王与人民之间的矛盾彻底解决，议会成为国家的真正领导。后来，英国人把这称为"光荣革命"。因为，没有经过战争，他们就取得了革命的成功。

此路易非彼路易

　　现在，让我们暂时离开英国，到其他国家看一看。先到英吉利海峡对岸的法国。

　　当英国由斯图亚特家族统治的时候，法国的国王来自路易家族。历史上有一个圣徒也叫路易，但是他与我们现在要讲的路易国王一点儿关系也没有。路易家族有很多国王，而我将介绍的这两位国王是第十三个和第十四个——路易十三和路易十四。让我们按顺序来，先讲讲路易十三时期的法国都发生了什么。

　　路易十三虽然是法国国王，但是，他没有什么权力。这个国家的一个人比他更有权势。这个人很好认，如果你看见一个穿着红色长袍、戴着红帽子的教徒，那便是他了——黎塞留。

　　黎塞留是当时法国教会的最高管理者，也就是所谓的红衣主教。他的权力很大，大到连国王路易十三都要听他的指令。黎塞留是天主教徒，法国也是个天主教国家。但是，黎塞留却在一场战争中支持了新教徒。

　　又是战争，是的，又是战争。我知道你已经听了太多关于战争的事，但是，这场战争不得不提及。因为它与先前讲过的许多战争不同——不是国家之间的战争，而是天主教徒与新教徒之间的战争。

此路易非彼路易

那么，天主教徒黎塞留为什么要站在新教徒那一边呢？原来，他与新教徒有共同的敌人——奥地利。

这件事不难理解。就像你正和一个人打架，这时，有个你们都讨厌的人过来要打你们，那么这时最明智的做法就是你们联手把这个讨厌的人赶跑。所以，尽管黎塞留并不喜欢新教徒，但是为了打败奥地利，他决定先与新教徒合作。黎塞留又为什么一定要打败奥地利呢？虽然奥地利也是天主教国家，但是黎塞留认为，只有法国才是天主教国家的真正统治者，所以，他一定要让奥地利服从自己的管辖。

参与这场战争的国家很多，而战争的目的就是争出到底是新教还是天主教占统治地位。当时，北欧有个国家瑞典——之前从来没提到这个国家——也参加了这场战争。

这时的瑞典国王名叫古斯塔夫·阿道夫。瑞典的气候十分寒冷，因此他被称为"雪王"。阿道夫骁勇善战，人们十分崇敬他，因此又称他为"北方雄狮"。阿道夫是当时参战的欧洲统治者中最优秀、最正义的国王。

英勇善战的阿道夫亲率军队南下，直抵当时的战争中心德国，全心全意帮助新教徒作战。阿道夫不像其他多数参战的统治者那样，只想利用这场战争为自己谋取利益，他更多的是为自己心中所坚信的正义而战。由于阿道夫英勇善战，瑞典军队最终也获得了胜利，然而不幸的是，阿道夫却在一场战役中英勇牺牲。

新教徒与天主教一共打了 30 年，最终，新教徒在战场上取得优势。结果战争双方签订了标志着战争结束的和约——《威斯特伐利亚和约》。此和约承认新教的合法地位，并且规定每个国家的国王都有权力决定国家的官方宗教是新教还是天主教。

路易十三与黎塞留下台之后，性格强势的路易十四登上法国的王位。他即位以后，执政手段非常强硬，不愿意像自己的父亲那样任人摆布。路易十四觉得国王必须把政权牢牢掌握在自己手中。因此，他声称自己就是国家，就是法国最高权力的代表。

所以，当英国人把权力交给议会的时候，法国的路易十四则拥有至高无上的权力。路易十四在位很久，长达 70 年。这让他成为法国在位时间最久的国王。

不知道你们有没有见过骄傲的孔雀，它总是昂着头，挺着胸，踱着步子，仿佛自己是世界上最高贵的生物。路易十四就与骄傲的孔雀一样，喜欢炫耀。那时，法国人总是能看见他们的国王手握权杖，走起路来昂首阔步，趾高气扬，好像戏剧里面的人物一样。路易十四还经常戴着散发浓烈香气的假发，穿着紧身衣，蹬着红色高跟鞋到处检阅游行。

我们总说，爱炫耀的人显得很愚蠢，路易十四的这些举动，让他看起来像个小丑一样。可是，当时没有哪个人敢说他们的国王是个傻瓜，因为正是他带领法国不断与其他国家作战，最终取代西班牙和英国，成为当时的欧洲霸主。

此路易非彼路易

　　国王总是要有一座豪华的宫殿，路易十四为自己在凡尔赛修建了一座华丽的宫殿。据说，宫殿的礼堂由大理石砌成，墙上满是精美绝伦的画。为了展现自己的威严，同时欣赏自己的身姿，路易十四在宫殿里悬挂了许多面大镜子。

　　凡尔赛宫极尽奢华，就连宫殿周围都美轮美奂。那围绕着凡尔赛宫的大型花园里设置了许多喷泉。可别小看这些喷泉，里面的水都是从很远的地方运到凡尔赛来的，喷几分钟就要花掉几万美元。这些喷泉每天按时喷洒。每当此时，阳光透过重重水雾，将整个凡尔赛宫照得晶亮。如果你对这些喷泉感兴趣，可以到那里去看看，凡尔赛宫的喷泉现在还按时喷水，相信你一定会被它吸引。

　　路易十四是一个善于给自己找乐子的人。他喜好笼络人才，只

路易十四

　　路易十四，法国波旁王朝国王。自号太阳王，从 1643 年至 1715 年在位，长达 72 年 3 月 18 天，是在位时间最长的君主之一，也是有确切记录在欧洲历史中在位最久的独立主权君主。

　　在他亲政期间（1661—1715 年），法国发动了三次重大的战争：法荷战争、大同盟战争、西班牙王位继承战争，和两次小规模的冲突，使他在 1680 年开始成为至高无上的欧洲霸主；后两场大战对荷一英一奥的三强联盟，大同盟战争因双方厌战而和解，西班牙王位继承战争最后由法国王孙继承王位，但战争负担使他亲手缔造的伟大形象（大帝）的超高民气在晚年丧失殆尽。

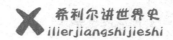

要有人在某一方面特别突出，无论绘画还是歌唱，哪怕仅仅是长得十分漂亮，路易十四都会把他们请到宫殿。他们以路易十四的侍臣为名，待在凡尔赛宫供国王差遣。侍臣由路易十四供养，过着锦衣玉食的生活，舒心、惬意，相比之下，百姓的日子过得可就痛苦得多。百姓吃不饱，穿不暖，还得上交大量税金为路易十四和侍臣的玩乐埋单，否则路易十四哪有钱举办各式各样的聚会，显摆自己的荣耀。

哪里有剥削，哪里就会有反抗，我们几乎可以预见法国人民最后一定会抗争。

雄心勃勃的彼得大帝

每个美国孩子都会被问到这样一个问题：谁是美国国父？我想孩子们会争着回答：乔治·华盛顿。如果你问俄罗斯的孩子谁是他们的国父，他们会告诉你："彼得大帝。"

这个故事的主人公彼得，生活在 1700 年之前。那时，俄国虽然是欧洲最大的国家，但是并没有多少人了解它。为什么呢？这么跟你说吧，如果你家附近有一所大房子，但是被高高的篱笆墙围住，而且每天都房门紧闭。房子的主人也极少出门，不参加聚会，也不邀请邻居到家里去做客，那么虽然他的房子是整个街区最大的，但是你除了这一点，却一点儿也不了解房子的主人。当时的俄国就是这样，那里的人生活得相对封闭，与其他欧洲国家很少交往，所以很少有人了解它。

公元 13 世纪，俄国曾是成吉思汗的管辖之地。你还记得成吉思汗吗？我们在讲中国时曾提到这个伟大的统治者。那时，俄罗斯人学到了许多东方人的习惯。你见到当时的俄国人，一定会觉得很奇怪。这个信奉基督教的民族，虽然是斯拉夫语系的成员，但是他们却跟中国人一样，男人留长胡子、穿长袍，而且与中国人一样使用算盘算数。这些行为举止和生活习惯都跟东方人一样，如果不是长着一张欧洲人的脸，你一定会误以为他们是东方人。

当时的俄国比其他欧洲国家都要落后，尽管那时其他西欧国家已经不再实行农奴制，俄国也已经废除了农奴制，但是俄国的贵族却仍然在使用农奴。俄国，就像一座巨大却破败的房子，虽然看起来很宏伟，但却并不结实，亟待修缮。

公元1672年，俄国有位名叫彼得的小王子出生。作为一名王子，有一件事让彼得觉得羞耻——他怕水，即便站在水边，他都吓得直冒冷汗。如果你害怕一件东西，会怎么做呢？离它远远的，再也不靠近，还是想办法战胜它？彼得选择了克服自己的恐惧。他可是个王子，是个男子汉，不能害怕任何东西。于是，彼得逼着自己接近水，每天都到水边去玩各种与水有关的游戏。彼得依靠坚强的毅力战胜了内心的恐惧。他终于不再怕水，甚至还喜欢上了游泳和划船。

在听了那么多伟大君主的故事之后，我想你一定也猜到了，彼得是个雄心勃勃的人，拥有伟大的理想和抱负。的确如此，理想是成就伟大君王的必要条件，彼得当然也不例外。他看着面积辽阔，却并不富强的俄国，很想让它强大起来。但是，要怎样做呢？

当时的俄国人与外界交流很少，自闭愚昧，要想转变现状，就得先学习西欧先进的技术。但是，彼得发现整个俄国竟然没有一个人能当他的老师，于是，他毅然决定到国外去学习。

此时的彼得，就像童话故事里寻访仙人学习魔法的学徒一样，开始了自己的旅程——当然他学习的是先进的文明。

雄心勃勃的彼得大帝

　　彼得的第一站是荷兰，没错，就是那个曾经盛产海盗的国家。彼得要来学习荷兰人的造船技术。彼得与其他学生一起，制造了一条三桅战舰；然后，他去到英国，为英国东印度公司当了一段时间的船长；接着，他到普鲁士学射击。总共花了16个月，彼得游遍西欧的工厂、学校、博物馆、军火库，甚至还参加了英国议会举行的一届会议，出席了国会的会议，参加了王宫的化装舞会。在这期

彼得大帝

　　彼得大帝，即彼得一世，俄罗斯帝国皇帝（1721—1725年）。1682年即位，1689年掌握实权发动改革。他积极兴办工场，发展贸易，发展文化、教育和科研事业，同时改革军事，建立正规的陆海军，加强封建专制的中央集权制。继而发动了战争，夺得波罗的海出海口，给俄罗斯帝国打下坚实基础。可以说，近代俄国的政治、经济、文化、教育、科技等方面的发展史无不源于彼得大帝时代。

间，彼得没有告诉任何人他是王子。他把自己当成一个普通的工人，饿了自己做饭，衣服破了自己补，完全自力更生。

很快，彼得就掌握了先进的造船技术，还学会了打铁、修鞋，甚至拔牙等工艺。最后，彼得带着丰富的知识回到祖国，开始改造俄国的面貌。

彼得想，俄国必须在军事上强大起来，因此他开始推行义务兵役制，引进国外新式武器和战略技术。然后，他想和其他欧洲强国一样，建设一支强大的海军——一支属于自己的舰队。

拥有自己的舰队，这是个多好的想法啊！可是，彼得看着俄国地图，皱起了眉头——俄国位于内陆地区，没有港口。彼得陷入了沉思，必须要找到临水的地方，建设属于自己的港口。最终，彼得的目光落在北欧斯堪的纳维亚半岛东南部——瑞典。那里有长长的海岸线，又与俄罗斯接壤。当然，瑞典人不会愿意把自己的土地拱手相让，战争不可避免。但是彼得根本不担心，因为当时瑞典的统治者查理十二只是个少年。

彼得觉得自己完全可以战胜年轻的查理十二。不过，彼得似乎忘了这个男孩儿的绰号——"北方狂人"。查理十二可不是平庸的男孩儿，他一点儿也不比彼得逊色。查理十二同样年少有为，天赋极高。听说他4岁已经学会骑马、射箭，少年时期就精通兵法，懂得如何行军打仗。与他打过仗的国家，几乎都吃了败仗，当时人们甚至将查理十二与亚历山大相比，认为他们一样勇猛。

雄心勃勃的彼得大帝

骄傲的彼得被查理十二打败了，他从未想过自己竟然会败给一个男孩儿。彼得吃了败仗以后，回到国内仔细思考，认真练兵。最后，他终于打败查理，攻破了查理不败的神话，得到了他想要的海滨。接下来，他踏上实现梦想的道路，组建了一支筹备多年的舰队。

彼得就像父亲关爱自己的孩子一样关心自己的舰队。为了接近自己的舰队，方便看到舰队的操练情况，尽管现在的都城莫斯科环境不错，彼得仍然决定把俄国的都城迁到离舰队近一些的地方。经过仔细挑选，彼得最终选定一片沼泽地。当然，沼泽地上不能建城市，于是彼得找来30多万工人，将这个地方填平，并在上面建起了一座美丽的城市。

这就是圣彼得堡。圣彼得，这个名字对你来说一定不陌生。圣徒彼得也叫"圣彼得"，没错，这座城市正是为了纪念圣彼得。当然，你也可以说，彼得大帝是用自己的名字来给城市命名。

从彼得大帝开始，直到近代都城迁回莫斯科之前，圣彼得堡一直都是俄国的首都。只不过它的名字一改再改，它曾叫过圣彼得堡，然后叫彼得格勒，接下来叫列宁格勒，最后又改回圣彼得堡。这么多名字，可别记乱了。

迁都以后，彼得着手治理国家，在这一阶段，他除了重视发展经济，创办许多工厂之外，还非常注重教育，开设了许多学校。此外，他还进一步完善俄国的法律，建立了许多医院。这一时期，彼得做了许多对俄国人民有益的事情。

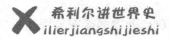

在所有的治理手段中，彼得还下达一个强制性命令，让俄国人剪掉长胡子。300多年以前，长胡子曾经是俄国人最自豪的东西。

圣彼得堡

圣彼得堡位于波罗的海芬兰湾东岸，涅瓦河河口，是俄罗斯第二大城。涅瓦河纵横的水道把这里分隔成了40多座小岛，于是，人们修建了400多座桥梁来连接这些小岛。所以，圣彼得堡有了"桥城"的美誉。

今天，这里仍可见俄罗斯帝国时期留下的古典建筑，彼得罗巴甫洛夫斯克要塞、冬宫与皇宫广场、夏花园与夏宫、伊萨克大教堂、驷马桥等。

圣彼得堡有一个十分特殊的景观——白夜。圣彼得堡地处北纬60度，每当仲夏时节，日光仿佛特别偏爱这里，于是这里便得到了20小时的日照时间。每到此时，夕阳似乎才刚刚落下，旭日便在东方升起。而这之间的间隙，人们不需要点灯就可以读书看报。黑夜仿佛永远不会降临在这座美丽的城市。

雄心勃勃的彼得大帝

许多俄国人认为，胡子是"上帝赐予的饰物"，身体的灵魂全部凝聚在胡须之上，所以，当时的俄国人把刮胡子视为异端。但是，彼得却认为胡子代表了俄罗斯的守旧和落后。贵族不明白彼得为什么这么做，吓得号啕大哭，直呼"成何体统"，但彼得根本不予理会，反而下令全体男性居民必须剪掉胡子，不剪就得交重税。

虽然胡子是剪掉了，但有些俄国人还是把剪下的胡子保存下来，准备死时一起葬在棺材里，他们认为，这样可以在升天堂后体面地见上帝。

彼得思想先进，对婚姻的态度也很开明，没有所谓的门当户对的观念。他爱上了一个名叫凯萨琳(叶卡捷琳娜)的穷苦农家女孩儿，并且准备娶她为妻。但是，彼得的爱情遭到许许多多人的反对，他们觉得彼得的行为太荒唐。但是，这些阻力并没有让彼得退缩，他不顾所有人的反对，毅然与凯萨琳结婚，并且坚定地册封她为王后。

这位让彼得大帝如此钟爱的凯萨琳究竟是个什么样的人呢？她性格温婉，聪慧异常，是彼得的好帮手。与彼得结婚后，她帮助彼得将国家治理得井井有条。夫妻二人过着幸福美满的生活。彼得去世后，凯萨琳继承丈夫的遗志，登上俄国的政治舞台，同样做出了巨大的贡献。

彼得的改革政策使俄国的面貌焕然一新，俄国真的变成了一个强大的欧洲国家。1721年10月，俄国枢密院尊称彼得为"大帝"和"祖国之父"，俄国也正式改称"俄罗斯帝国"。

"文艺"国王

彼得大帝是位了不起的君主，幅员辽阔的俄国在他手中变得强大。当时，欧洲还有一个了不起的人，他与彼得大帝一样，将自己的国家由弱变强，但是，他的国家领土要比俄国小多了。他就是腓特烈，他的国家名为普鲁士。

普鲁士的王子名叫弗里茨，他就是腓特烈二世。腓特烈长着一头卷曲的头发。他的父亲是普鲁士第二任国王。腓特烈的父亲有一个特别的爱好，就是喜欢"收集"巨人。只要听说哪里有个子特别高的人，他就用尽各种办法把这个人找到。他将这些巨人组成一支军队，还为自己拥有这样的军队而感到骄傲。

老国王的脾气非常古怪、暴躁，对自己的孩子也缺乏耐心。老国王一心想让腓特烈变成一个英勇的战士，因此对他要求异常严苛。但是，腓特烈却非常热爱音乐和写作。老国王为此责骂他不务正业，只懂得唱歌、写诗这些没用的东西，却从来不提高自己骑马、射箭、带兵打仗的能力。

脾气暴躁的老国王并不和蔼，只要儿子一犯错，他就很生气地拿起藤条抽打。有一次，他竟顺手抓起碟子向毫无防备的腓特烈丢去。甚至，为了惩罚腓特烈，老国王还会把他关进屋子，只提供面

"文艺"国王

包和水。

终于有一天，腓特烈再也无法忍受父亲的严厉管制，离家出走，逃出宫殿。可怜的腓特烈还是被父亲抓了回来。他的行为惹恼了父亲，父亲一气之下竟然要处死自己的儿子。幸运的是，周围的人连连求情，父亲才肯罢休，否则普鲁士会失去一位英勇的国王，普鲁士的历史或许就会因此改写。

人们以为，这位喜欢诗歌写作的王子长大后应该不会成为战士，但是，令人意想不到的是，长大后的腓特烈真的长成了一个英勇的战士。他仍然热爱诗歌，喜欢音乐，但他有了更远大的志向，他要

腓特烈二世

史称腓特烈大帝。普鲁士国王（1740年5月31日—1786年8月17日在位），德国国父级的人物。统治时期普鲁士军事大规模发展，领土扩张，文化艺术得到赞助，使普鲁士在德意志取得霸权。腓特烈二世是欧洲历史上最伟大的名将之一，而且在政治、经济、哲学、法律、甚至音乐诸多方面都颇有建树。

让普鲁士成为欧洲最强大的国家。要想让国家强大，大多数国王都会选择向外扩张，腓特烈也不例外。那么，他的目标是谁呢？

在腓特烈登上普鲁士王位的同时，邻国奥地利正由一位名叫玛丽娅·特雷西亚的女王统治。虽然我们知道女人统治国家并不一定比男人差，但在当时，很多人并不看好女王的能力。许多人都觉得一个由女人统治的国家肯定很容易被征服，腓特烈就是其中一员。为了扩充自己的地盘，腓特烈像当时的许多国家一样，对奥地利发起战争。

其实，腓特烈这么做违背了父亲的意志。因为父亲在位时，曾经与奥地利女王有过一个约定：普鲁士不会攻击奥地利。而此时，一心想要成就霸业的腓特烈早已将这些陈年约定抛到九霄云外，他大手一挥，普鲁士的军队便向着奥地利直扑而来。

普鲁士与奥地利的战争开始不久，其他欧洲国家就为了自己的利益加入进来。他们有的支持腓特烈，有的帮助奥地利女王抗击。最终，奥地利无力抵挡，腓特烈成功扩大了自己的版图。

奥地利女王玛丽娅·特蕾莎也是个女中豪杰。尽管奥地利在战争中失败，但女王并没有放弃，她准备重整旗鼓，把奥地利夺回来。于是，她秘密地操练军队，暗地里联络一些国家形成联盟。

然而，特蕾莎的运气不太好，她的敌人并不是一般的国王，腓特烈太强大了。在特蕾莎女王有所行动之前，腓特烈就已经探听到她的行动。为了使特蕾莎彻底死心，腓特烈又向奥地利发动了一场

"文艺"国王

战争，这就是欧洲史上著名的"七年战争"。这场战争时间拉得很长，最后完全将奥地利的政治和经济拖垮。腓特烈牢牢地控制了奥地利，最终，他实现了自己的梦想，将普鲁士变成了欧洲最强大的国家之一。

在七年之战进行的同时，遥远的美洲殖民地上的英国和法国打了起来，成为七年之战的"分战场"。这是为什么呢？因为英国人在七年之战中支持腓特烈，而法国和其他国家支持奥地利。最终，支持腓特烈的英国人取得了胜利。如果我说，英国人的这场胜利对现在的美国人而言，有重大的意义，你一定会觉得我糊涂了，英国人的胜利与美国有什么关系，那时美国还没有建立呢。

我并没有糊涂，因为英国人的胜利，决定了英语成为大多数美国人的语言。如果当时法国取得胜利，那么，今天的美国人说的就是法语，而不是英语。

既然提到语言，那么我再告诉你一个关于腓特烈大帝的语言习惯。腓特烈是普鲁士人，本应说德语，可是他认为德语不好听，只有粗鄙、没有受过教育的人才说德语。所以，除非与仆人或是不懂法语的人说话用德语，其他时候，无论写字还是说话，腓特烈用的都是法语。

虽然为了从别的国家得到好处，腓特烈不惜使用一切手段，但是他对自己的子民却十分宽厚。他为国家尽心尽力，把自己的子民当成孩子一样爱护，为了使他们过上幸福的生活，就算与全世界为敌，他也在所不惜。

腓特烈究竟有多爱护自己的子民呢？或许从下面的这个故事你能有所了解。腓特烈的宫殿附近有个磨坊。因为这个磨坊实在太破旧，腓特烈每天看着觉得非常心烦，因为它与自己的华丽宫殿放在一起实在不协调，影响了宫殿周围的风景。但是直到现在，破旧的磨坊仍然矗立在腓特烈的宫殿附近。

原来，当初腓特烈大帝想花高价买下磨坊，然后把它拆掉。但是，无论他出多高的价钱，磨坊主也不肯将磨坊卖掉。要是其他国王，或许早就命令士兵把磨坊拆掉了。但是，腓特烈并没有这样做。因为他觉得无论谁都有权利保留自己的财物，别人无权干涉，即便是国王。所以，直到今天，你还能看到这个磨坊。

乔治家的国王

现在，让我们把目光转向新大陆，看看那里发生了什么。先来讲讲美国的国王。美国也曾经有国王，他与美国国父的名字一样，也叫乔治。不过，他是个德国人，后来当了英国的国王。这与美国又有什么关系呢？别急，听我慢慢来讲。

英国的斯图亚特家族在 1600 年至 1700 年间一直是英国的统治者，然而到了 1700 年左右，英国再也找不到斯图亚特家的后裔。国家不能没有主人，英国必须找个人来做国王。于是，他们便千里迢迢从德国找到一个皇室的远亲来统治英国。

这个新的英国国王名为乔治，英国人称他"乔治一世"。想想看，乔治是个德国人，他一点儿都不了解英国，甚至连英语都不会说。这样的人要怎么管理英国呢？他的儿子乔治二世也一样，对英国毫无贡献。

不过，老乔治的孙子乔治三世可不一样。乔治三世在英国出生，又在英国长大。自小受英国文化熏陶的他，俨然成了土生土长的英国人。美国人要记住这位乔治三世，因为美国就是在他统治英国的时候成立的。

当时，英国在美洲有许多殖民地，也称作居留地。詹姆斯敦和

本杰明·富兰克林

本杰明·富兰克林出生于美国马萨诸塞州波士顿，是美国著名的政治家、物理学家，同时也是出版商、印刷商、记者、作家、慈善家；更是杰出的外交家及发明家。

他是美国独立战争时重要的领导人之一，参与了多项重要文件的草拟，并曾出任美国驻法国大使，成功取得法国支持美国独立。本杰明·富兰克林曾经进行多项关于电的实验，并且发明了避雷针，最早提出电荷守恒定律。他还发明了双焦点眼镜、蛙鞋等。本杰明·富兰克林被选为英国皇家学会院士。他曾是美国首位邮政局长。法国经济学家杜尔哥评价富兰克林："他从苍天那里取得了雷电，从暴君那里取得了民权。"

本杰明·富兰克林被美国的权威期刊《大西洋月刊》评为影响美国的100位人物第六名。

乔治家的国王

普利茅斯是最早的两块殖民地。后来，随着来到新大陆的人越来越多，美洲大西洋沿岸殖民地的范围也越来越大。当时，居住在那里的大都是英国人。除了英国人外，德国人、荷兰人和苏格兰人也有。此外，由于殖民者从非洲贩卖人口，把黑人运到美洲当奴隶使唤，美洲也有了不少黑人。

回过头来，说一说英国对美洲的统治情况。

大西洋沿岸的这些人都由英国国王统治，现在你知道我为什么会在开头说美国曾经有个国王了吗？既然美洲的英国人受英国国王统治，那么，英国国王便要这些人交税给他。这其实是个过分的要求。通常来说，一个国家的税款要用于修建基础设施，例如，修建道路、桥梁、房屋，或者建设学校。可是，美洲人所交的税款都进了英国国王自己的腰包。生活在美洲大西洋沿岸的殖民者总是眼睁睁看着自己的辛苦钱被别人白白拿走。不仅如此，更令他们不满的是，自己辛辛苦苦地劳动，如期交税，竟然连选举权和投票权都没有。既然如此，为什么还要接受英王的统治呢？为什么要给英王交税呢？

于是，他们找到一个人出面去英国与国王乔治三世谈判。他就是本杰明·富兰克林。

富兰克林，就是你在 100 美元上见到的那个人。或许你小时候已经听过很多关于富兰克林的故事，但是我愿意再给你们讲一讲这个人，因为他对美国人而言，意义非凡。

富兰克林是一个蜡烛工人的儿子，出身贫苦。但是，他的聪明才智却使他取得了伟大的成就，成为美国人最尊敬的人。富兰克林是个实业家、科学家、社会活动家、思想家、文学家、外交家，还是一位享有国际声誉的科学家和发明家。当这些看似毫不相关的称谓出现在同一个人名字后面时，我们便能知道，富兰克林的一生有多丰富。富兰克林曾经创办了美国第一份报纸，发明了新式火炉、油灯等，在暴风雨中放风筝捕捉闪电。在美国人心中，甚至世界人民心中，他都是一位伟大的智者。

富兰克林与英国国王谈判时，希望能与他在美洲人民缴纳税金一事上达成一项公平公正的协议。但是，富兰克林没有完成这项任务，乔治三世坚定地拒绝了他，谈判破裂。既然和平方式不能解决问题，美洲人民决定用武力反抗。那么，谁能担负起这一重任呢？

他必须是一名优秀的战士，诚实勇敢，有领导能力。于是，一个人走进了大众视野。他就是美国国父乔治·华盛顿。

乔治·华盛顿曾经是土地测量员。16岁时，由于他聪明能干，受到雇主的赏识，被派去给勋爵的农场测量。后来，华盛顿参军，参加了法国和印度之间的"七年战争"，期间他表现英勇出色。不久，华盛顿就成为了殖民军军官。作为一名出色的战士和军队的领导者，乔治·华盛顿表现出超乎常人的作战能力。由于他的出色表现，乔治·华盛顿被选为美军统帅，指挥军队对抗英国。

本来，美洲人的英国殖民者只是想和在本土的英国人一样拥有属于自己的合法权利，但是后来他们发现，除非摆脱英国国王的统

乔治家的国王

治，独立建国，否则他们的愿望根本不可能实现。

美洲人一再商量，最后让一个名为托马斯·杰斐逊的人起草了一份《独立宣言》。在这份文件里，殖民地人民宣布独立，不再服从英国的统治。当时，有 56 个人作为美洲人民的代表，在这份宣言上签名。

这简直就是一场生命的赌博。如果美洲在战争中失败，那么这 56 个人就会被当成叛国者，死在英国国王的铡刀下。但是，就与所有追求自由的人一样，他们无所畏惧，义无反顾地在宣言上签字。让我们记住这一天，1776 年 7 月 4 日。

当然，乔治三世不可能让美洲这样轻易地独立，他派出军队来到美洲。

双方实力悬殊。英国的军队都是正规军，又有充足的弹药和粮草储备，但华盛顿兵力很少，粮食十分短缺，军费也少得可怜，作战时连子弹枪药都不够。有一年冬天，华盛顿的士兵只有胡萝卜可吃，他们衣物也很少，几乎就被冻死。虽然华盛顿一直在鼓舞士兵的斗志，可要是没有援助，这支队伍迟早会失败。看来，是时候去请救兵了。

于是，本杰明·富兰克林再次被委以重任，前往海外寻求帮助。这次，他去了法国。

富兰克林选择法国，是因为敌人的敌人就是自己的朋友。法国与英国一向不和。还记得七年战争时，发生的美洲之战吗？英国与法国在美洲开战，法国战败，并因此失去了在美洲的殖民地——
加拿大。法国人一直记着这笔账。不过，在富兰克林找到法国人
时，乔治·华盛顿在战场上的形势不被看好。法国人考虑了很久，
如果帮错了人，又一次被英国打败那可就糟了。所以，法国人并没
有立刻答应富兰克林的要求。不过，后来法国人改变了主意，因为
1777 年，华盛顿在萨拉托加大败英军，取得了"萨拉托加大捷"。
法国国王觉得华盛顿似乎有胜利的希望，就同意给华盛顿提供一些

美国国旗

　　美国国旗被称为星条旗。旗上有 13 道条纹，7 红 6 白，并在旗帜蓝色的一角分
别用一颗白色的星来代表一个州。由于每增加一个州，就会在国旗左上角增加一颗星，
因此今天美国国旗上共有 50 颗星，代表 50 个州。但最开始，美国的国旗并不是这样的。
　　美国第一面非正式的国旗，是在 1776 年 1 月 1 日，在查理斯敦的普罗斯佩克特
丘陵升起的。当时，这面旗上也有 13 道红白横条，代表着北美最初的 13 个殖民地。
另外，在旗杆一侧，还画有英联旗。有人把这面旗称为大陆彩色旗。

乔治家的国王

援助物资。同时，法国还派出贵族拉法叶协助华盛顿。

法国出手帮助美洲人以后，英国人觉得局势对自己越来越不利，于是他们就开始考虑议和，承诺给美洲的殖民者和英国人一样的权利。但是，太晚了，美洲殖民者现在想要的是独立，英国国王所谓的权利已经不能满足他们对自由的渴望。由于双方无法达成共识，最终只能以战争来解决问题。

在萨拉托加吃了大败仗后，英国政府派康华利勋爵去与美洲的格林将军作战。本来康华利勋爵想速战速决，但是格林将军却带着自己的队伍跟他打起了"游击"。最终，康华利勋爵被消耗得筋疲力尽，士气衰退。最后，康华利的部队在约克镇被格林将军所带的队伍和法国援军包围。自知抵挡不过的康华利部队只好投降。这下，乔治三世提出议和。1783 年，战争开始后的第八年，双方签署了和平协议，战争正式结束。终于，美洲人摆脱英国的统治，建立了自己的国家——美国。这场战争就是"美国独立战争"。

战争结束之后，美利坚合众国成立，华盛顿当选第一任总统。至今，他在美国人民心中都拥有至高无上的地位。我们都知道美国国旗上有 13 道横条纹，那你知道这些条纹代表什么吗？它们代表美国建立之前的 13 个殖民地。最初，美国就是由它们组成的。我们都知道，13 在西方人眼中是不吉利的数字，但是，建国之后的美国经济、文化迅速发展，国旗上的"13"条横纹并没有给他们带来不幸。

拉丁美洲的独立战争

　　直到现在，墨西哥、南美海岸和加勒比群岛的沙滩，还是很多人向往的度假胜地。不过，这些地方可不只有美丽的景色，还有很多值得当地人骄傲的地方。比如，墨西哥有北美创办的第一所大学，南美也有像西蒙·玻利瓦尔这样著名的英雄人物，他在南美的地位与华盛顿在美国的地位一样。

　　北美的墨西哥与中美洲、南美洲以及加勒比群岛同样有着悠久的历史。不过，因为相隔距离遥远，美国人对这些地方并不了解，大多数人甚至不知道这些地方。所以如果你了解关于这里的知识，你所懂的东西就会比其他人多许多。故事的开始，还是先让我们回到哥伦布发现新大陆的时候。

　　哥伦布代表西班牙到达美洲之后，加勒比海的大部分土地就逐渐被西班牙征服，中美洲、南美洲以及墨西哥也未能幸免。西班牙人夺去印第安人的土地，美洲当地的资源也被他们掠夺一空，比如，金矿银矿。更过分的是，西班牙殖民者还让土著人在金矿和银矿上做工，然而开采出的矿产非但不给印第安人，反而将其运回西班牙，满足西班牙王室的花销。

　　西班牙的富裕让其他欧洲国家眼红不已。逐渐，欧洲其他国家

拉丁美洲的独立战争

也到美洲拓展殖民地，进行殖民掠夺。美洲就像一块巨大的蛋糕，被欧洲国家分食。

巴西被葡萄牙占领，北美洲东部的土地也被英国和法国瓜分，中美洲、南美洲沿岸的一些岛屿和陆地也到了英国、法国、荷兰和丹麦的手里。虽然西班牙的殖民地在缩小，但这并不妨碍它继续掠夺财富。

现在你到南美洲的话会发现，那里的大多数居民讲西班牙语。西班牙语不仅在南美洲拥有众多使用者，甚至已经成为整个拉丁美洲的通用语。南美当地人也像西班牙人那样信仰罗马天主教。这是因为西班牙统治美洲的时间很长，西班牙的语言与风俗便渐渐地渗透了当时的西班牙殖民地。

当年，美洲的西班牙殖民者多为男性，大多数是水手和士兵。这些远离家乡的男人有些娶了印第安女子为妻。经过几代繁衍，美洲常住居民中的大部分人便是欧洲人和美洲印第安人的混血后代，被称为"麦士蒂索人"。相对的，纯欧洲血统人为"克里奥尔人"。当然，这里也有殖民者从非洲购买的黑人奴隶。他们也与麦士蒂索人和克里奥尔人结婚，生下了混血儿。就这样，整个拉丁美洲的人肤色各异。

由于受到殖民者的盘剥，拉丁美洲与加勒比殖民地的人都觉得自己受到了压榨，无法再生存下去。克里奥尔人、美洲印第安人和麦士蒂索人都认为，他们应该有权力管理当地居民，并占有财富。

就连奴隶们也忍无可忍，他们渴望自由。

一时间，中、南美洲和加勒比的所有殖民地都在准备反抗。南美洲就像一个火药桶，一旦有人点着引线，就会炸开。就在这时，美国独立战争的胜利，让拉丁美洲深受鼓舞。于是，引线被点着，拉丁美洲炸开了。

第一个举起抗争旗帜的是岛国海地——法国的殖民地。1789年，法国爆发了一次大革命，提出"自由、平等、博爱"的口号。海地当地富有的克里奥尔人把这些口号理解为：他们应该与生活在法国的法国人那样，拥有同样的权利；而海地土著人及混血者认为，他们与当地富有的克里奥尔人享有同等地位；奴隶们则认为是时候该获得自由了。

杜桑·卢维图尔

海地革命领袖。生于海地北部海地角附近的黑人奴隶家庭。1791年8月，混血种人与黑奴一道在海地北部举行反对法国殖民统治的武装起义。10月，杜桑·卢维图尔带领1000余名奴隶加入起义队伍，展开游击活动。1793年5月，他率领600名起义军与西班牙军联合，攻克海地北部戈纳伊夫等重镇，大败法军。1794年5月，法国国民公会宣布废除海地奴隶制度，杜桑-卢维图尔遂与法军联合反对西班牙殖民军，并把它逐出海地北部，宣布废除占领区的奴隶制度。1798年初，他率军赶走海地西部的英国殖民军，直逼太子港。8月30日，迫使英国签订停战协定，10月1日英军向起义军投降。

拉丁美洲的独立战争

于是，海地北部的奴隶开始起义。起义的领袖是杜桑·卢维图尔。杜桑奴隶出身，但是满腹才学，深受被压迫者的爱戴，是当地有名望的人。杜桑了解法国革命自由平等的理念，并向无知的民众传达了自由的理念，鼓舞他们不要甘于做奴隶。

杜桑·卢维图尔与伙伴们并肩作战，终于成功地迫使法国政府废除了海地的奴隶制度。除此之外，他还为海地人民争取到了参与管理海地事务的权利。在他管理下的海地，黑人和白人共同重建被战火摧毁的家园，海地开始慢慢复苏。不过，法国的拿破仑并不喜欢杜桑。或许是因为拿破仑忌妒杜桑，又或者是拿破仑想要重新收回海地的殖民权，不管想法如何，最终他向海地派出了军队。

狡猾的法军将领并没有在战场上与杜桑对决，而是运用了险恶的阴谋来对付杜桑。一天，法军将领假意邀请杜桑参加宴会，等杜桑一到，就将他抓起来，然后把他关进大洋彼岸的法国监狱。一年后，杜桑死在了那里。

杜桑死后，让·雅克·德萨林接替他的领导位置，继续领导海地人民与法国战斗。经过无数次艰苦的斗争，海地终于获得了独立。不过，独立后的海地并没有迎来人们期望的和平与安定，因为独立之后海地爆发了激烈的内部斗争，很多年都没有恢复平静。

现在让我们看看西班牙殖民地上的人民。

与海地人民一样，西班牙殖民地上的人同样过着不快乐的生活。所有人都被西班牙的高额税金压得喘不过气来。另外，克里奥尔人对西班牙国王派来的那些人拥有各种权利感到不满。同是西班牙人，为什么国王派来的人在这里拥有各种权利，自己却没有？为此他们满腹牢骚；麦士蒂索人的怨言也一点儿不比克利奥尔人少；印第安人也痛恨杀死自己同胞的西班牙凶手，他们无法忘记，正是这些凶手夺走了他们的家园，奴役了他们。

同样，受到美洲和法国革命的鼓舞，西班牙殖民地的人民举起了反抗的旗帜。最先反抗西班牙的起义国家是秘鲁。一个名为图帕克·阿马鲁的印加国王后代领导这次起义。不过，秘鲁的起义军没有海地军顺利，图帕克·阿马鲁的军队全军覆没。但是，这场失败的起义并没有让人民反抗西班牙的决心减弱。

1800年，这在拉丁美洲的历史书上值得用黑体字标出。这一年，法国的拿破仑在欧洲打败了西班牙。或许你会认为这件事与拉丁美洲的人一点儿关系也没有，但是拉丁美洲的人却不这么看。他们认为，既然西班牙国王已经失败，那么西班牙就没有资格统治拉丁美洲，拿破仑更没有权力统治他们。这是独立的最佳机会。但是，拿破仑不会同意拉丁美洲的人这么做。于是，这片土地上从未熄灭的战火，燃烧得更加猛烈。

最初，阿根廷在著名领导者圣马丁的带领下取得了胜利。接下来，他有一个非常宏大的计划，他要领导一支队伍，由阿根廷开始进入智利、秘鲁，从而解放这些国家，让它们取得独立。如果你在地图上找到这些国家的位置，了解它们的地形，你会发现，圣马丁的计划不但宏大，而且很危险。

接下来，我们要来讲讲拉丁美洲历史上最著名的英雄，西蒙·玻利瓦尔。

玻利瓦尔出生于委内瑞拉加拉加斯的一个克里奥尔人家庭。这是一个富裕的家族，玻利瓦尔是家中最小的一个孩子，本来他可以度过无忧无虑的童年，但是很不幸，在他3岁时，父母相继离世。家里的兄弟姐妹都很小，没有能力照顾他，于是他们被不同的人家收养。

玻利瓦尔被一个叔叔收养，叔叔对小玻利瓦尔很冷漠，于是玻利瓦尔常常想起远在异乡的哥哥姐姐。不过，冷漠的叔叔给玻利瓦尔请了一位非常优秀的家庭教师——西蒙·罗德里格斯。

也许是罗德里格斯和玻利瓦尔的名字相同，都是"西蒙"，他们两人无话不谈。罗德里格斯将自己知道的东西倾囊相授，玻利瓦

玻利瓦尔

西蒙·玻利瓦尔（1783年7月24日—1830年12月17日），出生于委内瑞拉的加拉加斯，是拉丁美洲著名的革命家、思想家和军事家，由于他的努力，委内瑞拉、秘鲁、哥伦比亚、厄瓜多尔、玻利维亚和巴拿马六个拉美国家从西班牙殖民统治中解放出来，获得独立。由于他在使南美从西班牙的统治下获得解放所起的作用，人们常称他为"南美的解放者"。

尔因此了解了美国和法国的革命，又深刻地了解了西班牙殖民统治的残酷。这一切在玻利瓦尔心中种下了革命的种子。罗德里格斯引导他走向改变时代的道路。

1811 年，委内瑞拉的克利奥尔人宣布独立。西班牙不肯善罢甘休，便出兵委内瑞拉，阻止独立势力抬头。玻利瓦尔担任了这场战争的义军首领。正在双方打得不可开交、战争陷入胶着状态时，一件不幸的事拖住了起义军的脚步。拉丁美洲是一个地震多发的地区，特别是拉丁美洲的西海岸线。1812 年，一场大地震发生在委内瑞拉的首都加拉加斯，上万名起义军在地震中丧生。

这场大地震不但震倒了许多建筑，还摧毁了起义军的信心。但这并不包括玻利瓦尔。他没有放弃，而是重新组建一支队伍，继续与西班牙军队对抗。终于，玻利瓦尔与他们一起努力，连续解放了委内瑞拉、哥伦比亚、玻利维亚和厄瓜多尔这四个国家。

摆脱殖民统治的委内瑞拉欢腾了，玻利瓦尔众望所归，被选为国家总统。为了纪念克里斯托弗·哥伦布，玻利瓦尔将这个国家命名为大哥伦比亚共和国。当然，只有几个国家独立还远远不够。玻利瓦尔希望将整个拉丁美洲带出殖民地的氛围，实现全体独立。但是，这个美好的愿望却没有实现。

那些刚刚独立的国家中的富人不愿与平民共同享有权利，富人也不想把土地还给印第安人。所以，在独立后，拉丁美洲仍然面临着许多问题。像玻利瓦尔那样想要改变国家政治制度、废除奴隶制

拉丁美洲的独立战争

的富人就更少了。

不过，这些问题不会妨碍人们铭记玻利瓦尔，在南美洲和中美洲人民眼中，玻利瓦尔就是他们的英雄，当地人尊称他为"解放者"。拉丁美洲有一些地方就是用玻利瓦尔的名字来命名的，为的是纪念玻利瓦尔的伟大功绩。

最后，让我们来说说美国的邻居墨西哥的反抗。在相当长的一段时间里，墨西哥被叫作新西班牙。你一听便知道，这是一个西班牙的殖民地。当时的新西班牙面积较大，包括今天的得克萨斯、亚利桑那、新墨西哥和加利福尼亚。

一名叫米格尔·伊达尔戈的墨西哥人领导当地人反抗西班牙统治。米格尔·伊达尔戈是名神父，他领导印第安人起义军从少数富人手中夺取土地，然后将土地还给当地人，或者分给穷人。但是，起义军被西班牙和克里奥尔人打败了。之后，何塞·玛丽亚·莫雷洛斯继承了伊达尔戈的遗志，领导人民继续战斗。但这一次，胜利女神仍然没有眷顾墨西哥人，他们的反抗又一次以失败告终。

接替何塞·玛丽亚·莫雷洛斯的是克里奥尔人，这一次，引导墨西哥独立的领导权落在了富人手中。1821 年，一个名叫奥古斯丁·德·伊图尔比德的将军登上了墨西哥皇帝的宝座，墨西哥正式独立，开始了新的历史征程。

法国平民的觉醒

美国人的独立就像第一块倒下的多米诺骨牌，引发了一连串反应。美国人独立战争的胜利，影响了大西洋对岸的法国。法国受压迫的人决定和美国人一样，起来反抗。不过，他们要反抗的不是外来的殖民者，而是他们的国王和王后。法国人要反抗，是因为平民与统治阶级差距悬殊。国王拥有一切他想要得到的东西，平民不但一无所有，还要按时上交巨额的税款。

与法国人相比，美国人交给英国国王的税款简直是九牛一毛。既然美国人都难以忍受起来反抗，那么法国人自然也不会任由国王剥削。其实，在路易十四统治时期，法国人民所受的剥削和压迫就已经十分严重，后来情况愈演愈烈，到法国国王路易十六统治时，人民再也无法忍受了。

当时，法国平民每天辛勤工作，却只能吃一种粗糙的、难以下咽的面包，此外什么吃的也没有，日子过得非常贫穷。他们经常做着没有报酬的工作，却还不敢抱怨，因为只要稍稍抱怨，他们就会被关进监狱。这些贫穷的人，还要给国王和贵族交纳高额的税金。国王和贵族拿穷人上交的税金每天过着奢侈、享乐的生活。其实，国王和王后并不坏，只是不知道人间疾苦。有一次，王后听见她的

法国平民的觉醒

臣民说黑面包难吃的时候，居然说："他们为什么不吃蛋糕呢？"

这一时期法国的社会状况非常不好，穷人与贵族之间的积怨已经深到无法调和的地步。为了解决社会矛盾，给穷人以自由和平等，法国各阶层的先进人士纷纷站出来，组成一个叫"国民议会"的组织，提出"自由、平等、博爱"的口号。国民议会想要提出一个方案，来改变法国的不公正。

但是，遭受剥削和压迫的穷人再也无法忍耐。他们的愤怒就像决堤的洪水一样，冲泄而出，什么都无法阻拦。愤怒的民众围攻了当时法国最大的监狱巴士底狱。人们为什么要围攻一个监狱呢？原来，巴士底狱是巴黎关押政治犯的监狱，那时，凡是反对法国封建制度的人，大都被监禁在这里。愤怒的人群把巴士底狱的围墙打烂，把政治犯释放出来。在这个过程中，他们还杀死了被认为是国王走狗的士兵。人们把士兵的头砍下来，挂在竹竿上游街示众。

我们必须记住民众围攻巴士底狱的这一天，这一天是法国大革命的开始，也是后来的法国国庆日。请你用着重号把这一天标出来：公元1789年7月14日。

法国的贵族听说巴黎发生了暴动，就抛下国王与王后，逃之大吉，因为他们很清楚留下来下场会有多惨。而此时，国王和王后还留在巴黎华丽堂皇的凡尔赛宫。

这时，在美洲帮助美国人对抗英国的贵族拉法叶回到法国。看到自己国家的人民也开始反抗压迫，寻找自由之路，拉法叶非常激动，积极地参与了这场革命。革命结束以后，拉法叶将巴士底狱的钥匙作为礼物送给了在美国独立战争中与他结下深厚友谊的华盛顿。

在这场革命中，法国国民议会起草了一份要求自由、平等的宣言，这就是著名的《人权宣言》。《人权宣言》规定了一些基本的权利，例如，人生而自由、平等，每个人都有权利参与法律的制定，法律面前人人平等，等等。其实这些权利的基本核心，还是呼吁依据法律而不是国王的意志来治理国家。与美国的《独立宣言》一样，《人权宣言》值得所有历史书用黑体标出，以凸显其重要性。

攻占巴士底狱不久，愤怒的巴黎民众手拿棍棒和石块，高喊着口号，冲进凡尔赛宫，抓住了路易十六和王后玛丽·安托瓦内特，把他们带回巴黎关了起来。

素描《攻占巴士底狱的人们》

弗朗索瓦·弗拉蒙画于 1881 年

法国平民的觉醒

一夜之间权力反转，路易和玛丽·安托瓦内特成了凡人，他们也尝到了没饭吃的苦涩滋味。他们曾经试图逃跑，但是没有成功，曾经受他们剥削的民众，不会让他们轻易逃脱。

国民议会起草了一部《宪法》，要国王根据法律，公平地管理国家事务。国王同意了并签了字。但是很显然，人们还是不想让一个国王来统治法国。因为很可能在将来法国又要重蹈覆辙，回到君主专制的时代。一年后，人们成立了一个真正的共和国，国王被判处死刑。

1793 年 1 月 21 日，一个阴雨天。巴黎革命广场四周挤满了人，他们激动地议论着，眺望着。大家都在等着国王被带上断头台。不久，一队士兵押着一辆马车缓缓走来，4 个士兵从车上押下路易十六。围观的民众高呼："砍掉他的头！"就这样，路易十六被三名行刑者推上了断头台。

国王被处死，共和国建立，是时候为自己选择国旗，确定国歌了。于是，法国人民选择了红、白、蓝三种颜色作为国旗的颜色，并将《马赛曲》定为国歌。

所有人都以为接下来等待法国的将是自由、美好的生活，但是始料未及的是，刚从泥潭里爬出来的法国人又一脚踏进了更加幽暗的深井。罗伯斯庇尔与他的党羽将法国人带入了血淋淋的"恐怖统治时期"。

当时，法国人担心支持国王的人会起来反攻，所以，一旦有人被怀疑成国王的党羽，都会被砍头。这一时期法国相当混乱，当时有许多人为了除掉自己的仇人，便制造谣言说他是国王的党羽。许多无辜的人因此死在了断头台。人们惶惶不可终日，不知道什么时候就会被仇家陷害。

死亡的气息弥漫在整个法国上空。成千上万的人被处死，下水道里流着人们的鲜血。血腥让许多人失去了理智，他们不再信奉耶稣基督，甚至推倒耶稣和圣母马利亚的雕像，开始供奉一个名为"理性女神"的漂亮女人。

法国人还改变了日期的计算制度。他们把一周定为 10 天，第十天作为节日取代星期日。他们还取消以前的纪年方法，把共和国成立的 1792 年作为第一年，因为他们不想保留与耶稣有关的任何事物。

罗伯斯庇尔是个野心勃勃的人，他与所有想独裁统治的人一样，想一个人统治国家。于是他设计陷害了自己的两个朋友。终于，人们再也忍受不了对他的恐惧，纷纷起来反抗。罗伯斯庇尔知道自己时日不多，想要以自杀来结束自己的生命，可惜在那之前，他就被捕了。人们将罗伯斯庇尔押到断头台前。滑稽的是，他曾经让无数人丧命于此，今天却轮到了他自己。罗伯斯庇尔被处死后，法国的恐怖时期终于结束。

小个子皇帝

法国大革命时期，由于罗伯斯庇尔的恐怖统治，人民终日惶惶不安。罗伯斯庇尔死后，法国人民又陷入了革命狂潮，愤怒的民众甚至在革命政府于王宫开会的时候，打算攻进王宫。

为了平息叛乱，革命政府派出一个年轻的将领——拿破仑·波拿巴。拿破仑非常果断，他在宫殿四周架起大炮，对着通向宫殿的每一条街道。只要有人敢过来，一定会被炸得粉身碎骨。这样一来，再也没有人敢过来。

现在，我们就来讲讲拿破仑吧。他可以称得上法国历史上最伟大的人物。现在，几乎世界上每一个角落的人都听过他的名字。他身材不高，看起来有些弱不禁风，但他头脑灵活、意志坚定、骁勇善战。

拿破仑出生在地中海一个名叫科西嘉的小岛上。科西嘉本来是意大利的领地，后来被划归法国。拿破仑恰好在那之后出生，所以他成了一名法国人。

拿破仑长大以后，被送到法国的一个军事院校学习。因为科西嘉本来不属于法国，所以法国的学生视拿破仑为外国人，经常排挤他，但这不妨碍拿破仑的进步。他的学习成绩非常优秀，尤其是数学。

他喜欢攻克难题后的成就感。在 26 岁那年，拿破仑成为了一名将军。

此时，法国大革命已经爆发，人民为了摆脱国王的统治，处死了法国国王和王后。一时之间，在欧洲其他国家国王眼中，法国人的革命就像瘟疫一样带着强大的传染性。这些国王害怕自己的子民也染上这种革命"瘟疫"，于是，法国人成为整个欧洲的敌人。法国的革命波及甚广，为了达到革命目的，法国政府甚至派兵去其他国家，帮助那些平民将封建统治者赶下台。法国的"革命浪潮"首先席卷了意大利，而领导法国军队与意大利作战的，就是拿破仑。

在前往意大利途中，阿尔卑斯山成了最大的阻碍。还记得阿尔卑斯山吗？布匿战争中，汉尼拔曾经率领大军翻越了这座天险。拿破仑在这里同样遇到了困难，只不过，这次并不是军队过不去，而是法国的大炮难以翻越。

管理大炮的技师从专业角度为拿破仑解说，他们的结论是："不可能把大炮带过山。"但是听了权威技师的分析后，拿破仑生气地大声说："只有蠢人的字典里才有'不可能'三个字。冲，别管什么阿尔卑斯山！"接着，他身先士卒，带头向前冲。在他的带领下，法国军队翻越了阿尔卑斯山，大炮也随着军队一起过去，完好无损。

拿破仑率领军队，势不可当，赢得了意大利战争的胜利，凯旋回国。在国内，他受到法国人民的热情欢迎。但人民的热情却让法国的统治者开始担心。他们仿佛看见以前的独裁者的幽灵一般害怕——再这样发展下去，如果拿破仑如此受人民爱戴，那么他有可

小个子皇帝

能会自己称王。这不是没有先例的。

正当这些统治者犯愁的时候，他们听到了一个好消息：拿破仑主动要求率兵攻打埃及。法国统治者自然十分乐意让拿破仑离开，于是他们欣然答应了拿破仑的请求。他们以为，这样可以暂时摆脱拿破仑的阴影。

而拿破仑此时之所以要去征服埃及，当然也有自己的考虑。他是个聪明人，知道自己现在的处境很不利。于是，经过一番深思熟虑，他选择了去征服埃及。当时埃及是英国的殖民地。拿破仑想，如果能从英国手里把埃及抢过来，那么就能切断英国与印度之间的联系。最终，便可以将印度一并从英国手里抢过来。拿破仑的想法很好，但是英国人当然不这么认为。美洲的独立已经让英国失去了一大片殖民地，现在英国肯定不愿意再丢掉任何一片土地。于是，他们派出一位优秀的将领——纳尔逊勋爵来迎战拿破仑。

说到征服埃及，我们可以想到另一个伟大的人物：尤利乌斯·恺撒。恺撒征服埃及用了很短的时间，唯一阻碍他的或许只是那个美艳的克里奥帕特拉女王，但是拿破仑到了埃及却没有遇到多少阻挡，他同样迅速地征服了埃及。

尽管拿破仑征服了埃及，纳尔逊的舰队却在尼罗河口等着他。强大的英国舰队在尼罗河口将拿破仑的舰队摧毁了。纳尔逊一战成名。没有了舰队，拿破仑没办法直接回法国，只好把埃及的军队交由部下管理，自己乔装成普通人，弄到一艘船，一个人漂洋过海回

《拿破仑一世加冕大典》

　　《拿破仑一世加冕大典》是法国画家达雅克·路易·大卫（又译"达维特"，简称"大卫"）于1805—1807年期间创作的一幅油画，现藏巴黎卢浮宫，它是画家真实记录1804年12月2日在巴黎圣母院隆重举行的国王加冕仪式的一幅油画杰作。

　　为了巩固帝位，拿破仑这位皇帝极其傲慢地让罗马教皇庇护七世亲自来巴黎为他加冕，目的是借教皇在宗教上的巨大号召力，让法国人民以至欧洲人民承认他的"合法地位"。在加冕时，拿破仑拒绝跪在教皇前让庇护七世加冕。而是把皇冠夺过来自己戴上。画家特为避免这一事实，煞费苦心地选用皇帝给皇后加冕的后半截场面。这样，既在画面上突出了拿破仑的中心位置（拿破仑站起来给皇后加冕），又没有使教皇难堪。

　　由于这幅画有一百多个人物，每个人物都有不同的服饰，姿态和表情，复杂的环境和众多人物所应该有的光影效果和复杂色彩层次的把握，是一幅世界著名的高难度巨幅人物组油画。

小个子皇帝

法国去了。

他到达法国后，发现革命政府内部发生了严重分歧。这给了拿破仑一个绝好的机会。他开始像登台阶一样，一步一步实现自己的目标。

台阶的第一步，拿破仑先设法让自己成为法国的三个执政官之一。当时，法国的执政官能够管理整个法国的事务，不过必须有三个，以防止专权。当时，拿破仑成为了第一执政官，其他两个人都是副手。两个副手几乎没有实权，完全听拿破仑的差遣。

成为执政官后，拿破仑开始了第二步，他想办法让执政官的身份成为终身制。这样一来，他的权力就扩大了。

第三步，也就是台阶的最高一层，拿破仑成为了法国的皇帝，统治法国与意大利。

拿破仑成为皇帝的消息一传出来，其他欧洲国家都开始担心。这样一个能力强大而又野心勃勃的皇帝，会不会像原来的恺撒、亚历山大那样，把欧洲的其他领土都征服呢？为了防止这样的状况发生，欧洲一些国家决定先下手为强，他们结成同盟，联合起来共同对抗拿破仑。

这些国家的担心并没有错，拿破仑有征服欧洲和世界的野心。他根本不惧怕这些国家的联军。拿破仑将他的目标锁定英国。为了征服英国，他花费大量精力组织了一支舰队。尽管拿破仑在陆战上神勇无比，但他确实一点儿也不擅长海战。他的舰队在西班牙附近的特拉法加角再一次被宿敌——英国海军上将纳尔逊勋爵拦截。

纳尔逊和他的战士义无反顾地履行着自己身为英国人的责任，与法国舰队展开激战。这一次，拿破仑的不败神话被同一个人再次打破。不过，纳尔逊在战争中也不幸身亡。

法国舰队的失败让拿破仑意识到，征服英国并不是个明智的决定。于是他将目光扫向东方。那里，已经有他的一大片土地，但是，还有一个地方没有划入他的版图——俄国。征服俄国的决定成为拿破仑一生中所犯的最大错误。他事先没有充分的准备，没有考虑俄国的具体环境就贸然出击。

那是一个异常寒冷的冬天，当拿破仑的军队到达莫斯科时，发现那里已经成了一座荒城。原来，俄国人一把火将这里烧成了废墟，就连粮食也都烧得精光。由于此前拿破仑已经被俄国人偷袭，粮草被抢劫一空，现在天寒地冻，他找不到一粒米来为士兵充饥。法国人根本无法再打下去，于是大败而归。

也许是拿破仑辉煌的时代到头了，他开始走下坡路。欧洲各国趁他不在法国的这段时间，都下定决心除掉这个喜欢侵略别人的暴君。没过多久，拿破仑就在敌人的包围之下被击败了。

拿破仑大势已去，只能签署退位诏书。他被放逐到意大利一个叫厄尔巴的小岛上，这个小岛离科西嘉很近。拿破仑到了岛上以后，并没有灰心，他认为自己仍有机会回到法国，重掌大权，于是他开始了秘密的准备。

小个子皇帝

有一天，整个欧洲都震动了：拿破仑回来了，他在法国海岸登陆了！于是，巴黎政府派人抓捕拿破仑，并把他押送到巴黎。但是，巴黎政府所派的人曾经都是拿破仑的旧部。旧部遇到从前的将军，都心甘情愿地站在拿破仑这一边。他们跟着拿破仑回到巴黎，拿破仑再次重掌大权。

见此情形，其他国家自然不能袖手旁观。于是英、德两国便组成联军，聚集在法国北部，在威灵顿将军的带领下，与拿破仑进行决战。拿破仑迅速组织了一支队伍前去迎战。在一个名为滑铁卢的镇上，双方展开激战。

拿破仑被威灵顿将军打败了。相信很多人都听过"滑铁卢"，现在要是有谁曾经一度辉煌，却突然遭遇了失败，我们就会说这个人遭遇了"滑铁卢"。而这个说法，就来源于拿破仑的滑铁卢战役，发生在 1815 年。

滑铁卢一役之后，英国人怕拿破仑再次逃跑，就把他流放到茫茫大海中一个叫圣赫勒拿的小岛上。小岛与世隔绝，拿破仑在这里孤寂地生活了六年便去世了。很多人说，在圣赫勒拿岛上时，拿破仑还打算卷土重来。

拿破仑是整个世界历史上最伟大的将军之一，虽然他被称为暴君，为了成就自己，而不顾整个欧洲人的生命，随意展开战争，但他的聪慧、睿智、勇猛与坚毅的确令人赞叹。

辞旧迎新

　　拿破仑被流放到厄尔巴岛之后，属于拿破仑的时代就彻底画上了句号。一个时代虽然结束，可是法国的历史还在继续，法国需要人来管理。于是法国人想来想去，决定从原来的"波旁"皇族中，选出一个人来管理法国。法国人与当初的英国人一样，喜欢把原来的皇室找回来当统治者，不但如此，选出来的人还都是原来被他们砍头的国王家的亲戚。这次，法国人选出的"波旁"王朝继任者，也是这样。

　　不过，接连从波旁家族里选出的人都不能管理好法国。法国人有点沉不住气了。他们觉得既然给了波旁家族这么多机会，他们都没能把握住，那么，不必再考虑国王的人选了，他们要建立一个新的共和国，并且选出一位合格的总统。

　　这可不是一件容易的事情，法国人绞尽脑汁，费了很多时间并下了很大功夫，最终选择了拿破仑的侄子，也就是路易·拿破仑来当法国总统。路易·拿破仑可不是一个简单的人物。他一直想成为法国国王，曾经多次策划行动，可惜都失败了。正当他不死心，还在想着如何能当上法国国王的时候，人们却选了他做法国总统。这正合他的心意。既然当上法国总统，掌握了权力，他一定有办法实现自己的愿望。

　　果然，做着欧洲皇帝梦的路易·拿破仑希望能够像他的叔叔拿破仑一样，成就一番伟大的事业，于是，他很快登基做了皇帝，自称"拿破仑三世"。

　　登基之后的拿破仑三世野心勃勃，一心要成就大业，他注意到法国的邻国普鲁士正在逐渐走向强盛。这让他十分眼红。他觉得，

铁血宰相俾斯麦

奥托·冯·俾斯麦是普鲁士宰相兼外交大臣，人称"铁血首相"。

俾斯麦体格强壮，行为有些粗野。据说他在大学期间，曾与同学做过 27 次决斗。俾斯麦在担任普鲁士首相时极力推行"铁血政策"。在他看来，只有通过战争才能统一德国。于是，他对丹麦、奥地利和法国发动了战争。正是在他的指导下，普鲁士成功实现德国统一。俾斯麦在新成立后的德意志帝国中拥有极大的权势。在他的领导下，德国政府的权力得到了加强，而且，德国也开始了争霸欧洲的进程。1890年，德国皇帝威廉二世命令俾斯麦辞职，于是，这位 19 世纪下半叶的政治风云人物离开政坛，回到了自己的庄园。

这个正在强大起来的国家将来一定是他统一欧洲的巨大阻碍,于是,拿破仑三世想先攻打普鲁士。

可是,他却没有想到,普鲁士内部人才济济,攻打普鲁士根本不像他想的那么容易。普鲁士的威廉国王十分能干,还有一位能干的首相,也就是日后名声大噪的俾斯麦。

看到法国蠢蠢欲动,俾斯麦也不甘示弱,与威廉国王商量之后,他决定对法国用兵,于是在公元1870年,"普法之战"拉开序幕。

在这场战争中,拿破仑三世招架不住普鲁士的进攻,被打得落花流水。拿破仑三世终于意识到,攻打普鲁士是个多么愚蠢的错误。这个国家早已经强大得超出他的想象。无奈之下,拿破仑三世带着大批军队投降。投降之后的拿破仑三世觉得自己颜面尽失,没脸再回法国,于是,他带着部众,去了英国。

拿破仑三世走了,普鲁士人可不愿意就此善罢甘休。他们攻进巴黎,要求法国人赔偿亿万钱财才肯罢休。有些法国人对普鲁士的这项要求表示抗议。于是,俾斯麦就将这些人抓起来,让他们排成一排,告诉他们,如果不给钱,那就枪毙。被逼无奈之下,法国人只好答应赔偿,俾斯麦这才放了那些人。

虽然法国在两年之内就付清了这项赔款,普鲁士也没有再来进犯法国,可是两国由此结下了仇怨。法国人始终没有忘记普鲁士对他们的威逼。在很长一段时间,他们与普鲁士都是死敌。

犯了错误,或在失败之后,人们总是要好好反思才对。法国在经过这次失败之后，开始反思。法国人认为，普鲁士的孩子普遍接受了系统的教育，国民素质普遍很高，而且普鲁士训练军队的方法严格而有效，所以，他们的士兵才会如此英勇善战，他们的军队才能如此强大。

这些优点，成为了法国效仿的对象。他们模仿普鲁士，开始增强自己的国力，从这之后，法国真正成为一个共和国，开始走上强国之路。这时，它的名字叫新法兰西共和国。

我们再来看看普鲁士的情况。

当时，一些小国组成"德意志邦国"。这些邦国虽然各自为政，但是各个邦国里的人都用同一种语言，血统也相似。后来，他们在普鲁士的联合下，组成一个十分强大的国家，这就是德意志联邦共和国。

普法战争之后，普鲁士的国王威廉在法国的凡尔赛宫举行加冕仪式，当上德国的皇帝，被称为"神圣罗马帝国皇帝"。之后，德国的国力不断提高。

当时，欧洲除了法国和德国逐渐脱离旧的轨道，走向革新之外，还有意大利也慢慢强大起来。

意大利也是几个小邦国的集合。当时那些小邦国有的是独立国家，有的属于法国，有的属于奥地利。其中一位邦国的国王维克托·伊曼纽尔看到了德国的成功，也想效仿普鲁士，将意大利所有邦国统一起来，组成一个强大的国家。

　　说干就干，维克托·伊曼纽尔通过努力，最终成功地统一了意大利，建立了意大利共和国。意大利人为了纪念他，便用他的名字给街道命名，还为他修建了纪念碑。

　　法国、德国、意大利这三个辞旧迎新的国家就这样逐渐走向了富强，如果你有集邮的兴趣，那么不妨找一找这三个国家发行的邮票，将它们放在一起，一定很有趣。

　　维多利亚女王对于英国人来说，不仅是一位女王，更像一位母亲，在位时间超过半个世纪——从1837年一直到1901年。这段时间被人们称为"维多利亚时代"。

　　在此期间，英国发生了很多事情，如果你有一张1854年的英国报纸，那么你或许能从上面看到这样一则新闻：英俄之战。

　　如果你看地图，会发现俄国在遥远的东部，在俄国与英国之间画一条直线，那么这条线要穿过整个欧洲大陆。两个相距遥远的国家在一个名叫克里米亚半岛的地方爆发了战争。克里米亚半岛在黑海的一小块陆地上，因此，英国士兵需要先坐船渡过地中海，然后经过君士坦丁堡，才能进入黑海打仗。

　　在黑海这一小片陆地上，成千上万的英国士兵饱受战争伤痛和疾病折磨。当时一位名叫弗洛伦斯·南丁格尔的女士听说战场上许多英国士兵因为没有得到很好的照料而死亡，感到十分难过。

　　南丁格尔是一个热心善良的姑娘，她从小就经常玩照顾病人的游戏，她会为自己的娃娃包扎，也会悉心照料生病的宠物狗。她的爱心随着年纪的增长，一点儿也没有减少。

当得知受伤的英国士兵无人照料后，她便组织了一群女人到克里米亚去照料伤员。刚到克里米亚的时候，每 100 个伤员就有 50 个因为得不到妥善的照料而死亡。南丁格尔的到来，就像一道阳光驱散了死亡的阴云。在南丁格尔和同伴的悉心照顾下，伤员的恢复率大大提升，100 个伤员里，只有一两个重伤者会死亡。

南丁格尔和她的同伴不眠不休地照顾伤员。一到夜晚，她们就提着一盏油灯，去照顾伤员。她们还会去战场上寻找，看有没有被落下的伤员，战士们都亲切的尊称她为"提灯女神"，对她十分敬重。

这场战争结束之后，南丁格尔回到英国，受到了英国政府的奖励。政府奖励给南丁格尔一大笔钱，以表彰她在战场上的优异表现。可是，南丁格尔并没有独自花掉这笔钱，而是将这笔钱拿出来，修建了一所培养专业护士的学校。

现在，医院里除了医生，还有护士来为大家服务。护士的工作与医生一样重要。有经验的护士可以把病人照顾得很好。但在当时，世界上却没有专业的护士来为病人服务。这所学校的成立为英国培养了第一批专业护士。南丁格尔作为专业护士培养的创始人，一直为世人所尊敬。

接下来，我们说一说这个时期发生在日本的新闻。

日本在中国东边，是一个古老的群岛国家，它建立的时间甚至比罗马还要早。当欧洲国家国王的血统不断变化的时候，日本的国王却一脉相承，没有发生过改变。而当世界上其他地方不断发生战争时，幸运的日本从来没有被外国人入侵，他们完整地保存了自己的文化。

不过，这一局面还是被打破了。1853年，也就是英国开始克里米亚战争的前一年，美国海军准将佩里率领美国军舰，进入日本的重要海港——东京湾。他们在第二年与日本人缔结了开放条约。从此以后，日本开始与美国通商，日本的大门就这样被打开了。

我能肯定，从1861年到1865年，美国的新闻大部分都是战争。因为在那段时间，美国正经历着一场内战，也就是"南北战争"。

听这名字你们或许已经想到，这场战争发生在美国南方与北方之间。的确，这场内战的起因是南方人是否可以拥有奴隶。当时美国的北方人不同意保留奴隶制，可是南方人也坚决不同意放弃奴隶制度，所以，双方便开战了。

亚伯拉罕·林肯

亚伯拉罕·林肯（1809年2月12日—1865年4月15日），美国政治家、思想家，黑人奴隶制的废除者。第十六任美国总统，其任总统期间，美国爆发内战，史称南北战争，林肯坚决反对国家分裂。他废除了叛乱各州的奴隶制度，颁布了《宅地法》《解放黑人奴隶宣言》。

这场内战持续了四年的时间，无数人在战争中死去。当时，领导北方人战斗的是一位名叫亚伯拉罕·林肯的人。

林肯出生在一个穷困的农民家庭。他小的时候，只能在燃烧废木块的火光中读书学习，学习条件很艰苦。林肯长大以后，做过各种各样的工作，他当过商店店员，后来又做了一名律师。做每一项工作的时候，林肯都保持着自己善良正直的品性。在他当商店店员的时候，有一次，一个女人来买东西，走的时候，林肯才发现她多给了钱，于是林肯立刻出去找到她，并且将钱还给了她。

因为林肯的正直，人们都叫他"正直的亚伯拉罕"。后来，林肯参与了政治，还被选为美国总统。坚决反对奴隶制的林肯带领美国人推翻了奴隶制度。对于美国人而言，林肯是继华盛顿之后，最有影响力的总统之一。

在林肯担任美国总统期间，为美国做了很多好事，他阻止美国的分裂，保证了统一。但是因为他推翻了奴隶制度，而遭到当时一些美国奴隶主的痛恨。一天晚上，林肯在福特剧院的总统包厢看戏的时候，一个名为约翰·威尔克斯·布斯的人冲进包厢，刺杀了他。林肯伤重，第二天便不治身亡。

创造奇迹的人们

  手机、电视、飞机……这些对我们而言都是再平常不过的东西。但是，如果让恺撒来到华尔街上，看到大家对着一个小盒自言自语，远在大洋彼岸的人就听到你的话，他一定会觉得你是个有着高明法术的人；如果让乔治·华盛顿看电视，他会觉得这样一个小盒子里竟然能装下大活人，还能装下非洲大象，他一定觉得那是神话里的魔法盒子……总之，不管是电视、电话，还是飞机，我们今天习以为常的一切事物在很多年以前都未曾出现。

  现在的我们也很难想象，如果家里没有电话，出门没有公交车，周围没有电影院，工作中没有电脑……那世界一定会乱套。所以，18世纪的人不断开动脑筋，发明创造各种奇特的事物。

  最早创造奇迹的人名叫詹姆斯·瓦特，他是苏格兰人。一天，瓦特像平常一样在火炉上放一个灌满水的水壶，然后静静地坐在旁边等待水壶的水烧开。这时，水开了，壶里发出了呼声，白色的水气呼呼地冒出来。这时，细心的瓦特注意到一个细节，可能我们平时都见过，但或许我们谁也没当回事，那就是水蒸气把水壶盖子顶了起来。

  这个看起来不起眼的发现，却让瓦特获得了灵感。他认为既然水蒸气可以将水壶的盖子给顶开，那么，水蒸气应当也能将别的东西推动。于是，瓦特仔细地钻研起来。最终，他运用水蒸气动力顶起活塞的原理，发明了蒸汽发动机。瓦特发明的这个机器利用水蒸气的动力，推动车轮转动，从而使得机器运作，产生动力，可以推动车轮和其他一些东西运动。这个发明在当时引起了轰动，瓦特也成了著名的人物。

蒸汽动力火车头

　　1814年，史蒂芬森发明了比"喷烟比利"实用的火车头"布鲁克"号。这个火车头时速仅为6公里，但可以拖动各重38吨的8辆煤车，它可爬斜坡，又可以在任何位置发动，不怕中途熄火。这个发明让大家对蒸汽动力火车头刮目相看。

后来，一个名叫史蒂芬森的英国人对瓦特发明的蒸汽机进行了改良。原来，瓦特发明的机器虽然可以推动别的东西，但它本身并不会动。所以，史蒂芬森想了个办法，让这个机器自己也动起来。他的方法其实并不难。他给蒸汽机装上轮子，让轮子在蒸汽机本身的运动中运行起来。这个装上轮子的蒸汽机，就是世界上最早的火车头。

蒸汽机就这样一步步被应用在交通上。一开始，这种模样古怪，体形笨重的火车头被安装在美国的轨道上，拖着几节车厢在铁轨上"呼哧呼哧"地前行。它当时跑得并不快，甚至没有一辆马车跑得快，它跑得也不远，不过也就几千米的距离。可是蒸汽机车的发明的确是人类历史上的一大进步。

再后来，一个名叫罗伯特·富尔顿的年轻人觉得蒸汽机应该还能发挥更大的作用，既然蒸汽机可以安装在火车头上，那么一定也可以安装在别的交通工具上。于是，富尔顿将蒸汽机安装到轮船上，他觉得利用蒸汽机推动船桨运动，一定比人工划船更加便捷、省力。

可是，当时人们对他的这个想法都不欣赏，纷纷嘲笑他，还把他造的这种船称为"富尔顿的蠢物"。但富尔顿并没有因此而放弃，他继续研究，终于，他造的船顺畅地航行在河面上，而且速度还挺快。这让嘲笑他的那些人无地自容。富尔顿为自己的这艘船起名为"克莱蒙特"号，这是人类交通史上的一次重要进步。

蒸汽机的出现只不过是人类创造奇迹的一个开端而已，之后，

创造奇迹的人们

人类屡次创造奇迹，发明了许多在之前想都未曾想到过的东西。

电报机就是其中的一项。以前远距离的人交流很不方便，不像现在，有网络、电话、手机，无论什么时候都可以说话，那时人们只能通过写信来传递信息。这种方式既耽误时间，也很不方便。

电报机的发明很好地解决了这一难题，发明电报机的是一个叫摩尔斯的美国人。但是，摩尔斯的职业却是画家，但他热爱发明。经过长时间的潜心钻研，摩尔斯利用电流与电线之间的输送和转换发明了电报机。我们经常在战争片中看到这种电报机。一个士兵坐在桌前，不停地按着一个按钮。如果你以前不明白他这是在干什么，那么听了以下描述你就清楚了。

他每按一次按钮，就可以阻止电线中的电流传播。当他短按一次，电流就发出一声短的"嗒"声，他长按一次，电流就发出长的"嗒"声。人们用圆点表示短的嗒声，用线表示长的嗒声。不同字母对应不同的圆点与横线的组合。这样，人们根据这些圆点和线来拼出电报的具体内容。

当年，摩尔斯在发明电报机后，用它发送了第一封电报，内容是："上帝创造了何等奇迹！"他把这封电报从美国的巴尔的摩发送到了华盛顿。

可是电报机虽然能够快速地传递信息，但依然无法解决人类与远方亲人直接对话的问题。不过，这个问题被一个叫贝尔的人解决了。贝尔发明了电话。

电话的出现，让人类之间的距离大大地缩短。无论你和朋友之间的距离有多远，只要你们都拥有电话，那么你们就可以快速地通上话，而且只需拨出号码就可以，不需要像发电报一样，还要记住字母所对应的特殊符号。

有一个创造奇迹的人名叫托马斯·阿尔瓦·爱迪生，他一生有着许多伟大的发明。其中一项发明，将人类世界彻底点亮，那便是电灯。自从爱迪生发明了电灯，夜晚就告别了黑暗。如果没有电灯，那么圣诞节我们就无法用美丽的彩灯来装饰圣诞树，也无法在夜晚欣赏美丽的霓虹灯装饰而成的高楼。

收音机由意大利人马可尼发明，三色的交通信号灯是加莱特·摩根的发明，他们的发明让人类历史一小步一小步地前进。还有一项发明不得不提，那就是美国莱特兄弟发明的飞机。

人类一直想像鸟儿一样在天空中自由自在地飞翔，可是这个梦想一直没有成真，无数次的失败让人类认为飞翔只能是鸟儿的专利。只有傻子才相信，人类可以像鸟儿一样飞。可是莱特兄弟就是有这样一股"傻气"。他们坚持不懈地努力实验。1905 年，努力终于有了回报。他们发明的飞机在这一天，用了 38 分钟 3 秒，飞行了 39 公里！莱特兄弟实现了几乎不可能的事情。这真是一个伟大奇迹。所以，现在我们才有可能早上从华盛顿坐飞机出发，下午就能到旧金山。

伟大的奇迹还在不断地创造中。因为有了这些奇迹的发生，人

创造奇迹的人们

类的生活越来越方便。现在，人类追求奇迹的脚步依然没有停滞，只是有的时候，我们在享受高科技带来的便捷生活的同时，也会想到，在这个屡现奇迹的时代，人们真的就要比之前的人类生活得更加幸福吗？

我们现在虽然可以足不出户就能与远在他方的人视频、聊天，可是我们也缺少了动笔写信的那份激动心情；我们虽然能够乘坐飞机，一天之内到达好几个地方，但同时我们也丢失了旅行看沿途风景的机会；在这个出现奇迹的时代，我们失去了纯净的空气，不能再享受骑马穿越乡间小道的乐趣了。

工业革命让世界变了样

  说到革命，你或许会想到战争，美国的独立运动、法国大革命都是在战争的硝烟中走出的革命。但是，我今天要讲的工业革命，却是一场没有战争的革命。其实，上一节已经提到了——瓦特发明的蒸汽机、富尔顿发明的蒸汽轮船、爱迪生发明的电灯还有莱特兄弟的飞机等都属于工业革命的一部分。尽管这场革命没有战争，但是，它与革命战争一样，让世界变了个样。甚至，它比战争的影响还要大。因为战争只能改变世界的局部，可是工业革命的影响能够波及世界上的每一寸土地，影响力可远比战争巨大得多！

英国工业革命时代的工厂

工业革命让世界变了样

现代社会有许多工厂，工厂每天都在生产我们生活所需要的各种物品，它们对人类生活具有重要意义。但是，最早的工厂是在什么时候建立的呢？

世界上第一家工厂就是在工业革命期间建立的。当时英国兴建了生产布料的工厂，随后又开始建造生产有轨电车和轨道的工厂；慢慢地，各式各样制造新鲜有用东西的工厂，就像雨后春笋一样出现在英国大地。

在英国的工厂里生产出许多世界其他地方没有的东西。因此，其他需要这些物品的国家都需要到英国来购买。一时间，工厂就像一个巨大的吸金机器，让英国变得越来越富有。

世界上的其他国家看到英国因为工厂而变得这么强大，都十分羡慕。于是它们也纷纷仿效英国，开始在自己的国土修建工厂。先是欧洲的一些国家，比如，法国、意大利、德国等，日本、美国等紧随其后。

随着工厂在世界各国的建立，工厂里生产出的大量生活用品走进了人们的生活。人们的生活变得越来越方便，商店里摆放了大量的布料、家具、食品可以让人们尽情地选购。但是，如果仅仅是这样，那么我们还不能将这次改变称为"革命"。它之所以被称为革命，还与我接下来要讲的事情有关。

工厂不断建立起来。但是，工厂可不是魔法箱子，自己能往外头吐现成的商品。工厂里的商品都需要工人来生产。而且，成立的工厂越多，所需要的工人就越多，所以，这些工厂的主人便需要招收工人来干活。这些工人大多来自农村，原来都是耕种土地的农民。他们到工厂里做工以后，土地便荒芜，没有人再种庄稼。

利用大量工人和机器流水作业的方式，快速地生产出大量的产品，这样的工厂很快就将一些家庭手工作坊打压了下去。家庭作坊以家庭为单位，在工厂出现以前，人们在自己的家里生产一些简易的蜡烛、毛衣、肥皂等小商品拿出去销售。可是随着工业革命浪潮席卷而来，这些家庭作坊再无法与工厂抗衡，纷纷倒闭。

失业的手工作坊主为了生存，就需要走出家庭，前往城市打工。工厂就是他们最好的选择。当然，为了提高产量，工厂也需要聘请大量工人去工厂工作，就这样，乡村里的一些农民也会到城里的工厂打工，为了离上班的地点近一些，人们都纷纷在城市里居住，城市人口开始逐渐变得越来越多。

城市里住的人多了，交通自然也就变得拥挤起来。许多工人为了节省到工厂上班的路上时间，往往住得离工厂很近。这样工厂周围的土地，人口密度就变得越来越大。之后随着电车的普及，以及其他类型交通工具的不断普及和发展，人们才不再局限在工厂附近住。就这样，随着人们在城市里活动的范围半径越来越大，城市也就变得越来越大，这是工业革命带来的第二个重大的变化。

除此之外，工业革命的影响还波及非洲、印度、朝鲜还有海地的一些地区，虽然那些地方并未建造工厂，可是工业革命对那里的

工业革命让世界变了样

影响同样不小。道理很简单，工厂加工产品需要原料，而这些原料在非洲、海地等地区十分丰富。例如，非洲的树木、印度的棉花，还有海地的甘蔗等，正是这些丰富的原料将工业革命吸引过去。就这样，全世界都被卷进工业革命的浪潮中。

可是，那些进入"工业化"的国家，并没打算和和气气地向原料国购买原料。他们带着士兵和大炮，强行占领这些原料国，霸道地将这些国家划进自己的领土之内，也就是所谓的殖民地。

随着工业化进程越来越热烈，工业国对殖民地的占领也越来越疯狂，非洲许多国家都成为工业国的殖民地。工业国通过对殖民地的疯狂掠夺，来达到自己国家强盛的目的，当时，这些殖民地的人民生活得十分困苦。

不过，工业化国家占领殖民地，也为当地带来了一些进步，例如，工业化国家的先进医疗水平和先进的生产技术等，都随着殖民传入当地。殖民地的原住民的生活也因此发生了一些改变。不过，殖民地的居民对外来的入侵者毕竟心怀怨恨，工业国在他们的土地上修建工厂，造成当地环境严重污染；殖民国的掠夺常常会引起当地原料紧缺，给当地居民带来许多的不便。所以，世界上许多殖民地纷纷起义，他们要争取独立自主的环境。

关于工业革命就探讨到这里，我们要从这一节中学习到，工业革命给世界所带来的冲击有好有坏，例如，虽然工业革命使得一些国家变得富强起来，但它所导致的环境问题直到今天仍然让人们头疼不已。

打仗的理由

在前面的故事中，我已经讲了许多战争。这些战争有些持续了很长时间，但是它们都只发生在世界某个地方，参加战争的国家也主要集中在一个地区。而现在我要给你讲的这场战争，却是一场全世界共同参与的战争。

在这场规模巨大的战争中，有一个国家扮演了重要的角色。那就是塞尔维亚，欧洲一个很小的国家。就是这个小国家，成为这场世界大战的导火索。这实在不可思议。先让我们从源头说起。

塞尔维亚与大国奥地利是邻居，但它们一直没能和平相处，总是互相看不顺眼，说对方的坏话。原来，在奥地利统治范围之内，有一部分人与塞尔维亚人血统相近。塞尔维亚人总说奥地利人用十分不公正的方式对待这些人。

对于塞尔维亚人的这种说法，奥地利人自然很不满意。奥地利人认为塞尔维亚人分明是在煽动他们国家人民的不满情绪，扰乱他们国家的安定团结。不过，塞尔维亚的确不仅仅是嘴上说说而已，他们组织了一些秘密团体，去奥地利制造事端，这令奥地利十分恼火。

奥地利人对塞尔维亚的做法十分不满，他们早就想找机会好好地教训这个不安分的邻居，但是苦于没有借口。不过，最终他们还

打仗的理由

是找到了一个借口，还是塞尔维亚人帮他们制造的。

　　原来，奥地利王子，下一任奥地利国王的候选人斐迪南大公被一个塞尔维亚的年轻人给刺杀了。奥地利人十分悲痛，他们认为此次的刺杀行为，是塞尔维亚人赤裸裸的挑衅，他们责问塞尔维亚人，向他们讨要说法。可是塞尔维亚人却坚持说自己与奥地利王储的死一点儿关系也没有。这样的说法奥地利完全无法接受。于是，他们以此为借口，向塞尔维亚宣战。

　　当然，塞尔维亚与奥地利都有自己的盟友。就像两伙人打架，总会找自己的朋友一样。首先是俄国，他们坚决地站在塞尔维亚的这一边，并且调遣好军队，随时准备出兵支援塞尔维亚。

　　而奥地利也不甘落后，他们的德国朋友也带来了军队。两边阵营就这样虎视眈眈的，一边训练士兵，一边继续征求盟友。在这段时间，几乎所有欧洲国家都各自选好盟友，加入了这两大阵营。战火就像大草原上的火苗一样，呼的一下烧遍了整个欧洲。

　　这两大阵营各自加紧训练士兵，为开战做准备。支持奥地利的德国想好一个进攻战略，他们决定乘俄国从另一面向自己进攻的时候，出其不意地绕到法国，把俄国的盟友法国人消灭。

　　当然，这是个十分冒险的做法。德国人必须在俄国人反应过来之前赶到法国。所以，穿过比利时会是个不错的选择。比利时是一个很小的国家，德国此时将这个国家视为自己的捷径。但是，德国和法国在此前有过协议，双方约定，各自的军队都不能从比利时经过。不过，你们可以想象，为了打败对手，这协议在德国人眼里就好像冬天的风扇一样，一点儿用处也没有。

因此，德国军队大踏步进入比利时，一路向法国巴黎开去。德国军队一路前进，一直打到离巴黎只有 30 多公里的马恩河。眼看德国人的计划就要实现了。

斐迪南大公遇刺

弗朗茨·斐迪南大公（1863 年 12 月 18 日—1914 年 6 月 28 日），奥匈帝国皇储，因他主张通过兼并塞尔维亚王国将奥匈帝国由奥地利、匈牙利组成的二元帝国，扩展为由奥地利、匈牙利与南斯拉夫组成的三元帝国，所以 1914 年与其庶妻霍恩贝格女公爵苏菲视察时为奥匈帝国波黑省的首府萨拉热窝时，被塞尔维亚民族主义者普林西普刺杀身亡。"萨拉热窝事件"成为第一次世界大战的导火线。

打仗的理由

这时，德国人遇到法国霞飞将军带领的军队。双方展开激战。

这场战争对德国和法国而言，意义都很重大。如果德国能够赢得这场战役，那么他就能够攻进巴黎，将法国消灭，德国的版图将会多一块地方，那就是法国。如果法国打赢这场战役，那么就能挽救法国。所以，这场至关重要的战役一直持续了很长时间，双方激战不休。这就是著名的马恩河战役。

就在法国和德国激战正酣的时候，英国也加入了战争。不过，英国站在法国这边，一起对抗德国。德国人见英国人加入，显得有些慌乱，要知道，英国拥有世界上最强大的海军。你还记得吗？这支海军曾经打败了海上霸主西班牙，也打破了拿破仑的不败神话。因此，英国的加入，对于德国而言无疑是致命的打击。

不过尽管德国人知道英国很强大，但他们不会这么轻易地退出战斗。因为虽然他们的海军无法与英国抗衡，但是在海底可就不一定了。于是，德国放弃了战舰，选择了潜水艇作为作战工具。德国人利用潜水艇，成功地躲避了英国海军的攻击。

不过，德国人的这一举动惹得乱子越来越难以收拾。当时，德国的潜水艇定位并不像今天这样准确，他们常常瞄准英国的战舰发射炮弹，可又总会打偏。有时，德国人甚至会将没有参战国家的船只给击沉。因此，越来越多的国家对德国不满。他们也加入这场战争，比如，美国。1917 年，美国的一条船被毫无准头的德国潜水艇击沉了。于是，本来安静地待在美洲、并不参战的美国人再也坐不住了，他们决定参战。只不过，他们离战场有 5000 多公里，人们似乎并不看好他们能在战争中发挥多大作用。但是，正是这个刚刚诞生的国家，派出足足两百万名士兵，穿过大西洋来到欧洲战场，参与了许多重要的战役。

所以，几乎全世界所有国家都参战了。一时间，世界就像个比武场，所有人都在打，混乱而无序。因为这场战争不仅是欧洲国家的战争，它波及世界上许多国家，所以被称为世界大战。后来为了与第二次世界性的战争区分，这次战争又被称为"第一次世界大战"。

第一次世界大战持续了很多年，一直到 1918 年 11 月 11 日，以德国和它的同盟国宣告投降而结束。

德国与它的同盟国签订了一项协议，同意了战胜国的所有要求。失败后的德国成为共和国，原来的奥地利帝国也分裂成一个个独立的小国。在原本塞尔维亚的位置，成立了新的国家，也就是南斯拉夫。第一次世界大战的战火总算熄灭了。

动荡的年代

到这里，我讲的历史已经有几千年了。20 年对于这几千年的历史来说，实在是太短了。但是，如果我们说，一只狗已经 20 岁了，那么我们又会觉得那只幸福的小狗活得很久。所以，时间究竟是长是短，并不绝对。现在，我们来看看第一次世界大战结束后的短短 20 年间，世界上又发生了什么。

这 20 年，是第一次世界大战结束到第二次世界大战开始的那段时间。在饱受第一次世界大战摧毁的国家，在这段时间得以休息，于是大家都忙着恢复。

第一次世界大战给人们心理上带来了巨大的创伤，久久难以愈合。所以，世界各地的人在第一次世界大战结束的时候，都希望和平局面能长久地维持下去。

因此，战胜国的政府领导集中在法国的凡尔赛召开了一次会议。在会上，他们起草了一个和平条约——《凡尔赛和约》。这一条约严格限定了德国军队的规模。从此，德国只能将军队的规模限制在足以保持德国内部秩序稳定的范围内；德国不能组织空军，不能拥有坦克，不能有潜水艇；而且，在条约中还规定了德国要向同盟国赔偿一大笔的经费，好补偿那些在战争中遭受损失的国家。

后来，为了更好地维持和平，许多国家还聚集在一起成立了"国际联盟"。各个国家都派出代表出席了国际联盟的会议。国际联盟的主要功能是，一旦发生战争威胁，国际联盟就要向备战的国家发出警告，让备战国提交自己的情况到国际法庭上去审理。国际联盟希望可以在联盟会议上解决一切问题，而不是通过战争。

"国际联盟"努力维持着世界和平，制定了一些约束条令。但是，这也仅仅是条令而已。就好像我们总能在墙上看到警告：不要乱画。可是，仍然有人乱涂乱画一样。所以，国际联盟的条令，就像那个一点儿威慑力也没有的"不要乱画"的警告标语。

后来，人们还一起签署了一份反战条约，承诺不发动战争，各个国家也都削减了自己的海军。人们用尽一切办法来阻止战争的爆发。但是，我说过，如果只有一条标语警告人们不要在墙上乱涂乱画，根本阻止不了捣乱的人在墙上涂鸦。人们制定的条例、签订的反战条约都无法阻止战争的爆发。最终，和平局面被打破。世界就像是一块平静的湖面被投进一块巨石，又起了波澜。

在一战和二战之间的这 20 年，就全世界范围来看是和平的，不过局部的一些战争从未间断。这里要谈一谈发生在亚洲的战争。自从日本的国门被美国的佩里将军打开后，日本就走出了闭关锁国的境况，开始与外国人通商接触。

在这个过程中，日本就像一个好学的学生一样，从外国学习到了先进的工业文明，发展成为工业化国家，国力提升很快。发展之

动荡的年代

后的日本兵力增强。这时，它想要抢占殖民地，扩展自己的国土面积。

与日本距离最近的大国——中国，自然成为日本人眼中的肥肉。那里物产资源丰富，就像一个巨大的、储藏量丰富的仓库，完全能够满足日本对物资的需要。于是，日本在1931年派兵强行占领中国的东三省，开始了侵华步骤。中国人民自然不能让自己的国土沦陷，于是开始奋起反抗。对日本的强盗行为，世界上许多国家都表示了不满，他们纷纷写信给日本政府，指出他们的错误，希望他们不要再对中国用兵。

可是，日本不听劝告，侵华战争还在继续，虽然许多国家拿出当初的反战条例来劝说日本，但都无济于事。因为没有用武力干涉，所以，对于那些说理性的劝说，日本根本毫不理会。

国际联盟虽然也一直在干涉，可是最终毫无成效。一直到第二次世界大战爆发，中国和日本的战争还在继续。日本的侵华范围一步一步扩大，他们先后侵吞了中国的东北部，随后便是东部沿海地区。最终，中国政府被赶到西部地区。

中国虽然没有日本那样充足的军备，但中国人依然坚持抵抗。就在中日战争发生的同时，非洲也爆发了战争。意大利军队攻进古老的埃塞俄比亚，也就是古代的阿克苏姆地区。

埃塞俄比亚一直以来都是独立的国家，可是意大利却一直妄想征服埃塞俄比亚，将其变成自己版图上的一部分。

在历史上，意大利几次想要发动战争征服埃塞俄比亚，但一直

没有成功。这一次，意大利采用最为先进的作战方式。它发动了强
大的军事攻击，使用当时最为先进的攻击性武器，例如飞机、大炮、
炸弹，甚至连毒气都用上了。但是，此时的埃塞俄比亚人却仍然使
用长矛当武器。这哪里能抵御意大利的疯狂进攻呢？于是，意大利
成功地占领了埃塞俄比亚。

　　在欧洲，同样有战争爆发。西班牙发生了内战。西班牙国内的
两派政治团体为了争夺领导权，大打出手。西班牙内战原本是自己
国家内部的事情，但是两派团体却到外头请来了外援。他们分别请
了俄国和德国、意大利来帮忙。于是，一个国家的内乱，变成了世
界性的战乱，不知不觉当中，战争的范围就逐渐扩大了。

罗斯福

　　富兰克林·德拉诺·罗斯福
（1882 年 1 月 30 日—1945 年 4
月 12 日），美国第三十二任总统，
在 20 世纪 30 年代经济大萧条期
间，罗斯福推行新政以提供失业
救济与复苏经济，罗斯福是第二
次世界大战期间同盟国阵营的重
要领导人之一。

动荡的年代

虽然人们渴望和平的心情迫切,但是,面对此时中国、埃塞俄比亚、西班牙三个地方同时燃起的战火,国际联盟一点儿办法也没有。人们只能眼睁睁地看着日本不断地侵入中国,看着意大利将埃塞俄比亚侵吞,看着西班牙国内战火不断。

当然,战争并不是这 20 年中唯一发生的事情。当时的大部分国家还是处于恢复生产阶段。在最初的 10 年间,人们忙于生产和销售,他们制造物资,然后又疯狂地购买和使用各种产品。

人们的生活水平比起一战时,有了很大程度的提升。有人生产,有人消费,因为战争而萎靡的经济开始复苏,商业逐渐走向繁荣。人们逐渐看到了生活的希望。他们认为有钱赚,有工作做,这种经济繁荣的现象会不断地持续下去。可是,他们错了,经济繁荣没多久,便出现了衰败的迹象。

好的工作越来越难找,上百万人失业,而工厂生产出来的那些产品摆在货架上无人问津。这使得工厂不断裁员,更多的人开始失业,找不到工作的人哪里还有钱去买多余的物资呢?这个恶性循环不断进行,最终形成了商人口中的"经济大萧条"。

在接下来的 10 年里,经济大萧条的阴云一直笼罩着人们的生活。美国也不例外地陷入这场经济危机之中。富兰克林·德拉诺·罗斯福当选为美国总统时,美国正在经济大萧条的泥潭中挣扎。人们变得越来越绝望,他们看不到希望,觉得生活一片黑暗。所以,罗斯福上任后,要解决的首要问题就是如何将美国从经济萧条的大泥潭里拉出来。

罗斯福有信心拯救美国人逃离经济危机。他上任后，鼓励美国人说："我们唯一恐惧的就是恐惧本身。"他要求通过一些法律，将国家的钱补贴给那些无法找到工作的人，让他们不至于饿肚子。

在这之后，罗斯福又继续施行他的政策。美国政府出钱雇来几千人为城市的各方面做工作，这一措施使更多的人有了工作，生活有了保障。罗斯福的这些举动，促进了美国的经济发展，缓解了经济危机的压力，这次的施政方针被人们称为"罗斯福新政"。

尽管罗斯福没有办法一下子把美国人从危机中拯救出来，但在他执政期间，经济危机带给人们的绝望感已经不再那样强烈。希望，正透过经济危机的阴云重新回到人们的生活中。所以，在罗斯福四年执政期满之后，人们又投票选举他当下一任美国总统。

罗斯福连任两届美国总统，在任8年。在这之后，人们又选举他当美国总统，于是他又当了第三次美国总统，后来，他又第四次被选为美国总统，只是可惜的是，他没有完成第四任任期就去世了，不然的话，他会做16年的总统，没准更多。

不过，这已经是美国历史上的一个奇迹，罗斯福从1933年到1945年一直当总统。他这十几年来为美国人民做出的贡献不可磨灭。罗斯福对美国的贡献还有：

在罗斯福的第三个任期开始之前，20年的和平时期就已经结束，第二次世界大战爆发。美国人民自然不希望卷入战争，当然，这也是罗斯福所期望的。不过，罗斯福认为，美国虽然远离战场，

动荡的年代

但仍有可能会受到攻击，为了以防万一，他带领美国人民做好了迎战的准备。

果然不出罗斯福所料，美国也不可避免地受到了攻击，但是因为罗斯福早有准备，所以，美国并未遭受太大的损失，而是与全世界人民一起，走向了胜利。可惜的是，罗斯福在德国投降前一个月便去世了，他没能看到第二次世界大战的胜利。

这短暂的 20 年，世界经历了缓慢的发展，也经历了无法避免的战争，更经历了无可避免的经济萧条，而更为严重的是，在这20 年之后，那最为恶劣的世界大战还在等待着人们。

时代在倒退

第一次世界大战结束后没几年，意大利出现了一个独裁统治者——墨索里尼。除了墨索里尼，另一个独裁者更为残酷和厉害，他就是阿道夫·希特勒。他是德国的统治者，组织成立了"纳粹党"。正是希特勒违反了《凡尔赛和约》的规定，带领德国人建造了大规模的陆军和空军部队，发动了战争，吞并了周边的一些小国，接着，他向波兰进发。

当波兰遭受德国的攻击时，英国就出面警告德国。可是希特勒才不管这些，他还派出飞机、陆军攻占了波兰。看到德国无视自己的警告，英国简直忍无可忍，于是，1939 年，英国对德国宣战，这标志着第二次世界大战开始。然后，德国继续攻占其他国家，挪威、丹麦、法国、比利时。

德国的攻势实在是太强大了，这些国家根本无法抵御德国的攻击，就在英、法等国头疼不已、对德国的攻势难以招架的时候，墨索里尼给这些国家来了个火上浇油，他带着意大利加入战争，站在德国这一边。

这一下，德国的力量更加强大，不久之后，德国的目标就剩下英国一个。

时代在倒退

温斯顿·丘吉尔

你或许知道英国首相温斯顿·丘吉尔是著名的政治家。但你或许不知道他同时也是一位优秀的作家。1953 年，丘吉尔凭借他的《第二次世界大战回忆录》还获得了诺贝尔文学奖。而且，传说他掌握了 12 万以上的英语词汇，是世界上掌握英语词汇最多的人。丘吉尔一共写了 26 部书，他的作品一经出版，都能引起轰动，获得好评。而且，世界各国也都争相翻译他的著作，在本国发行。丘吉尔还是一位著名的演说家，他在二战时期所做的精彩演说，鼓舞了许许多多人。

当时他的演讲名字叫"热血、辛劳、眼泪和汗水"，里面有这样一段话：

摆在我们面前的，是一场极为痛苦的严峻的考验。在我们面前，有许多许多漫长的斗争和苦难的岁月。你们问：我们的政策是什么？我要说，我们的政策就是用我们全部能力，用上帝所给予我们的全部力量，在海上、陆地和空中进行战争，同一个在人类黑暗悲惨的罪恶史上所从未有过的穷凶极恶的暴政进行战争。这就是我们的政策。

你们问：我们的目标是什么？我可以用一个词来回答：胜利——不惜一切代价，去赢得胜利；无论多么可怕，也要赢得胜利，无论道路多么遥远和艰难，也要赢得胜利。因为没有胜利，就不能生存。大家必须认识到这一点：没有胜利，就没有英帝国的存在，就没有英帝国所代表的一切，就没有促使人类朝着自己目标奋勇前进这一世代相传的强烈欲望和动力。但是当我挑起这个担子的时候，我是心情愉快、满怀希望的。我深信，人们不会听任我们的事业遭受失败。此时此刻，我觉得我有权利要求大家的支持，我要说："来吧，让我们同心协力，一道前进。"

　　此时英国的首相是温斯顿·丘吉尔，形势非常危急：他只有不足100辆的坦克，少量飞机，士兵也很少能与德国抗衡，看起来简直是一场不可能胜利的战争。但是丘吉尔没有放弃，他通过电台，多次发表演说，鼓励英国人民要坚持抵抗德国的入侵，鼓励英国人民要勇敢，要无畏，不要屈服。丘吉尔说："我们要不惜一切代价保卫本土。我们要在海滩作战，要在敌人的登陆地作战，要在田野和街头作战，要在山区作战。我们绝不投降！"

　　英国人在丘吉尔的带领下，鼓足勇气面对德国，坚决准备抗战。德国的战斗力的确很强大，纳粹党将3000多艘驳船开进欧洲海岸，将船头对准英国的方向。这种驳船是一种没有动力推进装置、没有自航能力，靠机动船带动的船。主要是用作客货运输的船只，现在德国将3000多艘船停靠在欧洲海岸，为的就是准备时刻搭载纳粹士兵横渡英吉利海峡，入侵英国。

　　但是想要成功地占领英国，也没有德国想的那么容易，除了海上舰队，英国的空军同样十分强大。此时，希特勒必须先打败英国的空军，才能有备无患地让德国的陆军登陆英国。所以，他派出德国最好的空军前往英国，去轰炸英国的飞机场和海港。

　　英国英勇迎战，在战机比德国少的情况下，凭借着精湛的作战技术，打败了德国的空军，将纳粹的飞机击退，这就是有名的"不列颠之战"。在这场空战的最初10天中，英国的飞机仅仅损失了153架，可是却击落了德国飞机697架，这是一场伟大的战争，也是德国遭遇到的第一次失败。

　　不过，德国并不甘心就这样放弃，虽然无法毁掉英国的空军，但他们还是靠着自己强悍的空军数量，不分昼夜地在英国的伦敦上空投炸弹，炸毁很多建筑，炸死很多英国居民。

　　英国皇家空军飞行员不分日夜地进行反击，德国的飞机不断地被击落。德国终于被打怕了，最后，他们只敢在晚上派飞机去偷袭。

　　在整个战争中，德国对英国的空袭从未间断。但是，希特勒还是没能掌握进入英国的最佳时间，这为英国争取到了筹集武器和军队的时间，可以说，是英国的空军捍卫了这次战争，所以，丘吉尔也称赞英国的飞行员。他说："在人类战争史上，从来没有一次像这样，以如此少的士兵保护了如此众多的人民。"

世界大战

  法国沦陷之后，英国成为德国的眼中钉，德国对英国的进攻一直很猛烈，没有停息，虽然取得了"不列颠空战"的胜利，但是英国并没有真正赢得战争的胜利，德国虽然暂时不发动进攻，可是保不准它就会卷土重来。

  毕竟，德国军队是世界上最强大、训练最为严格、装备最为精良的部队。人们都知道，一旦德国休养过来，再次入侵英国，很难保证英国人能再次将他们赶走。

  加拿大、澳大利亚、南非、新西兰和印度是英国在海外的领土国。这些国家也想要派兵支援英国，可是想要支援英国，就必须走海路。然而，谁能保证他们在海上航行的时候，不会成为德国潜水艇的目标呢？

  比起孤立无援的英国，德国可是要幸福得多，既有墨索里尼的强力支持，日本又加入进来。这三个国家的组合让世界上许多国家感到害怕，生怕他们不知何时就会掉转头来侵略自己。

  这种紧张感就连远在大洋对岸，距离欧洲近5000公里的美国也深深地感觉到了。美国人未雨绸缪，他们积极备战，扩张军队，准备坦克、飞机等军事武器，还不断建造舰船来准备海上抗击。

世界大战

这些都是时任美国总统罗斯福的远见，在前面的故事中，我们已经讲到，养精蓄锐并不是一朝一夕就能成功，这需要长期的准备。美国的准备看起来总归有些仓促，但有总比没有好，美国匆匆准备了大概一年时间，就遇到了袭击，但好在有了之前的铺垫，所以美国人还能够抵抗。这是后来的事情，我们还是说回德国。

在被英国打退后，德国就忙着在法国、丹麦和挪威建立新秩序，并且准备二次进攻英国。此时的意大利也没闲着，正忙着在欧洲、非洲攻打希腊和埃及。不过意大利的军队与德军相比总归弱了一些，而且希腊军队英勇善战，面对意大利的入侵，希腊人奋力抵抗，最终成功地阻止了意大利人的进攻。

意大利在北非战场遇到了一个极具传奇性的英国将领。他集合英帝国各地的战士，带着他们迎击意大利军队。虽然他们的人数不及意大利军队的1/5，但却士气高涨。很快，他们就击退了意大利的两支部队，还成功地解放了埃塞俄比亚。

看到盟友意大利失利，德国当然不肯善罢甘休，便派出精锐部队前往北非，与那里的英国军队缠斗。这场战争一直持续了三年之久，德国也出兵前往希腊，为意大利报仇，很快，三个星期之内，德国就占领了希腊。

随后，德国又派兵前往苏联，打算占领苏联。苏联可是一个大国，不但面积辽阔，而且军事力量强大，当年拿破仑远征俄国，就失败而归。如今希特勒又想来品尝失败的果子吗？

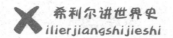
　　不要以为希特勒很傻，他派兵远征苏联，是冲着苏联的物资而去。苏联有着丰富的资源，如果德国能够征服苏联，那么，德国就能得到大量的石油、小麦、木材和矿产。而且此时，德国已经占领了 15 个欧洲国家，非常自信能够征服苏联。

　　德军很快冲进苏联境内。一路上苏军不断败退，这让德国信心更足。可是，虽然苏军节节败退，但并没有被完全击溃。就这样，

珍珠港事件

　　1941 年 12 月 7 日清晨，日本海军的航空母舰舰载飞机和微型潜艇突然袭击美国海军太平洋舰队在夏威夷基地珍珠港以及美国陆军和海军在瓦胡岛上的飞机场。太平洋战争由此爆发。

世界大战

德军与苏军一路打到了莫斯科城外。德国人认为，这里将会是苏联彻底失败的地方，但是，事情并非如他们想的那样。

德军发动大规模的武器进攻，从三面同时进攻莫斯科城。数千架飞机和坦克不断对莫斯科进行狂轰滥炸。但是苏联军队和莫斯科人民并没有屈服，他们宁死不屈，顽强地抵御德军的进攻，坚持几个星期之后，德军终于被击退，苏联成功地保卫了莫斯科。

但这并不是苏联赢得胜利的终点，虽然德军无法占领莫斯科，可是依然占据战争优势。就好像之前在英国的情况一样，德国人只是被赶走了，他们也许很快就会回来。

就在苏联的情形稍稍缓和一些的时候，美国遭到了侵袭。

1941 年 12 月 7 日，日本空军飞机突然袭击夏威夷珍珠港的美国舰队。日本的突然攻击，令毫无防备的美国舰队损失惨重，两千多美国人死于其中。这次袭击几乎使美国在珍珠港的军队全军覆灭。事发第二天，也就是 1941 年 12 月 8 日，英、美正式对日宣战。四天后，德国和意大利对美国宣战。

美国的准备本来就不充分，再加上日本的突然袭击，美国损失了很多军舰，想要再补充战舰需要很长时间，而且军队也没有完全训练好，此时的美国完全没有能力对付德国和日本的攻击。

不过，美国很幸运，就在这千钧一发之际，德军数百万军队被苏军牵制在欧洲，无法来美国作战。这使美国有了喘息的机会，接下来的一年，美国快速发展自己的军工业。美国工厂生产大量的军需物资，一部分自己留着备用，一部分用船只送到苏联和埃及，为苏军和英国军队补充物资。

日本一直没有停下侵略的步伐，他们侵略中国，占领了英国在新加坡的海军基地，抢走了菲律宾群岛，侵占了马来半岛，占据了法属印度支那，从荷兰那里夺取了东印度群岛，占领了暹罗、缅甸……

翻开亚洲地图，用红色表示当时被日本侵占的地方，那么你会发现，那是一片很大的地方。日本的四处侵略让英、美等国十分头疼，但罗斯福总统和丘吉尔首相还是决定先解决德国问题，回头再来收拾日本。于是，英军和美军组成联军，开往北非，并迅速击败了那里的德军。然后，英军和美军会聚英国，一起从英国出发，搭乘飞机前往德国，进行轰炸，展开了一场空中大对决。

1944年6月，英美联军在德怀特·艾森豪威尔将军的带领下，穿越英吉利海峡，在法国诺曼底登陆，与德军展开殊死搏斗。英、法联军在这次战役中取得胜利，德军被击败。英、美联军乘胜追击，开往德国。

德国在英、法联军的打击压迫下，不得不将兵力撤出法国、比利时和荷兰，退回到自己的国家。这三个国家由此恢复了独立自主。

另一条战线上的苏军也一直坚持与德军战斗。他们一鼓作气，将德军打回了德国。然后苏军一路追击，占领了德国的首都柏林。德国想要占领全世界的美梦就此彻底破碎，他的同盟者墨索里尼也

世界大战

被意大利人抓起来执行了枪决。

接下来该是日本了。日本此时仍然在和全世界人民作对，不过大势所趋，世界和平已是指日可待。

那些被日本占领的国家在经历了长期艰苦卓绝的斗争后，一个接一个恢复了自由。但是，面对急转直下的形势，日本仍然坚持不投降，一直到美国在日本的长崎和广岛投放两颗原子弹，日本才宣布投降。这次投降是用 30 万日本人民的牺牲换来的，十分惨烈。

这场人类历史上规模最大、最恐怖的第二次世界大战终于结束了。1945 年 5 月，德国正式投降；同年 8 月，日本宣布投降。此后，人类真正迎来了一个和平时代。

第二次世界大战之后，美国和苏联成为世界上最强大的两个国家。二战中，世界上很多国家被牵扯在内，很多人死于其中，许多国家也在经历了这场硝烟之后，变得伤痕累累。

唯独苏联和美国，虽然遭受了战争的创伤，但依然很强大。首先是它们的国土面积都特别大，其次是它们资源丰富，用现有的资源恢复建设，十分便捷。所以，他们在战后的恢复也十分迅速。

虽然在二战期间苏联和美国是同盟国，可是到了和平时期，他们又变成了竞争对手。世界上再没有哪个国家能与他们一争高下，所以他们决定在彼此之间争出个第一名，看看谁才是这个世界上最强大的国家。他们的这种行为，就像两个任性的孩子非得比赛谁跑得快一样。他们的举动也给世界带来了很多麻烦。

过去与未来

 历史的车轮不断向前，在历史前行的过程中，有过和平，也有过战争，两者相互更替。战争期间，会涌现出许多有名的英雄，例如，贺雷修斯、列奥尼达、圣女贞德等，他们坚持自己的信仰，保卫自己的家国，受到人们的尊重与纪念。

 当然，还有许多不知名的人在战争中保卫自己的家国。他们为了家国利益，不惜牺牲自己的性命。虽然在历史上没有留下姓名，但他们同样值得后人尊重。

 而那些只为了增强自己权力，满足自己欲望，为了财富而去侵略他人、伤害他人的人，不论他发动战争的理由是什么，都不值得原谅。如果没有战争，人们在和平中应当会生活得更加美好和幸福。

 有时，人类为了赢得战争的胜利，使用致命的武器，日本原子弹的爆炸就足以说明致命性武器对人类具有多么巨大的毁灭性。为了自己的国家不被侵占，人们还在不停地研发更为强大的武器，这些如果都被应用在战争中……实在无法想象那时世界将会变成什么样子。但愿那样的一天永远不会到来。

 除了战争，人类也在不断地创造奇迹。飞机、直升机、宇宙飞船，原来只在神话中出现的飞翔梦想变成了现实。但这并不是人类创造的终点，科技还在不断发展进步。人类在不断地将梦想从童话中搬出来，变成现实。或许有一天，人们能够发明一种东西，从而阻止所有战争。

　　世界就好像一个巨大的宝盒，等着人们打开，发掘其中隐藏的秘密。一些原本存在的事物也不断地被我们发现。新大陆在几百年以前被发现，现在我们似乎没有更新的大陆可以发现，但是人类却

爱因斯坦

　　阿尔伯特·爱因斯坦是美籍犹太人。他是现代物理学的开创者，也是著名的思想家和哲学家。曾经有人问爱因斯坦成功的秘诀，他回答说：成功，就是正确的方法加上努力工作，并且少说废话。

　　爱因斯坦在物理学中提出了相对论，揭示了时间和空间的本质问题。他还提出物质不灭定律和能量守恒定律。这两条理论的提出让我们对自然的认识又进了一步。爱因斯坦对人类认识自然所做出的贡献无疑是巨大的。因此，美国《时代周刊》曾将他评为"世纪伟人"。

能够发明新的，原本不存在的东西，创造一个又一个神奇的时刻。

在优秀的科学家、发明家的努力下，人类的生活不断进步，例如，施泰因梅茨、阿尔伯特·爱因斯坦、查尔斯·德鲁，从真空吸尘器到回旋加速器，从电子显微镜到空调，从激光到人工心脏移植……这一切都让我们的生活变得更加便利、美好。

我们不得不提到人类在医学上的进步。最初，人类的医疗水平十分低下，一些现在看起来很平常的病，在当时都是致命的。例如，很久以前，人们会因为天花而死亡，但是，后来我们发明了疫苗，通过接种疫苗便能够预防天花，因此我们从天花病魔手中夺回了许多人的生命。除此之外，防止破伤风等疾病的疫苗也被研制出来；青霉素的发现，还可以防止病菌滋生。

关于发明的故事实在太多，我要另写一本书才能把这些伟大的发明全都讲给你听。历史中的故事太多太多，我们生活在历史之中，要知道过去发生了什么，要了解现在的世界是什么样的，当然还要对今后的生活怀抱希望与憧憬。